山东高校青创人才引育计划
国家自然科学基金（51308325）
山东省高校人文社科研究计划项目（J18RA161）
济南市社科规划项目（JNSK18DS11）联合资助成果

消逝的济南港口
泺口古镇研究

赵 虎 杜聪聪 等 编著

中国建筑工业出版社

图书在版编目（CIP）数据

消逝的济南港口：泺口古镇研究／赵虎等编著. —北京：中国建筑
工业出版社，2019.11

ISBN 978-7-112-24387-7

Ⅰ.① 消… Ⅱ.① 赵… Ⅲ.① 乡镇－研究－济南 Ⅳ.① K925.25

中国版本图书馆CIP数据核字（2019）第245887号

责任编辑：易　娜　徐　冉
责任校对：张惠雯

消逝的济南港口　泺口古镇研究
赵　虎　杜聪聪　等　编著
*
中国建筑工业出版社出版、发行（北京海淀三里河路9号）
各地新华书店、建筑书店经销
北京锋尚制版有限公司制版
北京中科印刷有限公司印刷
*
开本：880×1230毫米　1/32　印张：10¼　字数：264千字
2019年12月第一版　　2019年12月第一次印刷
定价：**46.00**元
ISBN 978-7-112-24387-7
（34890）

前言

我们正处在一个全球化3.0的时代，世界各地的人们在生产和生活上的标准日渐趋同起来，多个国家和地区呈现出无差异的城市景观和视觉体验，由此激发了人们地方性意识的觉醒和对地方文化遗产资源的关注。地方文化遗产资源是城乡记忆延续和特色塑造的重要源头之一，在发展中具有不可替代的精神价值，世界各国也就此逐渐形成共识并付诸行动。总之，对地方文化遗产资源进行积极的整理和保护，已成为这个时代不可逆转的潮流，这也是本书形成的一个大背景。

泺口古镇虽然今天衰落了，但在济南城镇发展史上扮演过十分重要的角色。"泺口"最早可见于南北朝时成书的《水经注》，本意为泺水汇接济水的交叉口，后在《金史》中被明确记载为镇。明清时期，依托河港的便利，泺口镇常设批验所作为鲁盐外运的管理机构驻地，掌控着山东、河南和安徽三省的食盐转运。民国时它有过高耸的环形圩子墙、鳞次栉比的商业店面、繁忙的河运码头和火车站，航运兴盛期每天更有几百艘商船于郑州至此往返停泊。新中国成立后毛主席和周总理等多位党和国家领导人都曾来此视察，留下一段段历史佳话。特别是，中国近代许多重要的历史线索，包括盐运、漕运、码头、渡口、铁路、公路、园林、鲁菜，甚至巴拿马博览会，都能在这里找到痕迹！

鉴于泺口古镇深厚的历史底蕴和在济南未来发展中的潜在地位，学界和政界对济南泺口古镇的研究越发关注。2015年宁波举行中国城市规划学会城市规划历史与理论委员会年会时，本书作者主动请缨作了"泺口：消逝的济南港口"为主题的学术报告，得到国内与会专家的肯定。2016年风闻济南要申请国家级黄河新区，本书作者在山东大学又结合新区发展定位作了一次学术报告，其中对泺口历史文化资源进行挖掘利用的想法得到省内多位专家学者的认可。2017年本书作者申报济南市社科项目《济南泺口古镇演变研究及其对携河发展的规划启示》获得立项，2018年项目主要成果《挖掘泺口历史文化资源 提升拥河发展规划品质》分别获得两位省市主要领导同志的重要批示。怀着一名地方学人应有的专业使命感，在市社科项目研究报告的基础上，本书作者继续展开泺口古镇的深入研究，对其中涉及细节部分进行专题式的挖掘整理，终于在今年形成本书。

全书含正文12章，整体组织呈现"总——分"结构。其中，"总"是本书的第一章，是以2018年完成的市社科项目报告为基础完善而来的，也是本书的龙头，简要而系统地阐述了自1848年至2018年间泺口古镇演变的阶段和特征，并对未来济南拥河发展规划提出建议。"分"共有十一章，属于对第一章中的内容细节地深入解读，其中从文献到环境、从建筑到人物，系统而详细地讲述了泺口在历史上发生过的故事。综合而言，本书的学术和社会价值主要体现在以下三个方面：

1）本书对泺口古镇的研究，能为人们认识泺口和济南提供一个更加系统的视角。泺口也许在今天的人们眼中，是一个区位偏远和文化匮乏的地方，这是因为目前有关泺口的介绍多是感性和只言片语的，欠缺一个全面而系统的视角。本书沿循时间发展脉络，搜集整理丰富史料，在推出泺口古镇近代以来历史演变研究报告的基础上，再分别就泺口古镇的相关文献、规划历史、行政沿革、区域水环境、城镇关联、航运历史、水利水工、铁路遗产、建筑风貌、民族企业家和鲁菜文化共计十一个方面专题进行系统解读。可以说，本书能够较为全面地展示泺口发展的历史脉络，从而能为今天的人们整体认识泺口和济南提供一个更加系统的视角。

2）本书对泺口古镇的研究，能为济南地区城镇规划建设史研究提供一个更加有益的补充。传统济南城镇规划建设史的研究集中在两个方面。第一个就是空间上关注济南旧城和商埠区，研究的是各自的空间发展轨迹和它们互动形成一体的过程，以及规划从中发挥的作用。第二个是风貌上关注济南"山泉河湖城"的地域特色，以及各种风貌要素的历史演变脉络。但是，这两个方面的研究对泺口都是长期忽视的。其实在很长的历史时期内，泺口作为济南北部重要交通枢纽而存在，是济南城镇功能不可或缺的一部分，并且是济南北郊山水园林传统风貌的典型代表。所以，欠缺了对泺口古镇的研究，不仅济南地区城镇建设史是不完整的，而且对近现代济南北向发展的相关规划意图是缺乏解释力的。

3）本书对泺口古镇的研究，能为济南拥河发展和山东新旧动能转换战略的实施提供一个更加有力的支撑。济南城市形态发展受制于地形，因为北侧黄河和南侧群山的障碍，所以在空间发展方向上，济南近年来呈现出东西向条带状绵延的形态，虽然短期绕开了城市发展的门槛，但是长远下去也会产生诸多问题，如限制了济南北部地区发展的机会，加剧了南北发展的不平衡等。本书对泺口古镇的研究，首先能为今天济南拥河发展战略的合理性提供历史依据和解释，其次本书对泺口历史文化资源的挖掘整理，能为山东新旧动能转换战略实施提供文化产业新动能培育的源泉支撑，还能为济南新旧动能转换先行区的规划设计提供思路支撑。

全书由赵虎负责拟定提纲并进行统稿，杜聪聪等五名研究生参与了指定章节的撰写工作。其中，杜聪聪参与了第三章、第四章和第七章等章节的撰写工作，孙涵参与了第八章和第九章的撰写工作，高翔参与了第十一章和第十二章的撰写工作，何晓伟参与了第三章的撰写工作，杨松参与了第十章的撰写工作并重绘和加工了本书的多副插图，在此一并说明。

目录

第十二章　泺口古镇的鲁菜文化资源介绍

第一章

涨口古镇的历史演变概论

改革开放四十年以来，中国的发展取得了举世瞩目的成就，城市规划和建设工作有了长足的进步，但是文化不够自信和盲目照搬西方的现象依然存在。习近平总书记曾在工作中强调"弘扬中国优秀传统文化"、"让城市留下记忆"和"不要搞奇奇怪怪的建筑"，这为城市规划建设工作指明了方向，我们应该努力挖掘和吸收优秀的传统文化和地域文化要素，提升城市规划建设的底蕴和品质。位于济南先行区中的泺口古镇（**图1-1**），自《金史》有载，至今已有近千年的历史，曾在济南的发展中扮演过重要角色，为我们留下了诸多宝贵财富。本章在对当今时代和机遇背景分析的基础上，系统归纳泺口古镇的历史演变阶段和特征，并总结其发展历程中蕴含的历史经验和现实价值，力求为济南的城市规划工作，特别是为未来的济南"拥河"发展战略的推进提供针对性建议。

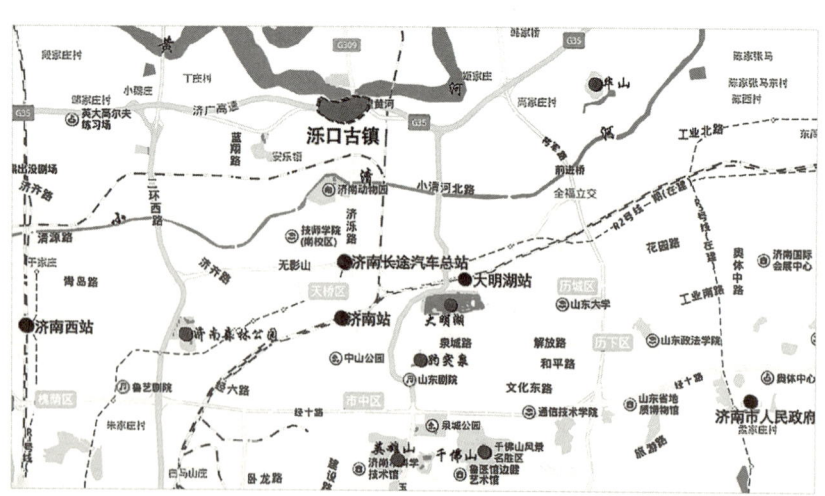

图1-1 泺口古镇在济南市区的空间位置示意图

一、时代与机遇

（一）新时代全面改革继续深化，山东省率先示范新旧动能转换

在全面深化改革大潮的推动下，山东省率先把握创新突破新方向，探索动能转换新思路。2017年，李克强总理曾明确指出，山东发展得益于动能转换，贯彻落实新发展理念，加快推动新旧动能转换，积极探索解决重点民生问题的改革经验，以创新和深化改革巩固山东省在全国经济发展中稳中向好的势头。

2018年1月10日，国务院正式批复《山东新旧动能转换综合试验区建设总体方案》[国函（2018）1号]。方案中将整个山东省作为实验平台，以济南、青岛、烟台三大城市为核心，以14个设区市的国家和省级经济技术开发区、高新技术产业开发区以及海关特殊监管区域为重点，形成"三核引领、多点突破、融合互动"的新旧动能转换总体布局，该方案成为我国第一个以新旧动能转换为主题的区域发展战略，发展以历史文化资源为引擎的文旅产业成为推动新旧动能转换的重要举措，对先行示范区内历史文化资源的挖掘也就更具有了时代的价值和意义。

（二）济南"拥河"战略持续推进，泺口成为先行区的"桥头堡"

2016年12月，济南市委明确提出，"北跨"战略的实施是济南未来发展的必要一步，通过跨黄河发展，让黄河成为城市的内河，推动济南由大明湖时代到黄河时代的跨越发展。2017年3月，《济南"携河"发展空间规划》编制全面启动，从"携河"发展提升成"拥河"发展，规划打破城市东西带状发展格局，建立城市中心、次中心、卫星城未来发展格

局。2018年，济南"北跨"、"拥河"发展战略迎来更大的历史机遇。国务院正式批复《山东新旧动能转换综合试验区建设总体方案》，同意济南率先建立新旧动能转换先行区（简称"济南先行区"），由此济南市获得一个能与国家战略对接的优质发展空间。位于济南先行区中的泺口是跨越黄河、北出济南的门户，也是落实先行发展的"桥头堡"（**图1-2**）。然而，随着城区建设的扩张，曾经辉煌的泺口古镇却面临着空间上覆灭的危险，更令人担忧的是，该地区已有的城市规划及设计方案并未充分体现泺口古镇的历史文化内涵。

面对新旧动能转换和拥河发展的战略机遇，如何充分利用泺口古镇载体，挖掘其历史文化资源价值，借助空间规划设计的手段，积极谋划重大战略开发推进和历史资源保护的双赢格局，这一时代命题确实值得思考。

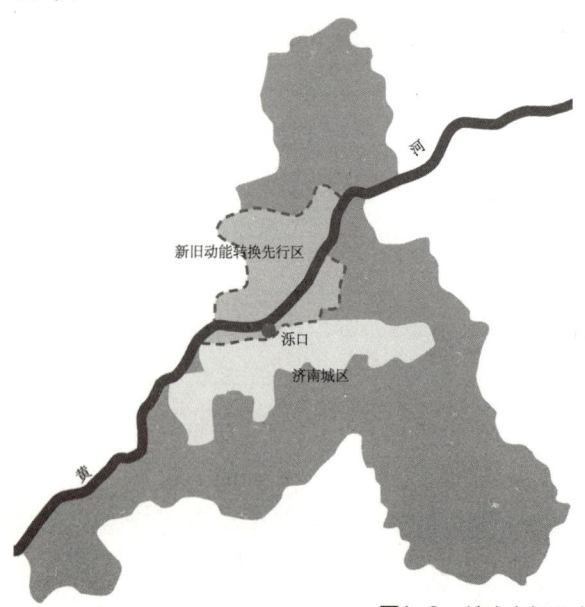

图1-2　济南市新旧动能转换先行区范围示意图

二、阶段与特征

本节分为演变阶段划定和阶段特征归纳两个部分，其中阶段特征归纳是本节的重点。

（一）演变阶段划定

本章以近代以降的济南泺口古镇为研究对象，研究的年限是1848—2018年，共170年。该镇位于今济南市天桥区泺口街道北部，空间范围上北靠黄河、南至环城路、东临泺口黄河铁路大桥，整体形态呈半月形。泺口古镇在金代始设为镇，水陆交通极为便利，是大清河上重要的货物集散地。明清时期泺口镇是盐运的重要枢纽，在此把山东沿海产的盐转运至山东、河南、安徽三省。泺口本有南泺口和北泺口之分，二者隔大清河相望。1855年黄河改道大清河后，泺口的发展重心陆续向黄河南岸转移，到清朝末年建成独立城池，由于水运便利和商业兴旺，该镇人口达到1.5万人左右。虽然后期黄河航运废止，泺口逐渐衰落下来，但在民国时期，泺口古镇仍是济南四大名镇之一（**图1-3**）。1990年以后，因为黄河泥沙淤积和环城路的修建，泺口古镇的范围不断缩减，有效面积缩至全盛期时的1/2左右。

依据历史发展的脉络，以大的时代更迭为基础，同时考虑泺口古镇发展紧密相关的河道兴废、政策发布和重大工程建设等因素，本章将近代以来泺口古镇的发展历程划分为四个阶段（**图1-4**）：

第一阶段为1848—1911年，这个时段整体上隶属于清朝末期。其中泺口的发展又可以分为大清河航运时期、黄河航运兴盛时期和职能转移时期三个亚期，分别依据圩子墙的建设、黄河改道大清河和济南开埠等

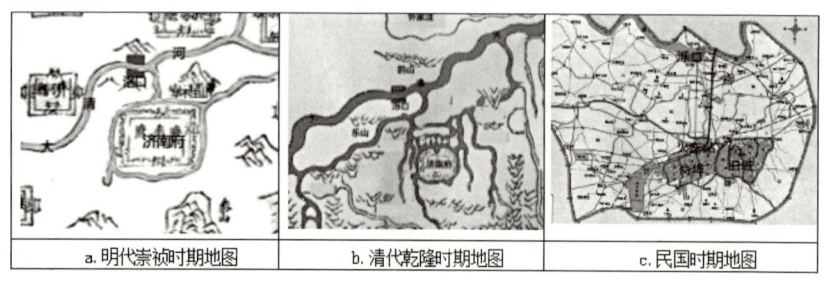

| a. 明代崇祯时期地图 | b. 清代乾隆时期地图 | c. 民国时期地图 |

图1-3 不同历史时期泺口古镇空间位置示意图

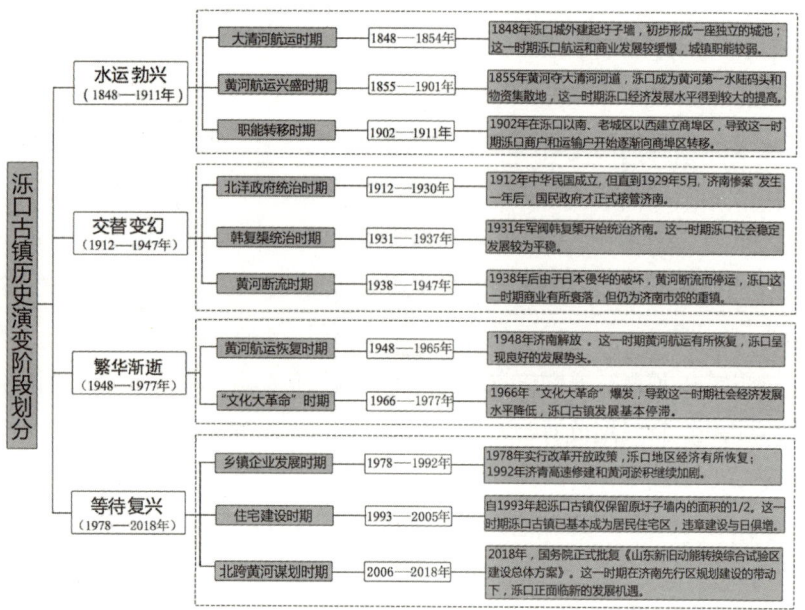

图1-4 泺口古镇演变阶段划分图

重大事件划定。

　　第二阶段为1912—1948年，这个时段整体上隶属于中华民国时期。其中泺口的发展又可以分为北洋军阀统治时期、韩复榘统治时期和黄河断流时期三个亚期，分别依据中华民国成立、韩复榘主政山东和黄河断流等重大事件划定。

第三阶段为1948—1977年，这个时段整体上隶属于济南解放至改革开放前的时期。其中泺口的发展又可以分为黄河航运恢复时期和"文化大革命"时期两个亚期，分别依据中华人民共和国成立、"文化大革命"开始等重大事件划定。

第四阶段为1978—2018年，这个时段整体上隶属于改革开放后的时期。其中泺口的发展又可以分为乡镇企业发展时期、住宅建设时期和北跨黄河谋划时期三个亚期，分别依据党的十一届三中全会召开、北跨战略提出和先行区获批等重大事件划定。

（二）阶段特征归纳

在四个阶段划定的基础上，本章梳理并归纳泺口古镇在历史沿革、空间形态和文化民俗三个方面的演变特征。其中，在历史沿革方面，以泺口古镇在不同朝代的建制、隶属和机构设置为关注点；在空间形态方面，以街巷、建筑和网络等要素为研究重点；在文化民俗方面，则重点关注泺口鲁菜文化、盐运文化、码头文化、铁路文化等非物质遗存的发展。

1. 第一阶段的泺口：水运勃兴

（1）历史沿革：鸦片战争之后，泺口古镇属于济南府历城县洛口乡管辖。为了防范捻军侵扰，1848年泺口古镇外建起圩子墙，初步形成一座独立的城池，这也是本课题研究的开端，到1854年，这一时段为大清河航运时期。1855—1901年为黄河航运时期，泺口成为黄河沿岸最大的食盐中转基地，也是黄河第一水陆码头和物资集散地。该时期泺口经济发展水平得到较大的提高，古镇内有30余条街道和百余处商铺，官府于泺口古镇内设置厘金局、斗捐局和船捐局等相应的财税管理机构，见表1-1。局部的商业繁荣程度甚至超过济南城区，享有"小济南"的美誉。

第一阶段泺口古镇管理机构设置一览表   表 1-1

设立时间	机构名称	机构职责
1864年	泺口厘金局	征收厘金
1884年	山东河防总局洛口分局	黄河治理
1903年	河工电报总局	黄河监察管理
1903年	泺口船捐局	征收过往船只税
1903年	泺口斗捐局	征收粮食交易税
1907年	泺口三等邮电支局	政府间公文往来、信息传递和商民间寄递信件及汇款、运货等

（2）空间形态：该时期泺口古镇的城镇格局基本定型，其空间形态近似半月形。1848年泺口镇修建起高约6米、底宽8米、顶2米的圩子墙以防捻军，墙体为青砖结构，设置四个圩子门以便于泺口城内外联系。1855年黄河夺大清河河道入海后，北泺口逐渐衰退为村庄，商业与管理重心完全移到南泺口。

这一阶段，泺口呈现出传统"街巷制"道路格局，空间分区较为明确，古镇内宅院、宗教建筑较为兴盛（**图1-5**）。古镇路网骨架三横四纵，有上关街、朝文街、花园街等三十余条街道。整个古镇大致可分为四区——东部居住区、中南部商业区、西部居住区和北部航运集散区，其中商业大多沿街分布，呈现"树枝"状，在二七集、柴火市等主要街道设有集市，并规定农历的"二、七"、"三、八"、"四、九"为集日，

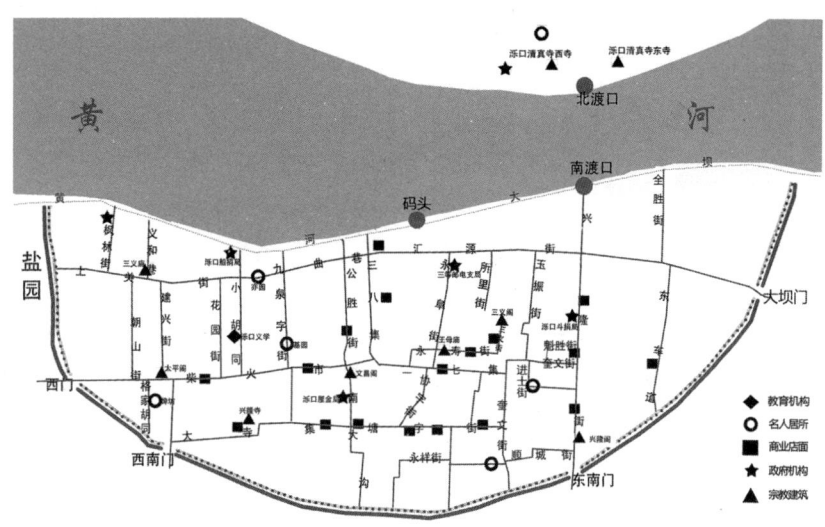

图1-5 第一阶段泺口古镇典型平面示意图

泺口镇的商业更加繁荣。古镇内有多处园林和宗教建筑，其中较为著名的园林是清代乾嘉时期流传下来的"亦园"和"基园"，宗教建筑多为明清时期所建，如王母庙、兴隆寺、三义阁等。除此以外，作为济南最早一批公办学校之一的泺口义学，于1905年改为学堂。这些公共建筑也映衬出泺口古镇的繁华景象。

在区域城镇联系上，这一时期开始形成"铁路+水运"的交通格局（**图1-6**）。1855年黄河改道后，泺口水运交通更加便捷，而后胶济、津浦等铁路相继开通，使得泺口运输也开始驶上火车道。1906年，连接小清河黄台码头和黄河泺口码头、一条全长6公里的盐运轻便铁路支线"清泺小铁路"正式建成通车，标志着泺口铁路运输时代的开启。这条轻便铁路的修建，不仅把黄河和小清河联系在一起，泺口还和胶济铁路形成贯通。1911年，津浦铁路在泺口设站，进一步加强泺口铁路运输的能力，促使泺口成为该时期黄河第一水陆转运码头。

（3）文化民俗：文化民俗是经济社会发展的另一种反映，也是泺口留下的历史文化遗产所在。在该阶段，泺口古镇多元文化并存发展，特

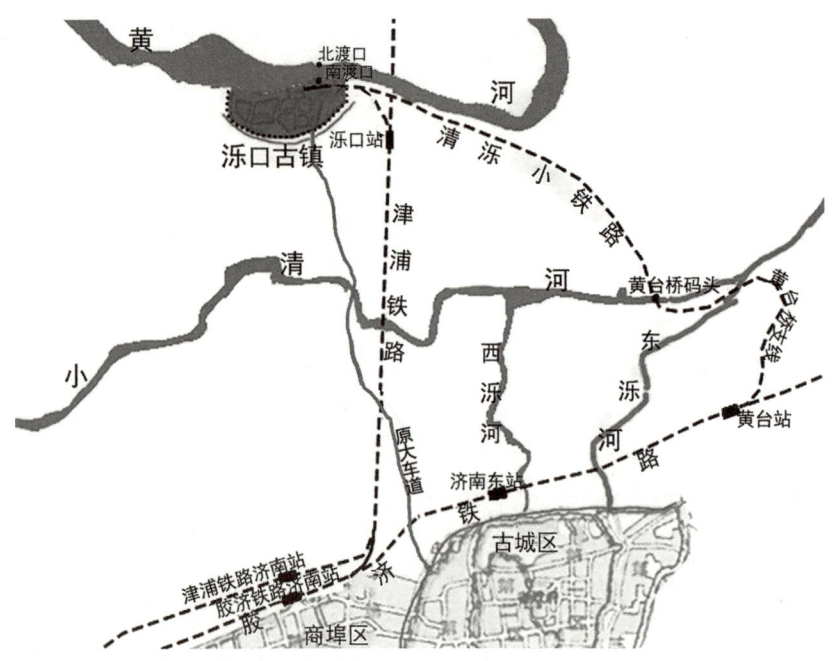

图1-6 第一阶段泺口古镇"铁路+水运"运输网络空间分布

别是鲁菜文化、盐运文化较为突出（表1-2）。

第一阶段泺口古镇文化资源发展一览表　　　表 1-2

文化类别	文化表现	发展概况
鲁菜文化	餐饮老字号：继镇园、松竹楼、四季春等 传统糕点老字号：奎盛号 特色菜品：黄河鲤鱼、清汤鲫鱼、瓦块鱼、桂花枣果	泺口客栈该时期数量达到二十余家，较著名的有"新诚东""华东客栈"等。饭庄林立，规模较大的就有三十余家，最著名的当属"继镇园""松竹楼"和"四季春"，其中黄河鲤鱼、清汤鲫鱼、瓦块鱼日后都成为鲁菜的代表。桂花枣果是泺口"奎盛号"的传统特产，其制作特点是不用铁器，仅用木制、竹制、铜制工具。明成祖朱棣巡幸至济，进食泺口"奎盛号"制做的小食品——桂花枣果，称该食品为"真佳食品"。

续表

文化类别	文化表现	发展概况
鲁菜文化	酿造作坊：醴泉居、远香斋 酿醋作坊：永成醋坊、信诚醋坊 酿醋工艺：洛口醋、醋膏	明末创办著名的酱园有"醴泉居""远香斋"，口感绝佳，深受民众喜爱。洛口醋以其独特的酿造技艺而著称，采用纯粮酿造、天然晾晒醋等传统工艺，选料精致，工艺独具，味道香醇，色如琥珀，稠浓程度能够"挂碗"，若放置二三十年，会浓缩成"醋膏"，传统工艺使洛口醋保持了其酸、甜、清、亮、香的五大特点。1855年，泺口镇已有"永成醋坊""信诚醋坊"等十余家知名醋坊，颇具规模，那时洛口醋就远销北京、天津、上海等地。
盐运文化	盐场：顺垣、流垣、通垣、达垣 盐务机构：泺口批验所	明嘉靖年间，为便于食盐向内地转运，在济南北郊济水南北兴建泺口盐垣。跨大清河两岸，有"顺、流、通、达"四垣，清代仍沿用，商盐皆基于此。泺口有四个盐垣，其中北岸的顺、流二垣占地78亩，南岸的通、达二垣，占地63.9亩。清初，山东盐运使司下设滨泺、胶莱两分司和蒲台、泺口批验所，除办理稽征验放外，并负责缉私工作。明清时期，泺口即成为大清河沿岸最大的食盐中转基地，也是引盐最大的转运枢纽。
码头文化	码头：上关码头、中关码头、下关码头 渡口：黄河泺口渡口	清末泺口古镇为"山东、直隶、山西、陕西、河南等处河流贸易之要冲"，有"黄河沿岸之第一码头"之称。位于济南市天桥区泺口镇黄河南岸的泺口港，津浦铁路泺口黄河大桥东西两侧，东侧为赵庄码头，西侧为上下关码头，是黄河主要货运港口。黄河改道以前，泺口上下关就已成为大清河沿岸较大的水旱码头。黄河夺道大清河后，上下关码头更兴盛。 济南市北郊黄河南岸泺口古镇的黄河泺口渡口，地处济南市北大门，跨河北向可通德州地区各县，远通华北各省市区，均有沥青公路，是省城联系北三区的咽喉要津，堪称山东黄河"第一渡"。

2. 第二阶段的泺口：交替变幻

（1）历史沿革：1912年1月1日，中华民国临时政府在南京成立，清政府退出历史舞台，泺口也进入民国时期。该阶段泺口古镇行政隶属受国内政治局势影响，频繁发生变动。1912年至1929年为北洋政府统治时期，济南及泺口的行政管理体制开始了近代化转型，城镇职能得到加强。1929年7月，济南市设立，全市分为十个区，泺口位于城外三区内管辖。1931年至1937年为军阀韩复榘统治济南时期，济南重新调整区划，设济南市第九自治区泺口镇，泺口古镇进入民国时期的发展高峰。1937年抗日战争爆发后，济南进入日伪政府统治时期，全市被重新划分为十一个区，泺口划为北乡区管辖，黄河断流后城镇发展基本停滞。1945年抗日战争胜利后，泺口隶属于济南市第十一区泺口镇，但泺口古镇已繁华不再。

该时期对黄河治理的职能得到加强，政府于泺口设置了多个"治黄"管理机构，地方管理与治安也得到加强（表1-3）。1913年，泺口建立商会，负责地方商业管理。1917年成立山东黄河三游河防总局，总办驻于泺口。1918年在泺口成立山东河务局，联系地方组织修建堤坝、堵筑河口、修建堤坝。1919年建水文站于今泺口浮桥西的黄河大堤上，以监测黄河水位。据1928年的《历城县乡土调查录》记载，泺口镇设有东北乡警察署，洪字街设有三等邮政局，负责政府间公文往来、信息传递和商民间寄递信件及汇款、运货等。同时，泺口镇还建有第二区私立小学和第二区乡立女子小学等教育机构。1930年，省政府要求附设民众教育于各区、村小学内，据《济南大观》记载，泺口镇设有（市）第八小学，而后又于南泺口和北泺口分别建立第九区第一、第二初级小学。除此之外，还有一些工会团体设立于泺口，如济南码头工会和济南泺口镇码头搬运业职业工会。1947年11月6日，黄河航务管理办事处在泺口设立管理站。

第二阶段泺口古镇相关机构设置一览表　　表1-3

设立时间	机构名称	机构职责
1913年	泺口镇商会	沟通地区商户，共同制定并遵守一定的商业规则
1917年	山东黄河三游河防总局总办	黄河中、下游河务管理和工防设置
1919年	水文站	记载黄河水位，并测量黄河流量及含沙量
1928年	东北乡警察署	维护和管理地方治安
1928年	第二区私立小学 第二区乡立女子小学	教育设施
1928年	三等邮政局	政府间公文往来、信息传递和商民间寄递信件及汇款、运货
1934年	（市）第八小学、第九区第一小学、第九区第二小学	教育设施
1934年	区代用小学	教育设施
1934年	济南码头工会 济南泺口镇码头搬运业职业工会	沟通组织码头工人，负责地区码头的相关事务管理

这个时段虽然经济社会发展波动较大，但是在1938年济南段黄河断流前，泺口的发展达到民国时期的一个巅峰。据1915年《山东经济调查》记载："由河南至泺口的往来民船约700只，粮食、土产基本全在泺口卸载"。此时泺口是黄河下游重要的河海陆中转枢纽。据1932年的统计结果显示，该年泺口人口规模达到1.5万人。从中华民国成立到日本侵占济南前，泺口仍是济南北郊门户与商业重镇，黄河码头舟船不断，省内的原粮和面粉亦主要是通过水运在泺口港集散，商业繁荣，并且随着铁路的建设发展，泺口成为济南的水陆转换交通枢纽。1938年后由于战争破

坏，黄河济南段断流而航运废止，泺口急剧衰落。直到1947年黄河重新流经济南，虽然航运有所恢复，但由于以往破坏严重和铁路公路交通运输方式的替代，泺口繁华的商业氛围已如过往云烟。

（2）空间形态：受近代工业技术的影响，该阶段泺口古镇内部街巷格局和公共建筑进一步丰富，但由于战争频发，1938年至1947年水运停滞，泺口商业重镇和航运枢纽的职能开始减弱（**图1-7**）。这一阶段泺口古镇保持半月形的空间形态未变，空间组成要素多以民宅、店铺以及传统手工作坊等为主，然而近代公共建筑开始增多，如水文站、区代用小学等。黄河泺口段从1938年到1947年间一直断流，泺口航运业衰落下去，工商户基本全部转移到商埠区，运输户大部分向黄台桥码头转移。1947年黄河花园口堵口合龙，黄河流归故道，决口改流近9年的黄河重新流经济南，但是泺口的商业格局已被破坏，无法恢复。

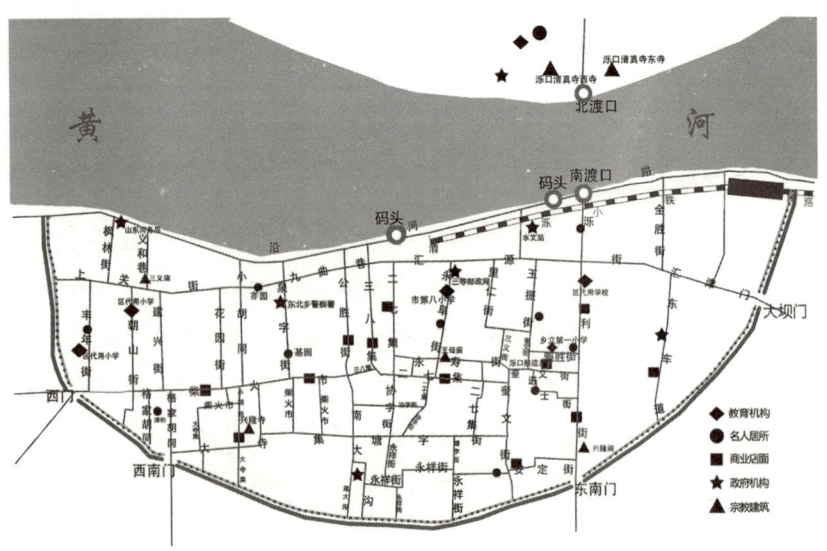

图1-7 第二阶段泺口古镇典型平面示意图

在铁路运输方面，1908年清政府修筑北起天津、南至浦口的津浦铁路，1912年底泺口黄河铁路大桥建成，津浦铁路全线通车，泺口古镇旁边设泺口站。津浦铁路建成后，1913年应盐商要求，黄台桥至泺口码头铁路盐运专用线（原"清泺小铁路"）改建标准轨距工程开工，于该年6月完工，并与津浦铁路泺口站相接，全长7.8公里，改称为津浦铁路"泺黄支线"。泺口与胶济、津浦铁路的联系得到加强，铁路运输线路基本成型。

公路建设方面，为了加强泺口与商埠区的沟通，1924年时任山东总督的张宗昌在泺口和成丰桥之间，修了一条长4500米、宽6米的土路，称义威路。为了纪念"五三惨案"，1929年义威路改名为五三路，1938年此路又改名为济泺路，后铺设为沥青路，居民自发在济泺路两侧设置住宅、商铺。1926年8月商人梁子善等集资10万元，在济南成立大昌汽车公司，以经营长途客运为主，兼营市内客运，市内客运开辟了济南至泺口的客运线路。

同时，该阶段内泺口的水运职能得到加强。在1925年至1926年期间，济南开挖东西工商河，河道走向呈"U"形，沟通了小清河和火车站地区之间的联系，丰富了济南北郊地区的运输网络。水路运输的货物到达泺口，通过济泺路进入商埠，商埠区内加工的各类商品也通过泺口码头分销到各地。济南北郊地区的发展得到整体带动，泺口也形成较为完善的"水运+铁路+公路"的综合运输网络（**图1-8**）。

（3）文化民俗：该时期泺口文化民俗的发展在抗日战争前后有明显不同（表1-4）。民国成立到1938年这一时期，泺口商业、手工业和航运业依然繁荣，鲁菜文化进一步得到丰富，如泺口人张文汉推出的"草包"包子深受人们喜爱，洛口醋也发展为济南餐桌上的必备品。1912年泺口信诚酱园生产的食醋，先获得巴拿马国际物品博览会银质奖，再于1915年获得该博览会金质奖章。就盐运文化而言，1947年黄河流归故道后，

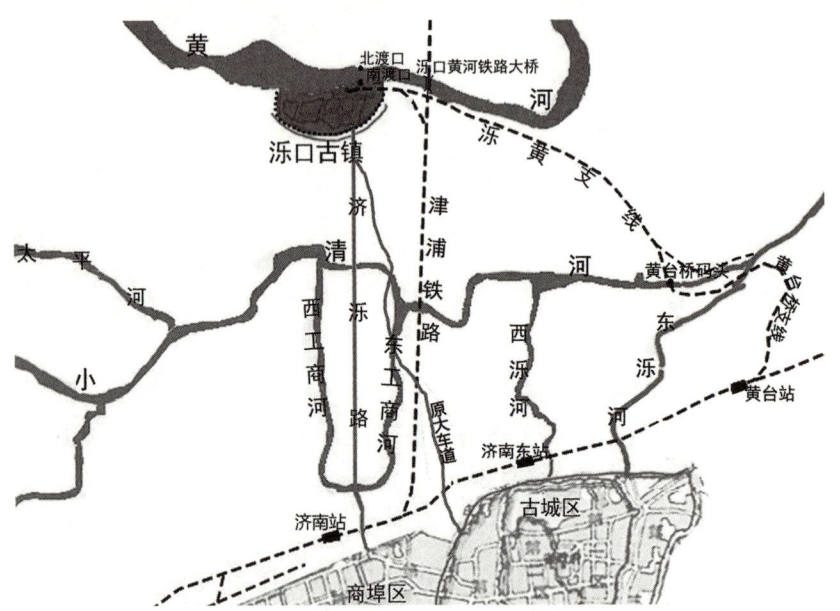

图1-8 第二阶段泺口古镇"铁路+水运+公路"运输网络空间分布

泺口航运虽然有所恢复，但是盐运业却走向衰落。另外，该时期铁路文化得到大力发展，如泺口黄河铁路大桥成为我国铁路大桥建设技术发展中的历史见证。同时受近代化工业和战争的影响，涌现出一批近代实业家和爱国志士，具有代表性的有穆伯仁、周宪章等人，他们的事迹成为泺口近代名人文化中的重要组成部分。

第二阶段泺口古镇文化资源发展一览表　　表1-4

文化类别	文化表现	发展概况
鲁菜文化	酿造产品：洛口醋	1914年，洛口醋因其选料精致，工艺独具，陈酿老道，气味清香，酸味柔美，食药兼备，耐储备用，得食其味者无不交口盛赞，在山东省第一届物品展览会上，泺口吴氏信诚醋坊的洛口醋获金质奖章。1912年和1915年的巴拿马国际物品博览会上，信诚醋坊的洛口醋分别获得银质奖章和金质奖章。到1928年泺口的醋坊发展达到四十余家，洛口醋行销至北京、天津、上海等处。

续表

文化类别	文化表现	发展概况
鲁菜文化	菜品："草包"包子	济南泺口镇人张文汉创造的"草包"包子，馅的配料非常讲究，刀切肉馅，配以笋丁、蛋糕丁，用老渍酱油、小磨香油，精心调制。以新"面肥"发二等粉，制作包子皮，捏为菊花顶包。"草包"包子馅多、鲜嫩，味美可口，成为具有济南特色的又一美食。
铁路文化	线路站点：泺口站、津浦铁路泺黄支线	津浦铁路于1912年底黄河泺口铁路大桥落成时全线通车，泺口地理位置优越，成为水陆交通中心。津浦铁路济南段全长69公里，自鹊山站进入辖区，经泺口站、党家庄站、崮山站等六站，向泰安方向延伸。津浦铁路建成后，1913年铁路局又将清泺轻便铁路改轨，与胶济铁路黄台桥支线接轨，10月建成长7.8公里的津浦铁路泺黄支线，使小清河码头与泺口黄河码头及胶济铁路东关车站连接起来，便利了货物转运。
	桥梁：泺口黄河铁路大桥	泺口黄河铁路大桥，全长1236米，是津浦铁路上的一座跨河大桥。大桥建成之后，此地成为北达京津、南至沪宁的重要交通枢纽。在战争年代这座铁路大桥遭受了严重创伤。1928年，张宗昌为阻止北伐军的攻打，将泺口黄河铁路大桥炸毁，后于1929年由津浦铁路管理局发包给南京裕庆公司修复通行；1937年抗日战争全面爆发，为阻止日军过河，韩复榘将泺口黄河铁路大桥炸毁，桥体损毁严重，日本侵略军占领济南后，于1938年派出黄河桥工程事务所人员对其进行重修，并于同年7月修复通车。
近代名人文化	穆伯仁（1867—1935年）	穆伯仁名德荣，字伯仁，桓台县雅和庄人，实业家。1901年，在济南泺口创办同聚和粮栈，开业不到3年即获利2万两白银，被推选为首届泺口商会会长，成为泺口商界的头面人物。他先后在济南、桓台、太原、博山等地创办工商企业十余家，总资本达二百余万元，成为当时济南和全省的巨富之一。
	周宪章（1900—1942年）	周宪章又名周焕文，济南市泺口人。早期曾在广东省海船上做工，参加过海员工会。后来到淄川洪山镇二马路开设照相馆。王尽美、邓恩铭、王用章等人来淄博开展工作时，都在这里落脚。他的照相馆成了中国共产党开展工作的秘密联络点。1922年6月他参加了山东"矿业工会淄博部发起会"，被选为大会临时交际员。1923年2月加入中国共产党。1942年夏，因车祸死亡。

3. 第三阶段的泺口：繁华渐逝

（1）历史沿革：济南解放后，泺口行政隶属与区划多次发生更迭，其管理机构设置也有所调整（表1-5）。1948年设济南泺口镇公所为镇内最高行政管理机构，同时在泉字街上设泺口派出所，强化地方治安，并设泺口税务组，征管本辖区各种税收。1950年在泺口设立泺口税务所，1952年在泺口泺南街设立省交通厅黄河航务办事处（后改为"航运局"）。国家于1954年实行土地改革，北园地区沿街摊贩日渐增多，于是在泺口成立摊贩管理委员会，负责本地的商贩管理。1970年泺口黄河货运基本停止，古镇内基本以居住生活功能为主。

第三阶段泺口古镇管理机构设置一览表　　表1-5

设立时间	机构名称	机构职责
1948年	泺口镇公所	负责镇辖区范围内的行政管理
1948年	泺口派出所	维护和管理地方治安
1948年	泺口税务组	征管本辖区各种税收
1949年	历城治河办事处（今为济南黄河河务局天桥区河务局）	监察管理辖区内黄河河务和工防设置
1950年	泺口税务所	征管济南郊区地区的各种税收
1952年	省交通厅黄河航务办事处	管理山东境内黄河的客货运输
1954年	摊贩管理委员会	管理本地的商贩
1961年	泺口公社	负责泺口行政事务管理和组织生产等活动
1968年	泺口联防营	负责泺口行政等各项事务的管理和组织
1971年	泺口管理区	负责泺口行政等各项事务的管理和组织

（2）空间形态：新中国成立后，受道路建设和黄河淤背两方面影响，泺口古镇的空间形态发生了几次较大变化。1951年古镇外围圩子墙被拆除，改造为环城路，并将圩子沟填平，标志着泺口自1848年形成的半月形独立城镇格局彻底被打破（图1-9）。1976年黄河凌汛后，北泺口村民迁入黄河以南各村落户。

这一时期基础设施建设速度加快，特别是在医疗卫生、水利工程、市政建设等方面都有所推进。医疗设施建设方面，1951年于泺口建泺口镇联合诊所，1958年建北园人民公社卫生院，设泺口门诊部，1965年院址迁往泺口。同时通过水利建设，加大对黄河的治理，为了加强与滨州道旭渡口的联系，1955年山东第一条黄河客运航线即济南泺口至惠民北

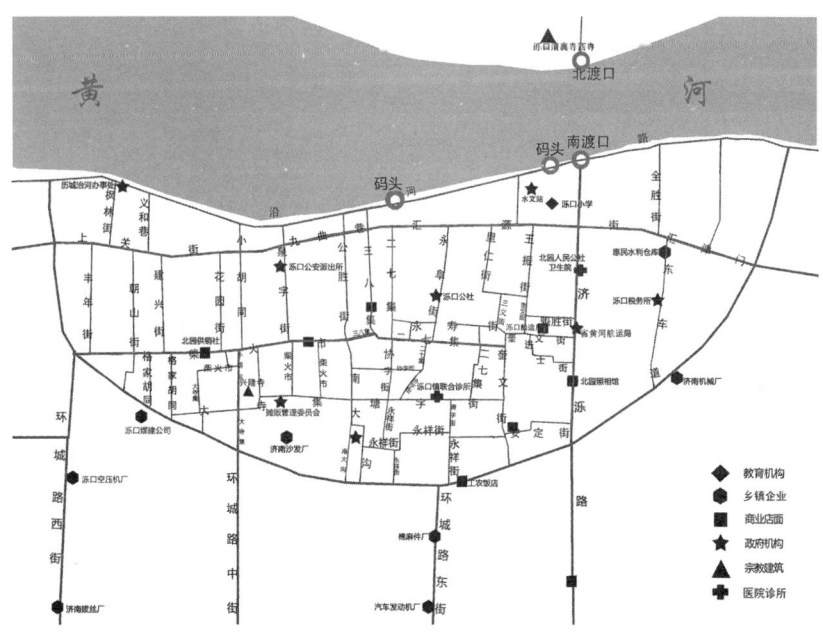

图1-9　第三阶段泺口古镇典型平面示意图

镇航线开通，1965年济南市泺口港新建的高水位码头竣工，保证了汛期南北交通畅通和渡河安全。该时期对市政设施的建设也有所加强，1965年，泺口古镇内开始使用电灯照明，1970年，自来水管铺设到户，居民生活得到改善。

该阶段泺口的企业建设获得一定发展，古镇格局变化明显，并重新建立起与黄河北岸的联系纽带。1950年后，重点建设泺口南部地区，环城路以南修建了环城路中街、东街和西街，许多知名乡镇企业多分布在这三条街上，如济南机械厂、济南拔丝厂、济南空压机厂和汽车发动机厂等，沿街还修建了居民住宅与工厂宿舍楼。

（3）文化民俗：随着泺口封闭城镇的空间格局被打破，商业氛围不再，泺口一些传统的文化民俗开始衰落，在码头文化方面表现得较为明显（表1-6），如泺口上、中、下三关码头和黄河泺口渡口均被废弃停用。泺口酿造工艺继续发展，酿造文化得以较好传承。在宗教文化方面，由于受到战争、黄河决口和"文化大革命"中"破四旧"行动的影响，宗教建筑破坏严重，宗教活动一度停滞。除此之外，泺口因黄河防汛的重要性，受到党和国家领导人的关心，黄河水利、水工文化得到加强。这一时期，时任国家主席毛泽东和总理周恩来都曾到此视察，1967年守卫泺口铁桥的战士王士栋为保卫大桥安全而英勇献身，为泺口留下了一段英雄佳话。

第三阶段泺口古镇文化资源发展一览表　　　　表1-6

文化类别	文化表现	发展概况
码头文化	码头：上关码头、中关码头、下关码头	20世纪60年代，泺口上下关是泺口港的主港区，有500吨级泊位4个；马道口和傅家庄是2个自然装卸点。主要货物是砂、石等建筑材料。1990年因没有货源停用。

续表

文化类别	文化表现	发展概况
码头文化	渡口：黄河泺口渡口	1952年渡口管理所并入黄河航务办事处。泺口渡口因地理位置重要，南岸又系黄河堤防险工，故解放前就有石砌固定码头，解放后被废弃。
鲁菜文化	酿造工厂：泺口酿造厂	济南市泺口酿造厂位于郊区泺口镇魁盛街。泺口酿造厂系1956年公私合营时，由泺口19家制醋酱园合并而成，时称公私合营玉兴酱园，1966年称历城县泺口酿造厂，主要产品为食醋、酱油。1955年以前，该厂以生产食醋为主，1956年始生产酱油，口味甚佳，深受好评。
	酿造产品：洛口醋、酱油	
宗教文化	宗教类别：伊斯兰教	北泺口清真寺位于泺口镇北6公里黄河北滩区，为伊斯兰教建筑风格，建筑面积80平方米，此寺坐西朝东，南北配房6间。该寺建于清代光绪年间，因黄河水多次漫滩，下半部已淤入沙土内。1976年黄河大汛时，寺内设施受到损坏。
	宗教建筑：北泺口清真寺	
黄河水利水工文化	抗洪：泺口段三次大抗洪	1949—1977年济南泺口段黄河经历了三次大洪水，分别是1949年、1958年和1976年，军民一心、众志成城，最终取得每一次抗洪的全面胜利。
	建设：泺口段堤防险工	该时期对济南防洪工程开始系统的规划治理，具体分为工程恢复时期、第一次修大堤、第二次修大堤和第三次修大堤的阶段，达到治理规划的目标。
	兴利：泺口段兴修水利	泺口段的西侧设置大王庙虹吸工程、东侧设置盖家沟虹吸工程。1960年在泺口下游六公里处，展开了泺口水利枢纽工程的建设工作，但未建成，当年停工。
	毛主席在泺口视察黄河	1952年10月26日，毛泽东主席第一次来济南，27日下午，毛主席在罗瑞卿、许世友陪同下到黄河泺口视察并参观了黄河泺口大桥。1959年9月20日下午4时左右，毛主席在时任中共山东省委书记谭启龙的陪同下，到济南泺口视察了黄河，在泺口镇西边的黄河大堤上，放眼瞭望黄河和两岸的村庄田园。

文化类别	文化表现	发展概况
铁路文化	周总理视察泺口黄河铁路大桥	位于北园镇政府北6公里处，黄河铁路桥南端。纪念地建有高1.7米、宽1.4米的大理石纪念碑上镌刻着"周恩来总理视察泺口黄河铁路纪念地"。1958年，黄河出现历史上罕见的洪峰，泺口黄河铁路大桥受到严重威胁，8月6日周恩来总理亲临黄河铁桥视察。1977年将周总理视察泺口黄河铁路大桥处列为省级文物保护单位。
	王世栋烈士护桥英勇献身	1967年5月31日晚8时，狂风大作，突降暴雨，堆在泺口大桥桥头的原木被大风吹落在道轨上。守桥部队紧急出动，进行清理。当王世栋奋力将最后一根原木掀出道轨时，一列客车疾驰而过，列车、大桥及旅客的生命保住了，车轮却卷走了他的身躯，光荣牺牲。为表彰王士栋的英雄事迹，济南市政府在其牺牲地附近为王世栋革命烈士塑像以示纪念。

4. 第四阶段的泺口：等待复兴

（1）历史沿革：改革开放之后，国内政治与自然环境稳定，经济建设为先，泺口划区设办，并基本演变为居民生活区（**图1-10**）。这一时期泺口已完全融入北园地区，与小清河以北地区协同发展。1978年后随

图1-10 泺口古镇现场调研图片

着农村改革的日益深入，泺口凭借以往商业和工业基础建成泺口管理区，而后迅速发展并成为北园乡镇企业重点发展区之一，并于1983年设立泺口工商管理所，负责泺口的企业管理。1991年北园镇由于各行业十分突出，因其经济实力而成为"山东第一镇"，泺口地方经济也有所提升。2001年6月，北园镇区划调整，原泺口古镇归由新成立的泺口街道办事处管理，隶属于济南市天桥区政府。但该时期泺口古镇范围内并未进行大规模开发，成为以住宅为主的区域，管理机构减少，并且多迁出泺口古镇范围分布，商业设施也仅能简单满足居民的日常生活需要（表1-7）。

第四阶段泺口古镇管理机构设置一览表　　　　　表1-7

设立时间	机构名称	机构职责
1978年	泺口管理区	负责泺口地区的生产和生活管理
1983年	泺口工商管理所	负责泺口企业的管理
1985年	泺口办事处	管理泺口辖区的政务
1998年	山东省心理卫生协会	发展山东省心理卫生科学技术事业和提高全民心理素质
1998年	济南长途汽车总站泺口分站	负责长短途运输旅客货物

　　自1992年泺口古镇空间形态遭到最近一次挤压，到2006年济南都市圈规划编制启动，提出北跨黄河战略，再到济南市新旧动能转换先行区开始规划建设，泺口终于等来了新的发展机遇。2018年3月，《济南新旧动能转换先行区总体规划（2018—2035）》草案编制完成，济南新旧动能转换先行区辖区范围横跨黄河两岸，总面积约1030平方公里。泺口由于区位优势，古镇整体处于新旧动能转换先行区的特色风貌轴上，是该

轴线上的重要节点，把握此次发展契机，泺口将成为集旅游、居住、商业等为一体的城市综合体和服务集聚区。

（2）空间形态：1987年因黄河淤背，泺口南移130米，1990年随着黄河河沙的不断淤积以及环城北路的修建，泺口古镇原圩子墙内的面积约缩小1/2，1992年济青高速在环城北路北侧修建，架起高架通车，更加阻隔了泺口古镇南北的联系（**图1-11**）。随着城市发展与建设，加之黄河泥沙淤积，泺口古镇北部被建设为济南百里黄河风景区的一部分，2003年济南百里黄河风景区被水利部命名为"国家水利风景区"，2009年又被评定为国家AAA级旅游景区。在此过程中，泺口古镇风貌遭到一些破坏，这一阶段，住户为了在拆迁中获利，有的私自加盖了许多违章建筑，但是也有部分人居提升工程的实施。2001年政府曾对大寺集和二七

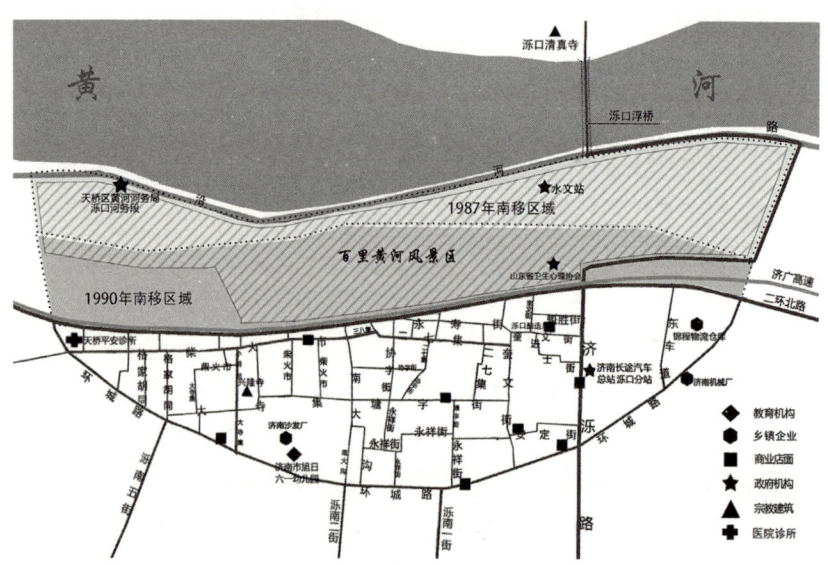

图1-11 第四阶段泺口古镇典型平面示意图

集两大片区进行改造和优化，并新建旭升家园小区，同时进行片区更新，使泺口居民的生活质量有所提升。

1987年后由于黄河淤背，泺口码头被废弃，1990年济南泺口黄河浮桥建成通车，泺口摆渡的历史也由此终结。1998年，在济泺路东侧建立济南长途汽车总站泺口分站。2006年，济南"北跨"发展战略研究开始推动，2017年12月，交通实现突破，被称为"万里黄河第一隧"的济南黄河隧道开工建设，出口位于泺口浮桥下游100米处，待该隧道修建完成后，将成为泺口乃至济南市跨河通行和对外联系的核心干线。

（3）文化民俗：城市化进程持续推进，传统文化民俗发展并不乐观。虽然泺口古镇北半部建成百里黄河风景区，内部对泺口码头旧址还有一定说明和标记，但据新闻报道此地相关的文旅活动内容却品位不高，原有的文化内涵未得到挖掘和展示（**图1-12**）。

黄河大坝东岸有不少市民在游玩。本报记者　唐园园　摄

黄河游,除了吃烧烤就是看河水
"南山北水"中的黄河旅游功能被闲置,专家建议挖掘龙山文化遗产

图1-12　百里黄河风景区新闻报道

其实该阶段泺口对一些文化民俗展开了相关保护工作。其中，在宗教文化保护方面，伊斯兰教与佛教文化在泺口有所恢复和发展。1993年新泺口清真寺于泺口南村泺安路重建，占地面积1254平方米，1995年3月正式启用。泺口兴隆寺于2000年9月再办佛事活动，2001年4月，市佛教协会重建寺庙大殿。在鲁菜文化方面，最早始于泺口古镇的糖醋黄河鲤鱼，现在是山东济南的传统名菜，各大饭店均有此菜，草包包子也成为当前济南特色名吃之一。洛口醋自1985年以来接连获得省、部、国家级优质奖，并以其独特的酿造技艺而著称，在2012年时，洛口醋酿造技术顺利入选山东省第三批非物质文化遗产。另外，这一时期，黄河水利水工文化得到较大发展，特别是济南黄河标准化堤防工程，从设计到管理，都体现了精益求精和勇于创新的时代精神，是治黄60年来取得的伟大成就之一。在铁路文化方面，泺口黄河铁路大桥在1977年，被列为省级重点文物保护单位，2013年3月5日，又被列为国家级重点文物保护单位，成为济南的地标之一（表1-8）。

1978年—2018年泺口古镇文化资源发展一览表　　表1-8

文化类别	文化表现	发展概况
宗教文化	建筑：泺口清真寺、泺口兴隆寺	1981年泺口清真寺设施全部迁往黄河南岸，定建于南泺口村泺安路，占地350平方米，阿訇1人。1993年新泺口清真寺于泺口南村泺安路重建，由政府投资、集体、个人捐资始建，占地面积1254平方米，1995年3月正式启用，现为回民重大节日的活动点。泺口兴隆寺于2000年9月再办佛事活动，并于2001年4月，市佛教协会重建寺庙大殿。
鲁菜文化	菜品：糖醋黄河鲤鱼、草包包子	糖醋黄河鲤鱼现为山东济南的传统名菜，各大饭店均有此菜。2019年，在济南草包包子铺多达数十家之多，其中位于普利街上的草包包子铺总店每天依然是人流不断、门庭若市。

续表

文化类别	文化表现	发展概况
鲁菜文化	酿造产品：洛口醋	1980年历城县泺口酿造厂改称济南市泺口酿造厂，隶属济南市供销合作社。1985年，泺口酿造厂可生产食醋、酱油、甜酱、腐乳、酱菜等五大类产品，其中洛口牌一级醋1983年获省优，1984年获部优，1985年获国家银质奖，是新中国成立以来济南市食品行业的第一块国优奖牌。2012年洛口醋酿造技术顺利入选山东省第三批非物质文化遗产。
黄河水利水工文化	济南黄河标准化堤工程	2002年集"防洪保障线，抢险交通线，生态景观线"功能于一体的济南黄河标准化堤防工程启动建设，该工程横跨槐荫、天桥、历城三区，全长66.55公里，并于2004年竣工。2007年时，济南黄河标准化堤防工程获得水利部大禹奖，2008年12月，又获得了中国建设工程鲁班奖（国家优质工程）。
	黄河百里公园	2003年济南百里黄河风景区被水利部命名为"国家水利风景区"，2009年又被评定为国家AAA级旅游景区，设有黄河神兽、九烈士纪念碑等景点。
铁路文化	泺口黄河铁路大桥	2013年3月5日，泺口黄河铁路大桥被列为国家级重点文物保护单位，泺口黄河铁路大桥至今已经有100多年的历史，每天有28趟火车在大桥上飞驰而过，是目前惟一一座在黄河上仍承担铁路运输工作的百年老桥，它参与并见证了济南铁路运输的飞速发展。

三、价值与启示

（一）价值总结

经过分析泺口古镇的历史演变特征，本章总结出其历史和现实价值如下：

第一，泺口古镇在历史上具有显赫的区域交通辐射力，可以说因为泺口的存在，历史上很长一段时间内，济南是黄河中下游无可争议的中心城市之一。明清时期，泺口古镇在沟通黄河（大清河）南北两岸、实现海（渤海）河（京杭大运河）联系的交通运输中发挥着重要作用，是当时盐漕中转、海陆转换的重要节点。以盐运为例，明清时山东沿海地区盛产海盐，主要是通过黄河（大清河）和小清河首先运送到泺口古镇，经过设在此处的国家盐业机关登记核验后，凭借许可才能转运到内地，且其转运目的地不仅涵盖山东省，还包括河南省和安徽省北部。另外，清朝末年，随着国内海路运输的兴起，内地省份的粮食通过运河、黄河和小清河转运到山东沿海港口，泺口古镇在其中也是重要的集散节点。及至近代铁路兴起，泺口早早建成火车站、黄河铁路大桥等设施，清泺小铁路、津浦铁路和泺黄支线交会于此，使其升级成为集"水—铁—公"于一身的联运枢纽，更加助推了济南经济的繁荣。新中国成立后，国家主席毛泽东和总理周恩来也曾先后来泺口视察，留下了一段段历史佳话。

第二，泺口"三生"融合的滨河古镇格局，是济南传统山水田园风貌格局的有机组成部分。若论济南传统山水风貌的典型格局可分为南北两个片区，南片区是由府城—千佛山—大明湖—趵突泉等泉群围合的山湖泉城风貌区，北片区是由泺口村镇—华山—鹊山—黄河（大清河）共筑的山水田园风貌区，二者皆为济南传统风貌典型，在文化史上均留有浓重的一笔。元代画家赵孟頫的《鹊华秋色图》对济南北片区传统山水风貌进行了描绘，而明代地方志《历乘》中则对"泺口古镇"和谐嵌入这一风貌之中有相应文字表述，"雒镇，城西北二十里，商人贸易之处，胶莱分司驻焉，鹊山高峙，大清东流，楼船往来，亭阁飞甍，诚一巨镇"。时至今日，泺口古镇虽留下来的历史物质遗存不多，但仍有形成于1848年的半月形城镇形态，从北到南—生产到生活协调衔接的功能分区、留有旧时记忆的多条街巷和码头等遗迹，这些应是北片济南传统山水田园风貌格局的有机组成部分。

第三，泺口古镇的盐运、铁路、码头和鲁菜四大文化民俗类型，是先人留给先行区及"拥河"发展规划的重要非物质文化遗产。泺口古镇的主要文化类型可以概括为盐运文化、铁路文化、码头文化和鲁菜文化。其中，盐运、铁路和码头文化均与泺口旧时的交通枢纽职能高度相关，而鲁菜文化则与泺口古镇的繁华商业氛围有关。截止到民国时期，泺口古镇有客栈数量达20余家，较著名的有"新诚东""华东客栈"等，同时饭庄林立，规模较大的有30余家，最著名的当属"继镇园""松竹楼"和"四季春"，所推出的糖醋黄河鲤鱼、清汤鲫鱼、瓦块鱼等日后均成为了鲁菜的代表菜，桂花枣果则是泺口"奎盛号"的传统名吃。另外，自明末泺口就创办有著名的"醴泉居""远香斋"等酱园，清朝时洛口醋的名声开始远播，并以其独特的酿造技艺而著称。1855年，泺口镇已有"永成醋坊""信诚醋坊"等十余家知名醋坊，所产之醋曾远销北京、天津、上海等地，并在巴拿马国际物品博览会上，1912年获银质奖，1915年获金质奖章。

（二）规划启示

泺口古镇丰富的历史文化资源和济南"拥河"发展的战略机遇之间是相互支撑、共兴共荣的关系。泺口古镇可依托济南的"拥河"发展战略机遇，凤凰涅槃、浴火重生。而先行区及"拥河"发展也会因为泺口古镇历史文化资源的支撑，更有助于凸显国家新区的中国气质。在今后的工作中，先行区及"拥河"规划应以挖掘和弘扬泺口古镇的历史文化资源为引领，积极展开"济南范儿"的国家级新区打造行动，具体包括三个方面的内容：

1. 整体打造济南传统田园风貌样板区

2018年《济南新旧动能转换先行区总体规划（2018—2035）》规划的"泉城特色风貌轴"中（**图1-13**），特意划定了"鹊华秋色"风貌组团，泺口古镇恰好位于其中。在此基础上需要强调的是，在未来的发展中，可依千秋名画《鹊华秋色图》为蓝本，着重对泺口村镇—华山—鹊山—黄河（大清河）这一风貌区整体格局进行维护和打造。在规划建设中，严格把控自然生态安全关，注重鹊华二山和黄河的整体保护性开发，深

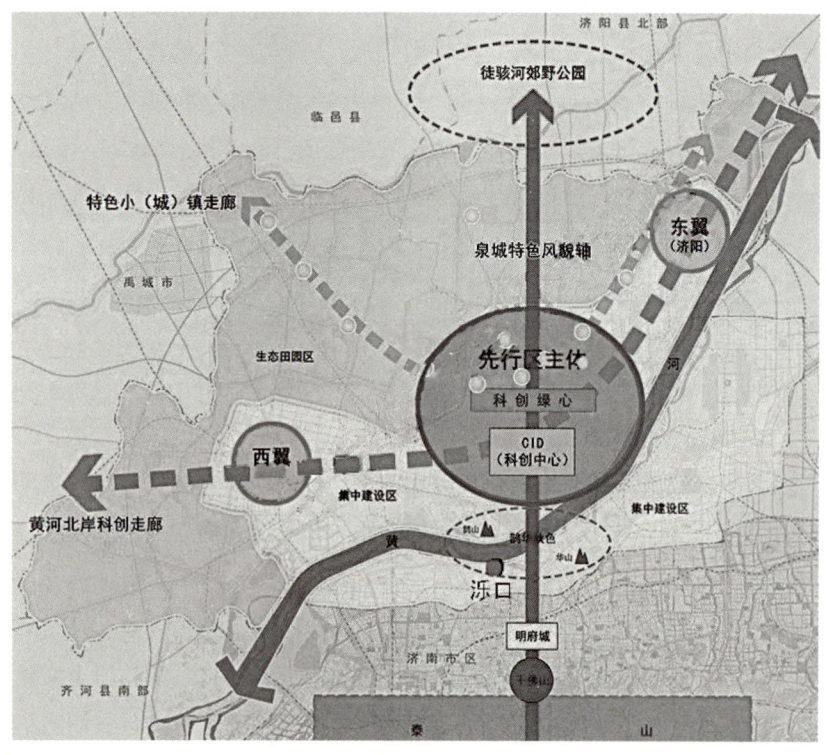

图1-13 泺口古镇在"泉城特色风貌轴"中的位置关系示意图

入挖掘并整理该区域的历史文化资源，积极编制该区域的风貌规划，限制区域的污染性经营和施工，加快黄河绿廊建设。整体把握黄河两岸的山—水—村—镇—田格局，结合国家乡村振兴战略，适度保留若干传统农业耕作区，挖掘当地的传统耕作技艺，通过地方生产和生活方式的融入，以展示济南传统田园风貌。

2. 立体打造济南滨河古镇格局展示区

泺口古镇在历史变迁中仍留下一些物质文化遗存，其城镇形态、功能分区和街巷肌理均颇具特色，应通过规划引导加以展示（**图1-14**）。第一，半月形的城镇形态是泺口古镇百余年延续下来的空间形态，在今后的发展中应该注意维护这一空间形态，通过河堤、环城路和若干节点环境的控制与提升，实现泺口古镇半月形城镇形态的延续与展示。第二，泺口水运兴盛时期的城镇功能分区呈现出生态—生产—生活和谐共生的格局，北边是大清河（黄河）、紧接着是港口码头及仓储运输区，中间和南边是居住生活区，其间夹杂了大量的公共建筑。未来应结合典型功能分区格局，梳理历史名人在泺口古镇的活动轨迹，以代表性地点和场所为依托形成典型功能的记忆展示，如在黄河景观风貌带展示水运、铁路运输功能，中部挖掘代表性传统建筑展示宗教和生活功能，南部建立圩子墙大门等标示牌展示圩子墙防御功能。第三，对于街巷格局，应依托现存的二七集、大寺集等骨架道路，禁止破坏它们的道路线型和名称，结合兴隆寺等知名建筑的重建与修缮，挖掘典籍中基园、亦园等园林的建筑风格样式，在划定区域内适当恢复传统的四合院围合街区格局。

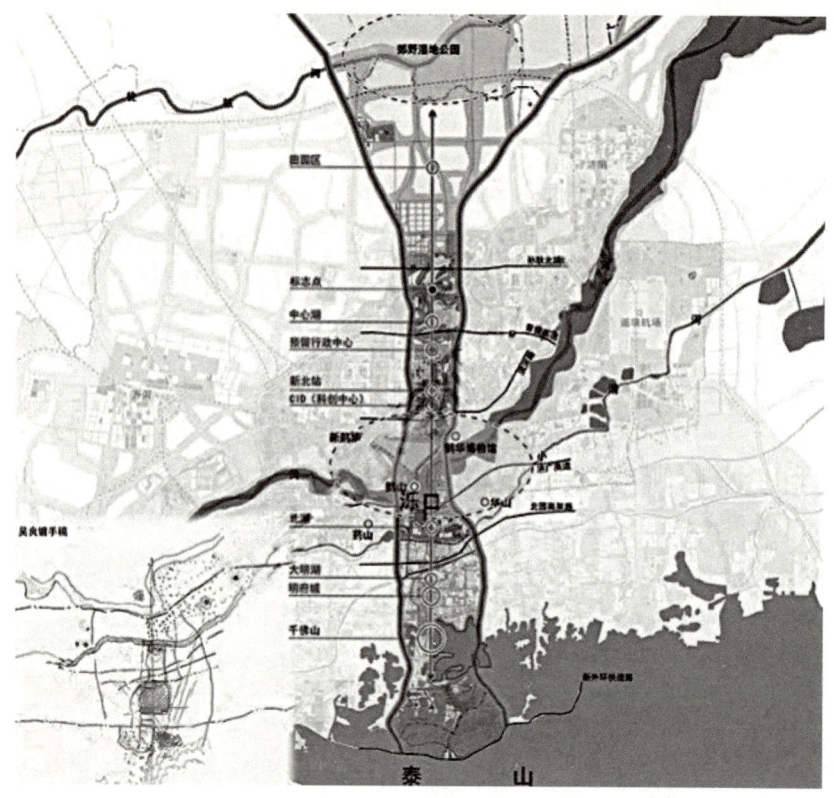

图1-14 泺口古镇在"齐鲁文化轴"中的位置关系示意图

3. 联体打造济南地域文化活化体验区

　　非物质文化遗存在"拥河"发展中的作用地域应该更加广阔，不应局限于泺口古镇范围，而是在国家级新旧动能转换先行区内，应与现代的生产生活方式相联合以助其活化，并促进先行区的新动能培育。如对于铁路文化的开发利用，可依托泺口黄河铁桥的历史遗存，梳理清泺小铁路、津浦铁路和泺黄支线开发运营的历史线索，适度恢复与泺口古镇相关的铁路站线站点，打造不同时代的火车体验公园，借助火车车厢积极设计创新餐饮、展览等新型空间，在先行区内将近现代铁路文化遗产进行创意性的复原与再现、创新性的解读与诠释。对于盐运文化和码头文化，由于其在泺口已经难寻踪迹，今后可以通过设立相关文化主题的博物馆，将不同时期泺口盐运、码头的历史文物搜集至此，复建明清时期的稽核所、盐园、渡口等载体空间，并模拟海盐中转搬运、查收核验、分发盐引等环节，为游客和居民提供一个近距离接触、了解泺口盐运和码头文化的平台。对于鲁菜文化的开发利用，应结合旅游产业发展，可借助历史上的餐饮住宿老字号进行业态的升级改造，结合泺口集市、庙会时间等定期举行饮食文化博览会，融合先进的高科技展示手段开发鲁菜品尝、制作等体验项目，满足游览者近距离感受与体验鲁菜文化的需求。同时，洛口醋酿造、酱菜腌制和糕点制造等非物质类工艺文化，其实也是鲁菜文化的一部分。今后除了申请非物质文化遗产将传统工艺制法传承下去之外，还应结合现代的生活方式，可通过开发运营"泺口鲁菜"等电商平台，设置原料售卖、产品定制、工艺传习、菜单推送、互动展示等板块，以现代方式吸引年轻人参与进来。另外，在新旧动能转换的发展背景下，地方政府可通过建立工艺学习班、创意工坊、公司和产业园区等组织形式，联合新兴产业类型对传统工艺不断创新、提升品质，以满足当代消费升级的需要，使其重新焕发活力与魅力。

四、本章小结

古镇的历史演变研究对时下城市的产业发展和规划编制具有十分重要的意义。本章系统梳理了泺口古镇的历史演变脉络及文化内涵，深入探讨泺口古镇在不同文明阶段下的历史沿革、空间布局和文化特征，整理出对当今规划编制有意义的历史文化要素体系，为泺口古镇未来建设发展提出了适应性建议，其研究成果不仅能弥补当前对泺口古镇演变研究的缺失，丰富济南历史文脉研究和传承，更为时下济南

"拥河"发展规划编制和新旧动能转换先行区的设立提供文化支撑和历史依据。

注：本章是在济南市社科项目《济南泺口古镇演变研究及其对携河发展的规划启示》结题报告及项目主要成果《挖掘泺口历史文化资源，提升拥河发展规划品质》的基础上整合而来的。该项目的主持人为赵虎，参与人为杜聪聪、郑敏、陈朋、吕东旭、吴冰璐、邹晓佩、李飞、徐宁、孙涵、高翔。另外，在项目的完成过程中得到济南市委党史研究室主任刘浩等同志的帮助和指导，特此感谢！

参考文献

［1］　安作璋主编，党明德本卷主编. 济南通史·近代卷［M］. 济南：齐鲁书社，2008.

［2］　北园镇志编纂委员会办公室. 北园镇志［M］. 济南：山东科学技术出版社，1991.

［3］　杜聪聪，赵虎. 泺口古镇的历史演变与保护发展策略研究——基于济南"携河"发展规划的思考［J］. 遗产与保护研究，2018（03）：73-79.

［4］　端木凌云等. 泺口河段河势演变浅析［A］. 山东水利学会第十届优秀学术论文集. 2005.

［5］　何晓伟，赵虎. 近代济南市内主要城镇关系演变初探［A］. 2015年中国城市规划年会论文集［C］，贵州贵阳，2015.

［6］　济南市地名协会. 济南地名琐话［M］. 济南：济南出版社，2013.

［7］　济南市黄河河务局编. 济南市黄河志（1855—1985）［M］. 1993.

［8］ 济南市天桥区区志编纂委员会. 天桥区志［M］. 济南：山东人民出版社，
1993.

［9］ 济南市志编纂委员会. 济南市志（第7册）［M］. 北京：中华书局，1997.

［10］胶济铁路车务处. 胶济铁路经济调查报告分编六［R］. 1933.

［11］罗腾霄著，济南市图书馆整理. 济南大观［M］. 济南：齐鲁书社，2011.

［12］牛国栋. 济水之南［M］. 济南：山东画报出版社，2014.

［13］彭林绪等. 武陵古镇民俗的演变及其特点［J］. 三峡大学学报，2007（6）：
24-26.

［14］阮仪三等. 阮仪三与江南水乡古镇［M］. 上海：上海人民美术出版社，
2010.

［15］山东省地方史志办公室. 山东强镇名村志［M］. 济南：山东地图出版社，
2002.

［16］山东省人民政府. 山东新旧动能转换综合试验区建设总体方案［Z］. 2018.

［17］宋敏等. 新兴城市中心区的城市设计方法探讨［J］. 华中建筑，2009（06）：
113-117.

［18］孙宝生. 历城县乡土调查录［M］. 济南：济南出版社，2016.

［19］唐园园. 黄河游，除了吃烧烤就是看河水［N］. 齐鲁晚报，2016-05-03.

［20］徐先领. 携河发展，打造泉城版"雄安新区"［J］. 走向世界，2017（30）：
22-25.

［21］（元）脱脱. 金史·地理志［M］. 中华书局点校. 北京：中华书局，1975.

［22］张华松. 历城县志正续合编（第一册）［M］. 济南：济南出版社，2007.

［23］张泰城，王伟年. 旅游公共服务建设中地方政府行为分析［J］. 中州学
刊，2009（4）：114-118.

［24］张秀红. 济南佛教文化旅游开发研究［D］. 山东大学，2008：27-28.

［25］张振水. 黄河泺口百年铁路老桥又获新生［J］. 山东水利，2003（12）：56.

［26］赵虎，杜聪聪. 挖掘泺口历史文化资源 提升拥河规划底蕴品质［R］. 2018.

［27］周年兴等. 同里古镇旅游商业化的空间格局演变、形成机制及特征［J］. 南京师大学报，2013（12）：158-159.

［28］朱剑萍. 今日北园镇［J］. 走向世界，1995（5）：46-47.

第二章 ————————————————

洑口古镇的相关文献整理

　　文献研究是科学研究的基础之一，其主旨是通过对已有文献的梳理总结，不仅能发现拟研究对象的相关线索，还能证明研究所蕴含的价值意义，更能为研究提供视角、内容和方法等多个方面的创新支持。本书有关泺口的文献整理也是泺口古镇研究的基础性工作和支撑性工作，因为对泺口古镇的研究主要采取的是实地调查和文献整理相结合的方法。实地调查是对泺口古镇现状进行实地踏勘和访谈，整理现有的城镇物质环境遗存和搜集传承下来的非物质遗存，并绘制所需的现状图纸。文献整理是对泺口古镇的相关文献进行搜集和整理，从中发现与泺口相关的历史线索，这里的文献不仅仅是图书，还包括文章、地图和老照片等相关的文字和图片信息资源。在这里需要说明的是，实地调查和文献整理并不是独立没有关联的，二者在研究中是相互印证和共同促进的。首先需要将文献中的相关文字线索反映到现状图纸上去，这是一个不断校核验证的过程，因为文字多由历史或者文学背景的作者提供，他们在地图信息上的描述是非专业的，甚至有些时候是以讹传讹。所以，这就促使实地调查工作和文献整理工作在研究进程中保持同步进行。

　　目前有关泺口镇明确的历史记载可以追踪到《金史·地理志》，上面记载"上泺口为济南府历城县六镇之一"。1986年出版的《济南简史》中提及："济南北郊泺口镇，是著名的水陆码头，为古代黄河上最大的渡口，是连接省会和鲁北平原的咽喉要道，是沿海到内地的重要水上运输线，为商品流转的集散地"。2008年出版的《济南通史》一书对近代泺口镇的经济社会情况也有相应介绍。除此之外，经过课题组多年的搜集，泺口相关文献大致可以分为史地文献类和文学文献类两种。同时，还有若干旧地图和老照片，能够为本研究提供相关补充信息。

一、泺口的史地类文献

史地类文献包括方志类文献、专项方志类文献和综合报告类文献。

（一）方志类文献

该类文献以方志为主，据梳理，《山东通志》、《济南府志》到《历城县志》三个层级的方志中对泺口均有所涉及，其中内容较为详细的还是集中在县志层面，中华人民共和国成立前包括《历乘》（明崇祯七年）、《历城县志》（明崇祯十三年）、《历城县志》（清乾隆三十六年）和《续修历城县志》（民国15年）。此外，还有记载民国情形的两本类似地方志的图书也有较多泺口镇的记载，它们分别是1928年的《历城县乡土调查录》和1934年的《济南大观》。中华人民共和国成立后，各级政府又先后编制了《北园镇志》（1991）、《天桥区志》（1993）和《济南市志》（1997），对1948年以后的泺口发展情况也有所涉及。

明朝崇祯七年刘敕编纂的《历乘》一书，这是有关济南城区描述最早的地方志，也是历城县的第一本地方志。其中在"建置制"章的"里社"一节列出泺口镇，并描绘道："雒（泺）镇，城西北二十里，商人贸易之处，胶莱分司驻焉。鹊山高峙，大清东流，楼船往来，亭阁飞甍，诚一巨镇。"由此来看，泺口的繁华景象让作者感叹！不过这里需要说明的是，位于泺口镇的并不是胶莱分司的官署，而是其下设的泺口批验所。根据地方志的相关校核，胶莱分司有一段时间是设置在济南府城里面，后来调整到外地去了，但从未曾设置在泺口。崇祯十三年叶承宗等人编纂了《历城县志》，其中有关泺口的记载较明崇祯《历乘》一书有所深入，不仅列出同属清河路的泺口镇与泺口南岸及其所管辖村庄名称，还指出泺口所设有的集市。另外，在书中图引章节的历城县境南图（**图2-1**）和北图（**图2-2**）两张地图的相应位置，均出现"泺口"文字的标示，这比《历乘》的记载相对详细明确。

清朝康熙时期，李师白以《历城县志》（明崇祯十三年）为基础编纂了《重修历城县志》，整体改动不多，有关泺口镇的部分也未见明显变化。到清乾隆时期，李文藻等编纂《历城县志》，其中在"县志图、地域考和建制考"篇章中对泺口有所介绍，泺口可以分为泺口镇河南和河北两部分（**图2-3**），并分别被划分到鹊华五领、七领和八领进行户口统计，其中河南部分被认为是《金史》中"上泺口"古镇所在，并列出

图2-1　明崇祯十三年《历城县志》历城县境南图

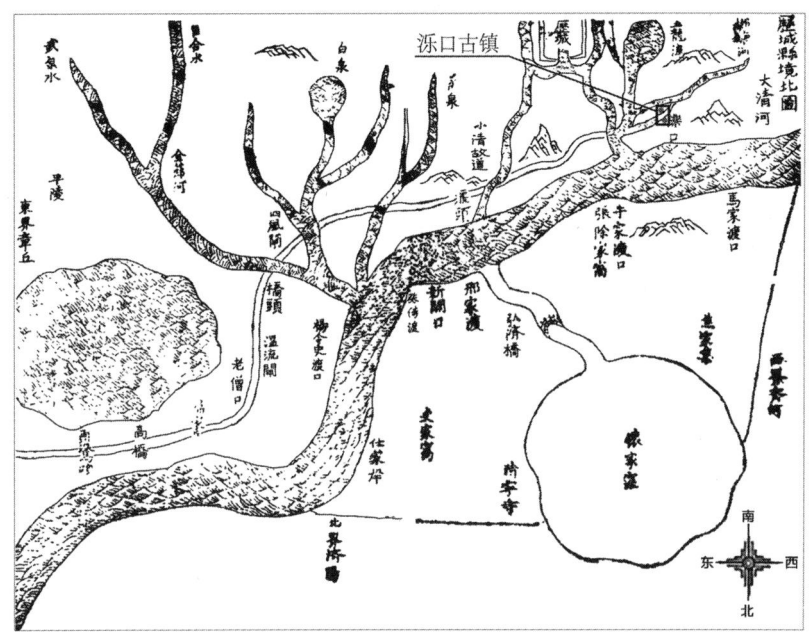

图2-2 明崇祯十三年《历城县志》历城县境北图

图2-3 清乾隆《历城县志》县境图

041

南北两岸集市的固定日期。同时，泺关批验所署仍设置在泺口。据此看来，从明朝到清朝几百年间，泺口盐运枢纽的职能始终存在。另外，在其县境图中也可以清晰地看到"泺口"的文字标示。民国时出版的《续修历城县志》记载时限自乾隆年直到宣统年，该书在"地域考"中对泺口有所提及，其中泺口镇的地域被划分到洛口乡和马家乡，泺口南岸属于洛口乡管辖，泺口北岸属于马家乡管辖。此时，官署设置也有了新的变化，自同治年间始，泺口相继设置厘金局、斗捐局和船捐局，便于官府在当地征收财税。县境图中（**图2-4**），也能发现泺口的文字标记，此时的地图采用了方格网绘制，其形式格局与现代地图十分类似。

同时，民国时期还曾出现过两本与地方志内容类似的图书，一本是1928年的《历城县乡土调查录》，另一本是1934年的《济南大观》，二者阐述内容框架基本相似，但是书名的行政区划主体确有区分。这是因为

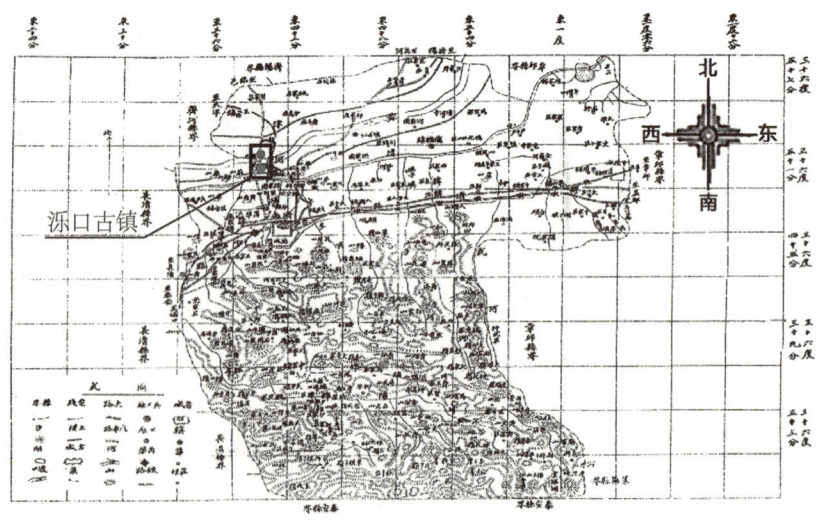

图2-4 《民国续修历城县志》县境图

1929年国民政府收复济南后设立济南市，而不再称历城县了。由于出版年份相近，这两本书介绍泺口的主要内容相差不大。在行政区划上，泺口属于乡区管辖，航运兴盛，均在教育、交通、防卫等方面有所介绍，但是《济南大观》中更为详细，它写道："泺口镇，在市北十二里，居黄河之南岸，为津浦铁路往来通衢要道，又津浦路之一站名泺口站，世界伟工之黄河铁桥在焉，市面情形逐渐繁盛，街道平夷，商店约有一百五十家，为食盐杂粮进口要隘，营业状况亦不逊于城市，惟性质稍有不同。每年逢三八为小集，四九为大集，以食粮为大宗，在商会者商家约六十余家，会外者百余家。"书中不仅列出当时泺口镇所有的街道名称，更是明确列出了40余家公共机关和工商户企业的信息，包括详细地址和电话。值得关注的是，与明清地方志相比较，民国文献中有关泺口经济社会发展的统计数据多了起来，如人口、商店、舟船及学校师生数等，《历城县乡土调查录》中更是对泺口码头的主要物资输入数量进行了统计。

济南解放后，各级地方政府组织、编制、发行了多种地方志。如1991年出版的《北园镇志》、1993年出版的《天桥区志》和1997年出版发行的《济南市志》，对于泺口的情况依次有着相应介绍。特别是《北园镇志》一书，对近现代泺口的发展概括做了较为全面的介绍。该书结合明清县志和近代多种文献对泺口解放前后的经济社会线索进行梳理，包括泺口的历史沿革、道路街巷、职能机构、城镇建设、名人诗词等方面内容。但是由于该书编写时，泺口镇恰被合并到北园镇范围内，而不是作为独立的行政单元描述，所以书中也存在反映信息与资料来源不够精确、代表人物与典型事件对应不明确、发展时序和条目呈现不系统的问题。《天桥区志》中虽然也有一小节有关泺口的介绍，内容比《北园镇志》要少许多，但这里值得关注的是，它的扩展资料更加丰富，其中包括新中国成立以后毛泽东、周恩来等国家领导人到泺口黄河段视察、有关的民族资本家生平、出产特产物产和黄河铁桥等相关文字与图片信息等。《济南市志》是一本全市层面的地方志，涉及层面和反映内容更加广泛，但是其中有关泺口的信息在以上两本文献中已多有涉及，不过对黄河百里公园、黄河水利建设等方面的资料有所补充。

其他方志类：除去县志层面，旧时在济南府和山东省层面的方志对泺口镇也有所涉及，其中在古地图上也可发现泺口的文字标示，但是其他有关解释的文字不多。其中清乾隆年间《山东通志》的济南府图、清道光年间《济南府志》中的济南府图（**图2-5**）和历城县舆图（**图2-6**）中均能看到泺口的位置信息，并且两张济南府图中代表泺口的图例分布在大清河南北两岸并遥相呼应。

还有两本方志类文献对泺口的地理位置有着明确的记载。一本是成

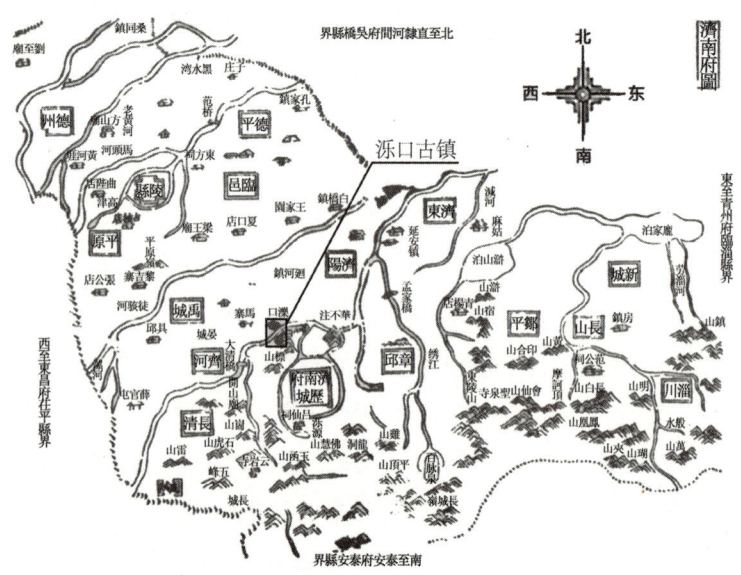

图2-5 《山东通志》乾隆年间济南府图

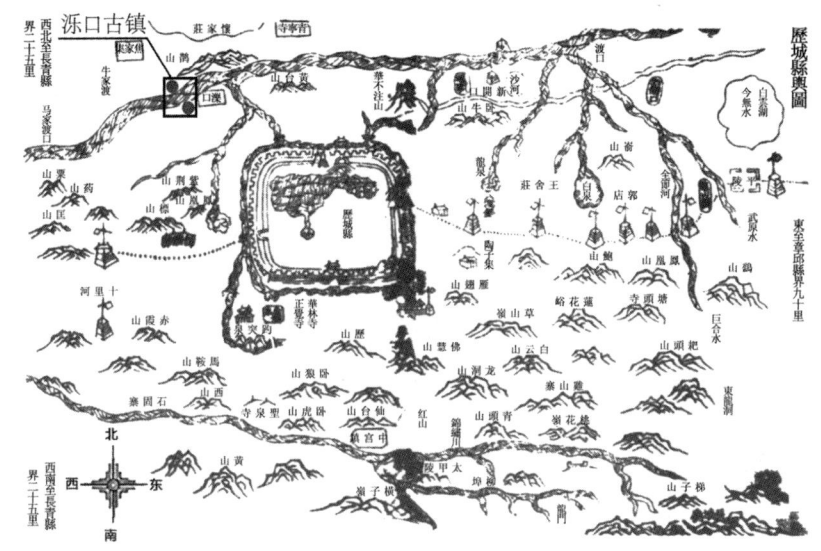

图2-6 《济南府志》道光年间历城县舆图

书于公元6世纪的《水经注·济水》有载："泺水又北流，注入济，谓之泺口也"。虽话语不多，但是交代了泺口的地理特征，是泺水与济水的交汇处，为"泺口"地名的由来树立了可追溯的源头。另一本是元代于钦编纂的《齐乘》，其中描述了小清河开通后，截留了先前流往大清河的泺水，从而间接促成泺水与大清河的新交汇处，既是"下泺口"地名的由来，也从侧面揭示了《金史》中为何称泺口为"上泺口"的缘由。

（二）专项方志类文献

以上方志类文献多是从城镇整体的视角来介绍泺口，除此之外，还有部分文献从城镇专项功能的视角来描述泺口。如从盐运功能来说，《山东盐业志》和纪丽珍的《明清山东盐业研究》，对泺口在明清时期山东盐运系统中发挥的作用有一定说明；如从水利功能来看，《山东黄河志》、《济南黄河志》、《山东省志·交通志》等文献对泺口地段的黄河水利水运发展建设情况有所记载；如从铁路运输来看，《济南铁路分局志（1899-1985）》等资料介绍了泺口镇所涉及的铁路线及站点情况；如从商业经营角度来看，《山东省志·粮食志》、《济南市志资料汇编》和《天桥文史资料》等图书对解放前泺口镇粮食运输经营的情形有一定记载。同时，《济南纺织工业志》、《天桥文史资料》等图书对解放前在泺口镇从事商业经营的民族资本家生平做了较为详细的介绍。此外，泺口镇有关的民俗、人物和宗教的信息也可以从《北园镇志》、《党和国家领导人在天桥》、《天桥区民族宗教概览》等资料中获取部分信息（表2-1）。

与泺口古镇相关的专项方志类文献一览表　　　　表 2-1

图书名称	作者	出版单位	出版年份	内容简介
《山东盐业志》	山东省盐务局	齐鲁书社	1992	该书记述了远古至1988年山东盐业的历史和现状，对泺口的运盐情况有一定介绍。
《明清山东盐业研究》	纪丽真	齐鲁书社	2009	该书详细记述了明清时期山东省的盐业发展情况，对泺口在明清时期山东盐运系统中发挥的作用有所说明。
《山东黄河志》	黄河水利委员会山东河务局	黄河水利委员会山东河务局	1988	该书全面客观地记述了1986年至2005年山东黄河治理情况，对泺口段黄河的治理情况有相应的介绍。
《济南黄河志》	济南市黄河河务局	济南市黄河河务局	1993	该书是对1855—1985年这一时段内济南段黄河在河情、河汛和防洪等方面的综合概述，并详细记述了泺口地段的黄河水利水运发展建设情况。
《山东省志·交通志》	山东省地方史志编纂委员会	山东人民出版社	1996	该书上限起自1840年，下限断至1985年，对山东省内的交通建设情况进行介绍，并专门介绍了泺口港的设施和货物吞吐量。

续表

图书名称	作者	出版单位	出版年份	内容简介
《济南铁路分局志（1899—1985）》	济南铁路分局史志编纂办公室	中国铁道出版社	1994	该书记述了1899—1985年87年间的济南市铁路建设与发展情况，包括胶济铁路、津浦铁路、黄台桥支线和泺口黄河铁路大桥等内容，也介绍了泺口镇所涉及的铁路线及站点情况。
《山东省志.粮食志》	山东省地方史志编纂委员会	山东人民出版社	1996	该书主要记述1840年至1988年间山东粮食流通领域发展变化情况，对泺口在明清时期的粮栈和粮商情况也有所介绍。
《济南市志资料汇编》	济南市志编纂委员会	济南市志编纂委员会	1986	该书主要记述了解放前济南工商经济的发展情况，对泺口的面粉业和苗家资本集团进行了一定说明。
《天桥文史资料》	济南市天桥区政协文史委	济南市天桥区政协文史委	1991	该书主要记述了天桥区历史沿革与变迁、建设发展和社会经济情况，对解放前泺口镇粮食运营及民族资本家生平有所介绍。
《济南纺织工业志》	济南纺织工业志编纂领导小组	济南纺织工业办公室	2005	该书记述了1877年至1955年间济南市的纺织业发展情况，对泺口镇从事纺织业的民族资本家也有一定介绍。
《北园镇志》	北园镇志编纂委员会办公室	山东科学技术出版社	1991	该书详细记述了北园镇的历史面貌和现状，对泺口镇的历史沿革、行政区划、人口、产业等方面有较为全面的介绍。
《党和国家领导人在天桥》	济南市天桥区政协文史委	济南市天桥区政协文史委	2013	该书主要介绍党和国家领导人到天桥视察黄河、北园等历史事件，并记述了毛泽东、周恩来等国家领导人视察泺口渡口和泺口黄河铁路大桥的情况。
《天桥区民族宗教概览》	天桥区民族宗教事务局	天桥区民族宗教事务局	2014	该书记录了天桥区民族宗教工作及宗教习俗、政策等内容，对泺口社区的人口及宗教发展情况有一定介绍。

（三）综合报告类文献

民国时出现了一批有关山东、济南和历城县的经济社会综合报告，其中既有中国人主笔的，也有日本人完成的。有些报告较为详细地描述了泺口镇当时的经济社会状况，如1919年的《山东各县乡土调查录》（林修竹编）提出泺口是当时历城县四大重镇之一，并附有部分驻泺机构的电话信息。1915年的《山东产业调查记（续）》描述了黄河水运中泺口码头的情况。此外，还有文献对泺口航运货物进行统计，如1910年的《宣统元年通常各关华洋贸易总额》，在1934年完成的《胶济铁路经济调查报告汇编》特别对大豆等泺口码头中转货物给出了统计数据。同时，由于当时日本军国势力出于侵略中国做准备的阴谋，派出专人对山东及济南的地方经济社会情况进行了较为详细的调查统计，1919年的《山东经济事情》均对泺口镇的人口户籍和从业情况，包括航运船只数量等都有详细的记载。上述相关调查报告的相关成果在庄维民2000年出版的《近代山东市场经济的变迁》一书中得到了系统梳理和综合体现。

二、泺口的文学类文献

文学类文献相比较于史地类文献而言，更加侧重从人文情怀的视角对泺口进行阐述，在有些内容上会进行文学创作，传达出的信息也许并不完全正确。

（一）现代牛国栋《济水之南》

当代人文作家和摄影师牛国栋，祖上四代都是济南人，多年来关注济南的历史人文典故，先后出版过两本颇具济南味的人文著作《济南乎》和《济水之南》，其中后书是前书的增订版。《济水之南》中有两个章节都与泺口有关，第一是"河泺码头"，第二是"古镇围城"。"河泺码头"一章记述了大清河（黄河）和小清河沿线的码头客货运输的情况，通过旧照片和典故的梳理映射出水运码头的历史兴衰，其中描述泺口货运兴盛，并提及："当时，泰安、东昌、兖州、沂州、曹州等地所用食盐，都由泺口转运，木材、药材、毛皮的货物也在这里集散"。"古镇围城"一章是针对泺口古镇的描述，以时间为脉络，通过对文献记载和对当地居民的访谈进行整理，梳理出泺口古镇开发建设的一些重要历史线索。

图2-7　牛国栋所著《济水之南》

（二）民国倪锡英著的《济南》

倪锡英生于江苏无锡，是民国时期著名的散文家、儿童文学家。《都市地理小丛书》是他留下的唯一一套散文集，这套丛书旧版原本全套为10卷，《济南》是其中一卷，由当时最具权威性的上海中华书局于1931

至1939年之间出版，2012年南京出版社重新整理出版了这一套丛书。在《济南》书中有一小章，名为《泺口镇和大铁桥》，作者以轻松的口吻描述了泺口的航运和黄河铁路大桥实况，其中写道："这个市镇的外表，竟和一座小城市一般。东、南、西三面围着城壁，北面靠着黄河堤，市区的面积，南北长一里，东西广三里，是一个长方形的市镇"，让今天的人们可以从字里行间发现当时泺口的繁华。后面，作者还表达了对泺口黄河铁桥的赞叹，称它是一个最伟大的建筑工程。

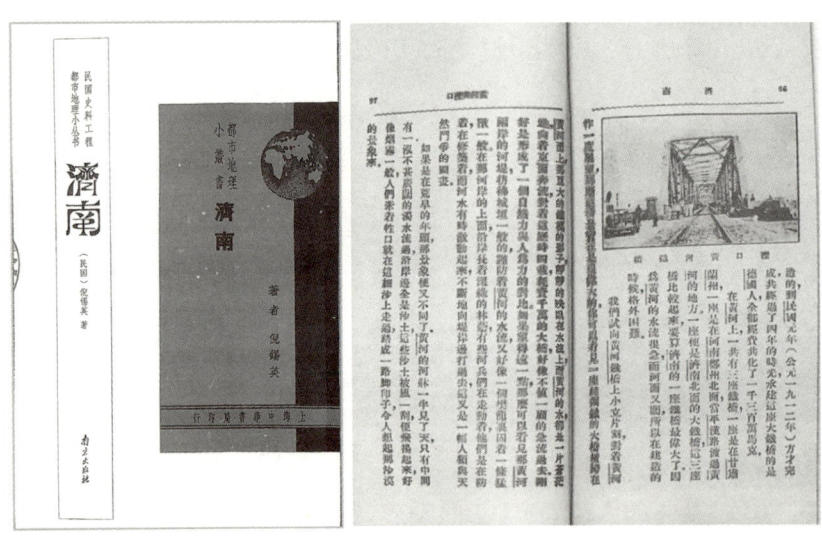

图2-8 （民国）倪锡英所著《济南》

（三）清末刘鹗《老残游记》

刘鹗，清末小说家，字铁云，又字公约，号老残，署名"鸿都百炼生"。江苏丹徒人，寄籍山阳，曾在光绪年间前后在济南工作生活3年有

图2-9 （清）刘鹗所著《老残游记》

余。其所著的《老残游记》，是晚清四大谴责小说之一，流传甚广，书中有大量有关济南的描写，盛赞济南"家家泉水，户户垂杨，比江南风景更为有趣"，写了济南许多的古迹、名胜和街道、商店等。其中对泺口有一段文字的描述："出济南府西门，北行十八里，有个镇市，名叫雒（泺）口。当初黄河未并大清河的时候，凡城里的七十二泉泉水，皆从此地入河，本是个极繁盛的所在。自从黄河并了，虽仍有货船来往，究竟不过十分之一二，差得远了。老残到了雒（泺）口，雇了一只小船，讲明逆流送到曹州府属董家口下船，先付了两吊钱，船家买点柴米。却好本日是东南风，挂起帆来，'呼呼'地去了。"（《老残游记》第四回）。这段文字表明了泺口当时是一个水运码头，并且黄河并入大清河损害了泺口的水运能力，泺口作为一个水运重镇的职能已经下降了，表达出作者内心对当时泺口落寞的感叹。

（四）明清诗词记述

明清时期济南北部地区是天然的山水园林示范区，河网密布、山秀湖广、园林别墅层出不穷，泺口又是这一地区的交通枢纽，文人雅士游览名胜多会于此路过，从而诞生了许多诗歌作品，这其中具有代表性的诗人包括明朝的王象春、郝元哲，清朝的朱照嘉、钟廷英、王士桢、王苹、王初桐和徐子威，他们的诗歌或反映了泺口的经济社会情况，或体现泺口渡口码头的情形，或咏唱优美山水环境，或托物咏志表达情怀，为诗城济南的美誉增添了几分色彩。

《盐池》
〔明〕王象春

可怜泺口围盐场，上下抽单日月长。
从前派盐如派矿，今日淡水煮飞蝗。

《于钦》
〔明〕王象春

于钦昔日评山水，直到济南天下无。
泺口泛舟通索镇，更题诗在锦秋湖。

《王烈妇》
〔明〕王象春

汉王假马渡清河，泺口标山姨寨乡。
八十五城皆拜迓，济南痴死是王娥。

《泺口渡》

〔明〕郝元哲

古岸摧颓沙径平，北风吹缆小舟横。

残年日落人稀度，一队寒凫相向鸣。

《泺口晚归》

〔明〕郝元哲

连村泺口北，此地往来频。间闸水痕缩，野田泥径新。

乱云低惹树，斜日远随人，世事多劳攘，无为叹苦辛。

《泺口晚归》

〔清〕王士祯

泺口千家聚，烟波远近村。沙鸥飞来市，石濑到闲门。

山翠晓将滴，苹香秋正繁，临流鱼鸟兴，蒲洒独开樽。

《癸酉泺口斋居》

〔清〕王苹

忍得揶揄欲满城，悠悠无复少年情。但添帖括新来恨，休说词场旧月名。

挑菜小清河上去，看山扁鹊墓前行。蹉跎近事能如此，传到南村慰友生。

《鹊山湖怀古》十韵

〔清〕徐子威

瘦牛耕废堰，境僻松风长。鹊湖余古迹，秋色晚苍苍。
东望华不注，烟翠更微茫。缅怀千载上，此地是徜徉。
昔闻杜少陵，协酒泛轻航。况同李北海，开襟酌巨觞。
中流逸兴飞，高咏声琳琅。宛如游碧落，一览何江洋。
今我临泺北，眼底成沧桑。无复旧云水，青山空夕阳。

《庆庚辰暮春作》

〔清〕朱照嘉

华屋高柚洛水湾，娥娥鹊献出楼间。
乘风水勇非常阔，雪浪银涛荡碧闲。

《春日赞泺口》

〔清〕钟廷英

烂漫好风光，鹊华烟雨旁。千家分两岸，一水在中央。
帘影花道市，莺声柳外堂。少年多不识，白马自游缰。

《泺水》

〔清〕王初桐

泺口腥风四月天，海鲜新到利津船。
东人最重滦河鲫，贩进城来更值钱。

　　这些诗人里面的三位王姓诗人有着密切关联。王象春（1578—1632）为明朝诗人，是当时独树一帜开创新风气的诗坛人物，他居于济南城内，曾著有《齐音》一卷，又名《历下百咏》，对晚明的济南风土人情、民间疾苦多有反映，富有民间性。从上文有关泺口的三首诗中，也能发现其诗歌所蕴含的上述特征。清朝初年另一位诗人王士桢（1634—1711），是王象春的堂孙，其提倡写诗重神韵，在其影响下，济南各属县出现了不少诗人，王萍（1661—1720）就是其中颇有成就者之一。另外，根据清·任弘远《趵突泉志》的记载，泺口本地还出现过一位诗人，叫冯汝楫。泉志记载，其生在清朝，字仙航，历下泺口人，举明经，授东平学正，未到任卒，著有《绿草堂集》，有《游趵突泉和曾南丰诗》等作品。

　　在清朝乾隆时期建成的泺口亦园和基园两处广为人知的私家园林住宅，多有文人来此赋诗，表达对此处园林胜境的赞叹。据《续修历城县志》记载，清时谢仟、钟廷瑛、周乐和李湘等人曾留下诗篇，为今人了解当时两园的情景提供了依据。

《过刘淮南亦园》

〔清〕谢仟

雨止夕阳明，驱车郭北路。中道访素心，亦园在指顾。
踏苔入林壑，石笋纷无数。森然植万笏，奇峭殊可怖。
其西郁嵯峨，直欲逼云雾。转入石洞深，仿佛石床具。
石窗光潜射，石几香堪炷。东出忽开豁，小亭翼然驻。
隔水一岸高，傍谷双泉渡。灵境悉探蹟，幽趣尽呈露。
兹地临鹊华，荆标亦跬步。烟雨暮连朝，石脉起还仆。
峦岫既萦纡，台榭复盘据。到来淡忘归，白云岩头住。

《暮秋基园赠李献南》

〔清〕谢仟

名园依济泺，涧阿势蜿蜒。兹来更幽绝，风景值秋晚。
木脱虚谷清，水归勺泉浅。松门蔽蛛丝，石丈被苔藓。
扪萝拂黄花，曲折陟层巘。迎面数峰青，云根共蹑践。
君旷侪向禽，我疏逼嵇阮。悠然兴如何，跌坐竟忘返。

《七夕前一夕养拙阁同人小坐》

〔清〕钟廷瑛

新月朦胧露欲滋，晚烟深护柳丝丝。
惊心节物暑三伏，络角星河夭四垂。
壮志全输诸子励，徽言端有几人知。
归来一穗闲灯影，细读茶山蕴藉诗。

《雨后亦园小步》

〔清〕钟廷瑛

清明雨过又纷纷，花事阑珊客断魂。
暂假崇台游远目，数株风柳绿遮村。

《初遇基园》

〔清〕钟廷瑛

忽踞园林胜，疑曾梦里游。蜩兼松籁响，雨助石淙流。
跌坐同僧夏，钩帘想奕秋。此间消永日，何必到瀛洲。

《游刘氏园作》

〔清〕周乐

晨兴风日佳，游侣共翩翩。
招邀过别墅，未诺足已前。
到门闻水声，石罅流潺湲。
迥廊随径曲，逶折山根连。
林鸟惊客起，飞鸣移树颠。
迤逦陟坡陀，古洞低头穿。
欹石如云坠，细草茸茸悬。
绝顶一凭眺，鹊华见悠然。
欢噱坐席地，看蕨罗杯盘。
华发醉颜酡，如与花争妍。
人影忽在地，凉月升娟娟。

《有感》

〔清〕李湘

一缕炊烟起，莺花尽黯然。庐山失面目，沧海变桑田。
世味真鸡肋，湖光当酒泉。行人指点过，犹复话当年。

从这些诗歌中可以看出，泺口镇亦园和基园的布局精致和意境幽远，这些给当时的文人雅士留下了深刻的印象。相对于上一节的有关泺口的诗歌，这几首诗出自乾隆—嘉庆时期的济南诗人之手。除此之外，还有一位住在泺口的名士申士秀写过一篇《梦游基园记》，描述了基园中十二胜景，与其他人的诗歌内容形成了精彩的呼应。

三、泺口的图片类文献

20世纪以来，照相和测绘技术的发展使得旧时的场景能更加真实地呈现在人们眼前，泺口也有一些老照片留传下来，能让我们从中发现以往的记忆。现存有关泺口的老照片中，有关泺口黄河段的照片最多，有码头渡口的、有黄河铁桥的、有房屋建筑的、有抗洪抢险的，还有领导人视察的，这些照片均从侧面说明了泺口古镇的历史积淀深厚。这些存世的照片中，新中国成立以前有许多是日本间谍为侵华所做的准备，当时作为情报提供给特务部门使用。在解放后搜集的照片中，以抗洪救险相关的最多。在这些照片中，我们能发现泺口百年来的发展线索，为文献文字的描述提供更加直观的资料支持。

图2-10 清末民初泺口兴盛的航运场景

上面的两张照片是泺口码头的场景（**图2-10**），时段大致在清末民初，这时候照片中的人物还有戴瓜皮小帽、穿长衫马褂的打扮，此时航行在黄河上的船只也不是今天这般，而是木制帆船，竖着高高的桅杆，码头的设施可谓简陋，货物摆放和交易皆在露天进行。

图2-11　民国时济南黄河泺口铁桥

上面的两张照片是泺口黄河铁桥的照片（图2-11），该桥是津浦铁路的一部分，全长12孔，在1909年开工建设，1912年竣工，由德国孟阿恩桥梁公司设计监造。在桥梁的设计过程中，我国著名铁路工程设计师詹天佑曾参与到现场实地踏勘。该铁桥历经百年，命运多舛，济南解放前曾遭四次爆炸破坏。在1990年，泺口黄河铁路大桥还曾面临被拆除的危险。在很多专家学者和市民的反对下，这座桥梁终得以保留使用至今，并成为国保单位，实在难得！

图2-12　民国泺口的建筑及老房子外观

上面两张图也许能反映民国时泺口圩子墙内的建筑特征（图2-12）。左边一张是日本间谍在1929年一个冬日的早晨所拍摄，拍摄角度可能是在圩子墙内东北区域的某建筑屋顶上面，远处可以清晰地看到泺口圩子墙的垛口，还有屋顶较高的兴隆阁，位于泺利街一侧。中间白花花的应该是一片水洼。近处能看到的是一座院落，房子墙是土坯墙，屋顶为石灰抹顶，门楼右侧的房顶上长满了荒草。右边这张图是1980年拍摄二七集9号院的外观沿街情况，其中门楼、灰瓦、屋脊、砖雕等济南地区传统建筑元素在照片中清晰可见。

图2-13　1960年左右泺口渡口运输抢险料物及防汛部队

　　上面两张照片是20世纪60年代泺口段黄河抢险的场景（**图2-13**），均由济南河务局徐兴涛提供。左边这张照片上面反映地是泺口渡口运输抢险物资，工人正在热火朝天地把物资从帆船上向下搬运，另一张是1958年7月，防汛部队进入泺口堤段。

　　此外，还有部分民国时期的济南市地图，包括平面地图和三维地图，上面包含着泺口的城镇形态部分信息。上面两张平面地图分别是1932年济南市的行政区划图（**图2-14**）和1948年的济南特别市行政区划图（**图2-15**），这两张图的行政边界相同，但是1948年的地图对山体等高线的表达更加精确。同时，泺口古镇的圩子墙空间形状、墙门和古镇内的主要道路走向等信息也可以从两张地图中获取。最后一张三维地图

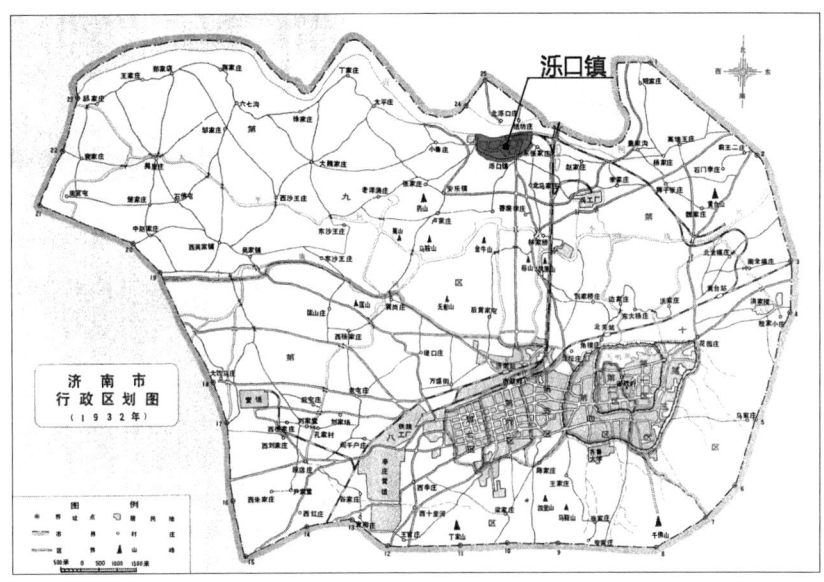

图2-14 1932年济南市行政区划图

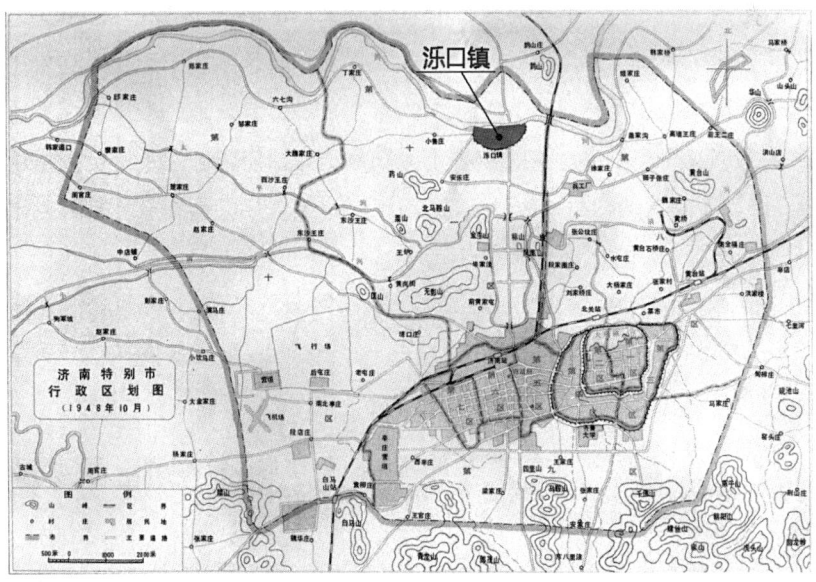

图2-15 1948年济南特别市行政区划图

图2-16　新兴济南市图绘（1920—1940年）

（**图2-16**）其实是一张日本人的绘画作品——新兴济南市图绘（1920—1940年），有日本浮世绘绘画的风格。

四、本章小结

　　距今为止，泺口古镇的衰落也就是几十年的时间，它在1960年还是黄河航运的重镇，随着新型交通方式的兴起和黄河水运的废止，泺口古镇也逐渐沉寂了下来，现在甚至面临着消亡的危险。但是，在这片土地上诞生的经济、社会、文化故事不应该被遗忘，因为忘记了历史就意味着背叛。因此，我们有责任从文献堆里面，把泺口的信息梳理出来，为未来的城市发展提供文化基础和规划支持。

参考文献

［1］　安作璋，党明德. 济南通史：近代卷［M］. 济南：齐鲁书社，2008.

［2］　（北魏）郦道元. 水经注［M］. 上海：上海古籍出版社，1990.

［3］　北园镇志编纂委员会办公室. 北园镇志［M］. 济南：山东科学技术出版社，1991.

［4］ 黄河水利委员会山东河务局. 山东黄河志［M］. 1988.

［5］ 纪丽真. 明清山东盐业研究［M］. 济南：齐鲁书社，2009.

［6］ 济南市黄河河务局. 济南市黄河志（1855-1985）［M］. 1993.

［7］ 济南市社会科学研究所. 济南简史［M］. 济南：齐鲁书社，1986.

［8］ 济南市天桥区区志编纂委员. 天桥区志［M］. 济南：山东人民出版社，1993.

［9］ 济南市天桥区政协文史委. 党和国家领导人在天桥［M］. 2013.

［10］济南市天桥区政协文史委. 天桥文史资料［M］. 1991.

［11］济南市志编纂委员会. 济南市志［M］. 北京：中华书局，1997.

［12］济南市志编纂委员会. 济南市志资料汇编［M］. 1986.

［13］济南铁路分局史志编纂办公室. 济南铁路分局志（1899-1985）［M］. 北京：中国铁道出版社，1994.

［14］胶济铁路车务处. 胶济铁路经济调查报告分编六［R］. 1934.

［15］林修竹. 山东各县乡土调查录［M］. 济南：山东省长公署教育科，1919.

［16］罗腾霄，济南市图书馆整理. 济南大观［M］. 济南：齐鲁书社，2011.

［17］毛承霖修，赵文运等纂. 续修历城县志［M］. 济南：山东续修历城县志局，1926.

［18］（明）贵养性修，刘敕纂. 历乘［M］. 济南：济南出版社，2016.

［19］倪锡英. 济南［M］. 上海：中华书局，1936.

［20］牛国栋. 济水之南［M］. 济南：山东画报出版社，2014.

［21］（清）胡德琳修，李文藻等纂. 乾隆历城县志［M］. 清乾隆三十八年刻本.

［22］（清）李师白修. 重修历城县志［M］. 清康熙六十一年刻本.

［23］（清）刘鹗. 老残游记［M］. 北京：中华书局，2013.

［24］（清）上海通商海关造册处. 宣统元年通商各关华洋贸易总册［M］. 清宣统二年铅印本.

［25］（清）宋祖法修，叶承宗纂. 历城县志［M］. 明崇祯十三年刻本.

［26］（清）王赠芳，王镇主修. 成瓘冷烜编纂. 济南府志［M］. 清道光二十年刻本.

［27］（清）岳睿法敏修，杜诏等纂. 山东通志［M］. 上海：上海古籍出版社，1991.

［28］（日）冈伊太郎，小西元藏. 山东经济事情［M］. 济南：济南经济报社，1919.

［29］山东省地方史志编纂委员会. 山东省志·交通志［M］. 济南：山东人民出版社，1996.

［30］山东省地方史志编纂委员会. 山东省志·粮食志［M］. 济南：山东人民出版社，1996.

［31］山东省盐务局. 山东省盐业志［M］. 济南：齐鲁书社，1992.

［32］孙宝生. 历城县乡土调查录［M］. 济南：济南出版社，2016.

［33］天桥区民族宗教事务局. 天桥区民族宗教概览［M］. 2014.

［34］乌丙安，李家巍. 窥伺中国：20世纪初日本间谍的镜头［M］. 沈阳：辽海出版社，1998.

［35］余逊斋. 中华实业界·山东产业调查记（续）［M］. 上海：中华书局，1915.

［36］（元）脱脱. 金史·地理志［M］. 中华书局点校. 北京：中华书局，1975.

［37］（元）于钦. 齐乘［M］. 济南：济南出版社，2016.

［38］钟翀. 旧城胜景：日绘近代中国都市鸟瞰地图［M］. 上海：上海书画出版社，2018.

［39］庄维民. 近代山东市场经济的变迁［M］. 济南：中华书局，2007.

第三章 ————————————————————

涑口古镇的相关规划
解读

城市规划是城市发展建设的纲领性文件，在我国近现代城市的形成和发展中发挥了重要作用，包括济南、武汉在内的许多城市现代化进程开端也与当时编制的城市规划有着千丝万缕的联系。济南是一个古老的城市，自魏晋南北朝起，在行政管辖上成为州府治所所在和在文化上依托山水形盛成为齐鲁翘首，已有千余年。不过，济南在经济上成为有影响力的区域中心城市，也才百余年的时间，而开埠则就是这一变化的开端。1904年袁世凯任山东巡抚期间，为了预防外国势力借助铁路修建的机会觊觎地方权力，主动向清廷申请济南等地开埠，由此拉开了济南的现代化进程，商埠区规划在其中发挥了不可或缺的作用。伴随着时代的推进，形势的变更，济南编制了多种多样的规划，其中或多或少均涉及到了泺口。本章从1904年以来的相关规划文件解读入手，梳理当时规划中与泺口相关的内容。在此基础上，分析当时泺口规划发展的重点和原因，充分探讨当时政府对泺口发展的态度和意图，从而能对泺口古镇的深入研究提供更可信的资料证据，也为今天的规划编制提供经验借鉴。

整体而言，对于泺口相关规划的研究可以分为1949年前和1949年后两个大的阶段，自商埠区规划开始，本章共收集整理相关规划编制材料14项，详见表3-1。

自济南开埠（1904年）以来的泺口相关城市规划一览表　表 3-1

序号	规划名称	编制时间	主管部门	所处时段	相关人物
1	商埠区规划	1904年编制	商埠总局	清末民初	周馥、袁世凯
2	北商埠规划	1925年草创	市政厅	张宗昌督鲁时期	张宗昌
		1935年复编	济南市政府设计委员会	韩复榘督鲁时期	韩复榘、阮肇昌、常国华

续表

序号	规划名称	编制时间	主管部门	所处时段	相关人物
3	东西部工业区规划	1938年编制	日伪济南市公署济南市北部都市建设办事处	日伪政府统治时期	王次伯
4	南郊新市区规划	1938年编制	南郊新市区工程处	日伪政府统治时期	佟恩甫
5	济南市城市建设初步规划	1956年编制1957年公示	济南市城市建设局	第一个五年计划时期	王路宾黄沧溪
6	济南市城市总体规划	1959年编制未获批	济南市城市建设局	"大跃进"时期	杨宣武、王文清、王善志
7	济南市城市总体规划（1980—2000）	1980年编制1983年获批	济南市城市规划建设局	改革开放初期	魏坚毅、刁庆芳、于书典
8	济南市城市总体规划（1996—2010）	1997年编制2000年获批	济南市城市规划委员会	"质量振兴"时期	孙淑义
9	济南市城市总体规划（2006—2020）	2003年编制未获批	济南市规划局	第十个五年计划时期	鲍志强
10	济南市济泺路片区控制性规划	2006年编制2007年公示	济南市规划局	"十一五"规划时期	姜大明
11	泺口片区城市设计	2008年编制	济南市规划局、江苏省城市规划设计研究院	"十一五"规划时期	焉荣竹
12	济南市城市总体规划（2011—2020）	2011年编制2016年获批	济南市规划局	"十二五"规划时期	王文涛
13	济南市济泺路片区控制性详细规划	2016年编制2017年获批	济南市规划局	"十三五"规划时期	王文涛吕杰

序号	规划名称	编制时间	主管部门	所处时段	相关人物
14	济南新旧动能转换先行区总体规划（2018—2035）	2018年编制2018年公示	济南市规划局、济南市新旧动能转换先行区管委会	"十三五"规划时期	王文涛吕杰

一、济南解放前的规划

在清朝长期闭关自守的政策约束下，当时的城镇建设处于相对停滞、缓慢的发展状态，直到19世纪中叶，随着世界近代化大潮的影响，中国的城镇面貌才发生显著变化。近代济南的城市规划始于1904年的商埠区，至1948年济南解放前，政府编制的规划主要有：商埠区规划、南北商埠规划、北郊（东、西部）工业区规划、南郊新市区规划和济南城市规划初稿，其规划范围分布见**图3-1**。就这些规划的实施而言，除商埠区和南郊新市区的路网规划大部分实现外，其余规划则只有少部分实现或根本没有实现。

（一）商埠区规划（1904）

1904年时任山东巡抚周馥与北洋大臣直隶总督袁世凯向清政府奏请建立济南商埠区，待奏准后，设立商埠总局以筹划开埠事宜，并先后制定了《济南商埠开办章程》、《济南商埠租建章程》等文件，对商埠区作了较为详细的安排。同时，绘制了《济南商埠全界图》（**图3-2**），这也算是济南最早的规划图。

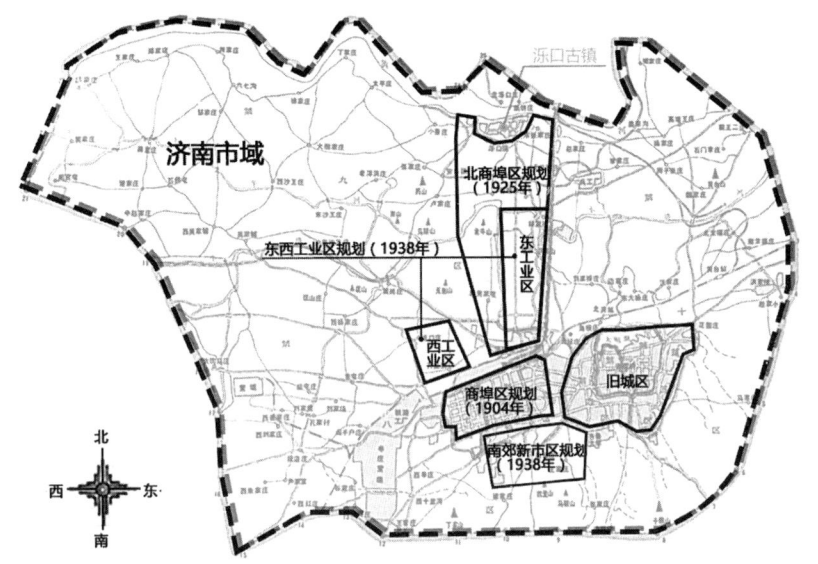

图3-1 解放前济南市主要规划空间范围分布图

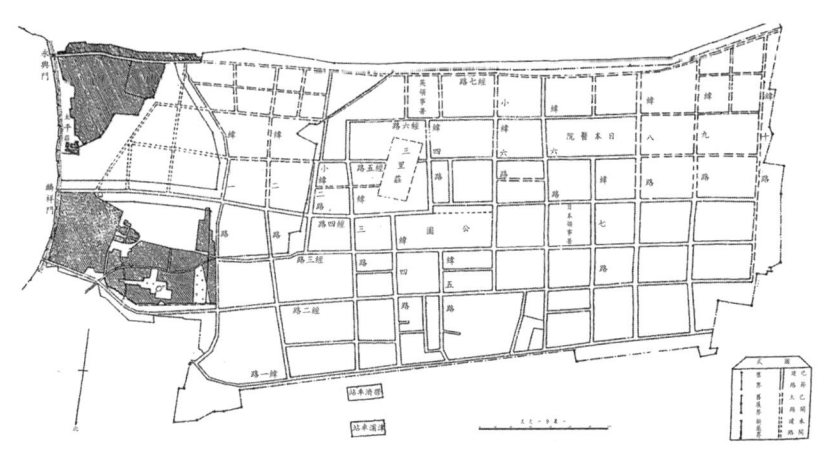

图3-2 济南商埠全界图

　　规划中的商埠区位于济南旧城南圩外，东起十王殿（今馆驿街西口），西至大槐树，南沿长清大道（今经七路一带），北至胶济铁路以南，东西不足2.5公里，南北约长1公里，共计200多公顷。商埠区的规划主要是路网规划，内部道路被规划为棋盘状，并分别将东西向和南北向的道路命名为"经"路和"纬"路，经路沿铁路走向，由北向南平行排列（经一路至经七路），纬路则由东向西排列（纬一路至纬十路），经纬路垂直相交，在沿路两侧遍植法桐，加强道路环境美化。商埠区道路网的规划虽然考虑了与旧城区及对外交通路线的衔接，但也只能看做是济南旧城外一个新区的规划，对于新旧城的功能衔接和城市发展长远性等方面缺少统筹考虑。

济南商埠的规划，揭开了近代济南城市规划史的第一页，并对济南的空间结构和功能分区等方面产生了重要的影响。商埠区的发展改变了济南以往"旧城—泺口"双生依存的关系，空间结构上与泺口和济南旧城形成了"一北一东一西"的"三核心"空间结构，以公路、铁路为主的交通网络使旧城区、商埠区、泺口镇之间的联系更加紧密，并且促进了济南市一体化发展格局的形成。在城市功能分区方面，商埠区的建立使济南传统的商业贸易模式开始发生改变，其建立后不但有助于引入外资和外商，还带动粮栈、五金、颜料等行业的发展，旧城的经济职能向商埠区转移，使商埠区成为济南繁荣的商贸区，而旧城主要是以政治、文化为主要功能的中心区。同时，商埠区的规划建设削弱了泺口古镇的货运枢纽地位，泺口的仓储和商业功能开始向商埠区转移。当时在泺口发家的民族资本家穆伯仁、苗杏村、苗星桓等人，后期纷纷在商埠区开设粮栈、仓库，将发展的重点转移至商埠区。这是因为商埠区是东西向和南北向两条铁路的交叉点，由此带来了巨大的交通便利和货物资源。相比之下，泺口的货物中转能力和贸易功能就开始落后了，商埠区的吸引力日渐明显。

（二）北商埠规划（1925）

商埠区的规划建设，对当时济南市的经济发展起到了很大的促进作用，由此政府计划扩大商埠区的范围，以求带来更多的经济利益。据《济南市志资料》记载："1925年，商埠局改称市政厅"，当时执政的张宗昌政府又计划将商埠向北扩展，将商埠区以北的地区建设成为北商埠，由此诞生了北商埠（也称"北展界"）规划。后期因为政权更迭，特别是1928年日本人侵占济南等因素干扰，该规划实际是分1925—1928年张宗昌督鲁和1929—1937年韩复榘督鲁两个阶段进行的（**图3-3**）。

张宗昌督鲁时期（1925—1928年）：1925年至1928年奉系军阀张宗

图3-3 北商埠规划期间济南市街道图（1935年）

昌掌握了山东省的统治权，在此期间，北商埠规划得以草创，并在1926年印制了《济南商埠北展界计划书》以指导规划建设。该书分为《商埠北展界理由》、《勘测商埠北界情形》、《商埠北展界计划》、《商埠北展界办法》、《济南商埠展界管扎营以北泺口以南收放地亩章程》、《民国十五年山东济南商埠展界工程券章程》和《附工程债券偿本付息表》8个部分，较为详细地将商埠北展界的方方面面做了考虑。

《计划书》在《商埠北展界理由》部分，首先分析了商埠向北拓展的理由："泺口为济南之重镇，黄河上下游之土产于此卸船，转津浦、胶济两路以运赴四方。而上下游各处之输入品，亦多由铁道转入水路沿途分销，徒以济洛之间相隔虽仅十里，而素乏交通之设备，往来惟赖泥途笨车，以致航路、铁道中为泥途荒地所阻，不能连为一气，水陆交通互助之效用因而不能尽量发展。若将济泺之间辟为市街，筑成马路，则工商各业不难云集，水陆交通因而即可沟通一气。"由此来看，泺口重要的交通枢纽地位，是商埠北展界的主要理由之一。

在《商埠北展界计划》部分，从地界、引河、水池、马路、公园、市场、小学校、花园、小市场停车场、工厂、警察署、桥闸和市政厅办公处13个方面进行规划设计。首先在"地界"一节中记录了北商埠区的范围："南以管扎营北为界，北以泺口为界，东以津浦铁路为界，铁路以东接近北园，地极洼，下多系水田，将来绝难向东发展，西界边线自泺口码头起，向南经侯家桥、古牛山东、前后黄家屯之间至管扎营西、旧山水沟石桥以西为止，面积计一万零九百余亩。"由此来看，北商埠区规划范围并未将泺口囊括在内，而是将其作为北端的边界。但是在"马路"一节，却将北商埠与泺口之间的交通联系当作重点进行考虑，规划大马路两条，路宽七丈。其中拟于治引河外岸修宽大马路一条，一端在闸子庄过小清河，向西北延长，以通泺口码头，另一端在林家桥与已修之济

图3-4 民国时期济泺路的修路景象

泺路相交向东绕通泺口南门。另一条南北宽大马路规划修在闸子庄、林家桥之间于埠界中间，北端直通泺口南门"。另外，在"引河"一节，规划由闸子庄挑挖引河，导小清河之水南环绕周行界内，复于林家桥归入正河，界内有此曲水则引河两岸悉成设立工厂最适宜之地，不惟取水便捷，即货物之输入、输出、运送，亦极便利（**图3-4**）。

1924年，济南至泺口公路（今济泺路）兴修，长约6公里，这是济南第一条公路，1927年称为义威路。1925年到1926年，以义威路为中心线，两边开挖了"U"字形的"引河"（今工商河），引小清河水灌流，以方便北埠运输。1927年10月，又修建了跨小清河的义威桥（今济泺桥），这是济南市第一座最大的钢筋混凝土空腹式三铰拱型桥。不过，济南1928年发生"五三惨案"，济南被日本人军事占领，第一时段的北商埠规划与建设遂告中断。

整体而言，该阶段的北商埠规划架构了济南商埠以北地区发展的框架，义威路（今济泺路）和东西工商河的建设奠定了北商埠地区的空间格局，加强了泺口古镇与济南市区之间的联系。

韩复榘督鲁时期（1929—1937年）：日本人在1929年撤出济南后不久，济南特别市成立了，阮肇昌担任第一任市长。南展、北展计划又重新受到重视，阮肇昌在《建设新济南整个计划》中阐述了一系列的计划，但是后因军阀混战，阻碍了计划的实施。1930年9月韩复榘在济南任山东省主席，开始了他长达八年对山东的统治。就整个民国时期山东的发展来看，韩复榘督鲁的八年间应是山东发展的稳定期和黄金期。

1931济南成立了市政府设计委员会，专门负责济南城市规划工作，并对历城与济南市划界后进行勘略（**图3-5**），计划把市中心放在北商埠，北展界名为模范市，南展界名为模范村。1935年正式提出"南展、北展计划"，据说这一规划是出自市府技术专员常国华之手。在道路规划方面，以五三路（今济泺路）为主干道，其东设纵路两条，其西设纵路5条，并以国外城市命名；小清河以南设横路12条，以北设横路4条。在功能分区规划方面，成丰桥、济泺桥中间设一椭圆形地区作为市政府，并在北商埠的主要路线交口，做出5个广场，并划定泺口以南为商业区，泺口东南为工业区，其中在泺口古镇南设一处小公园（**图3-6**）。

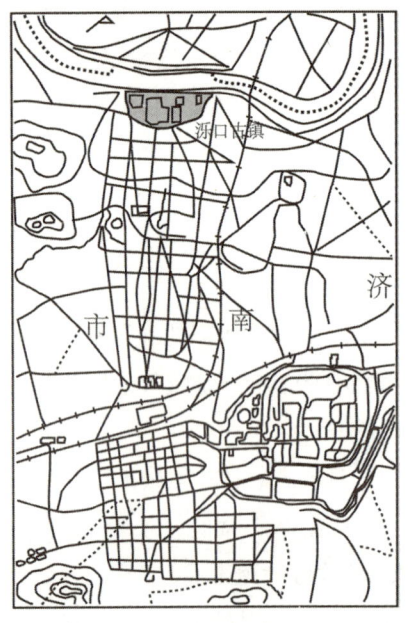

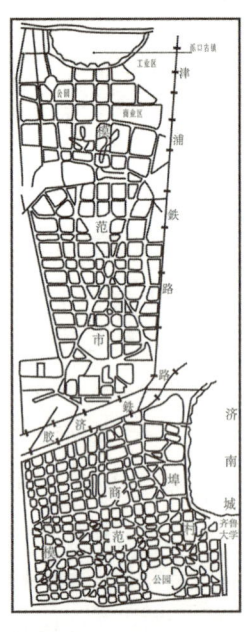

图3-5 1931年历城与济南市划界后勘略图

图3-6 1932年济南市商埠及模范市村计划略图

市政方面则进行自来水厂建设和雨污分流式排水。但由于时局动荡，官僚们只看重自己的利益，对规划并不重视，当时仅部分工业用地得到开发，待1937年日本人攻占济南后，该规划被迫停止。

虽然当时北商埠规划的实施效果并不突出，但对于济南城市规划史来说却具有重要的意义。该规划不仅从商埠的地理优势、经济、交通等方面考虑，顾及到生态环境保护的问题。同时，规划还采用了较为先进的棋盘状道路网，也设计了主要马路的走向和宽窄，考虑到道路两侧建筑的高度需满足通风和日照需求，如此人性化的设计构想为以后济南城市规划的编制起到了重要的启示作用。

与1904年的商埠区规划相比，北商埠规划进一步将商埠范围扩大，整体规划的意识开始显现。对于泺口而言，北商埠的建立带动了济南北郊公用事业的兴起，工商河的挖建和以义威路为中心干道的路网建设使黄河、小清河水运和铁路联运更加便捷，这一时期的泺口码头货物中转运输更加繁忙，泺口古镇与商埠区、济南旧城的联系也因此更为紧密。

（三）东西部工业区规划（1938）

"七七事变"爆发后，济南于1938年沦为日伪政府的统治区，1941年日伪济南市公署济南市北部建设办事处强行征购民用土地（**图3-7**）。在日伪政府统治时期，国民政府之前的济南北商埠规划被全部放弃，原北商埠区南部被重新设定为北郊工业区，内部划分为东部工业区和西部工业区。日本帝国主义在侵占济南期间，企图把济南发展成为一个为其侵略行径服务的军事、政治、经济中心和交通运输枢纽，对过去编制的规划不予理睬而重新编制，并意图将北郊工业区打造成为中国北方的纺织业和面粉业中心，以满足其军事后勤保障。

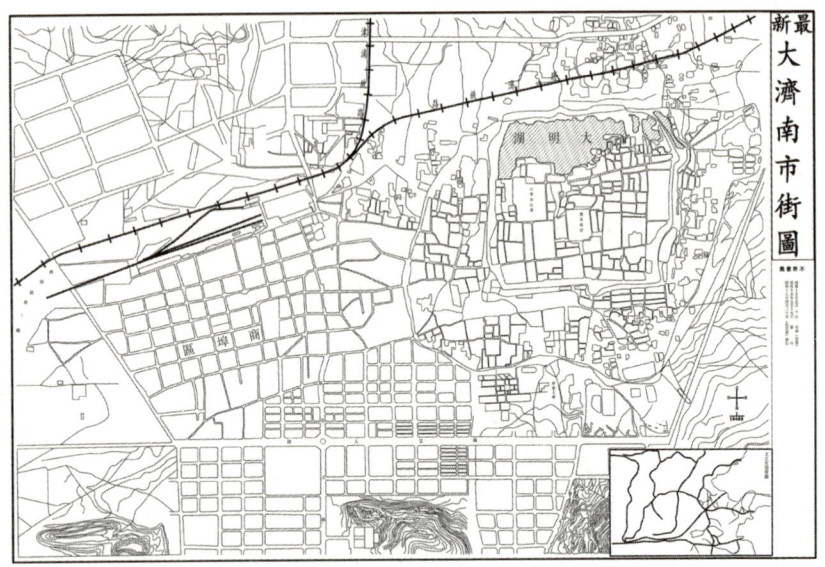

图3-7　1940年最新大济南新区划明细图（日）

其中，东部工业区的规划范围为：原北商埠的南端，西边抵工商河内侧，东至津浦铁路，占地面积108.67公顷，东部工业区的南北主干道是天津线路（今济泺路），南起成丰桥，北至泺口，以此为中轴线，其东、西两侧的工商河岸均留有沿河道路，成丰桥北侧留有码头地一段，便于小木船靠岸装卸货物，由码头向北，东西向的干道有九号线路（今堤口路）、二十八号线路（今北园路）。西部工业区的规划范围为：纬十二路北头东侧，万盛街东头以西，南临津浦铁路，北至堤口路以北，占地面积90公顷，西部工业区的干道主要有五号线路（今纬十二路）和九号线路，并从五号线路开始，沿九号线路两侧向东发展做出了道路网，同时，九号线路还作为东部和西部的联系纽带。规划确定之后，于1943年9月开始按划分地段标价放租，东、西部工业区共划分27个地段（东部15个，西部12个），测绘了土地放租地段图，划定了分段租地面积，对土地租权金额也作了相应规定。

东西工业区规划对泺口附近的交通发展有一定促进作用，但该时期由于战事不断，黄河断流且小清河也发生淤浅，泺口古镇附近的河道难以继续通航，许多商户向商埠区转移。由此，日伪政府决定商埠向南展界发展，征购村民宅基地进行道路网规划和民居建设，并称之为"南郊新市区规划"，以满足其商业发展和居住生活的需求。

南郊新市区规划

　　1938年，日伪政权规划将齐鲁大学以西、四里山以北、岔路街以东、经七路以南的地区划为南郊新市区，称南商埠，由南郊新市区工程处负责规划修建，将此处辟为日本人聚居地。南郊新市区是1939年由日伪华北建设总署济南工程局强行征购的民有土地，其规划范围为经七路以南，四里山以北，齐鲁大学（今山东大学趵突泉校区）以西，岔路街以东地区，共计144.09公顷。

　　南郊新市区道路网规划多系子午垂直方向，自然形成矩形街坊，但面积均不大，极不经济。规划中，东西向的主要道路有：兴亚大路（经十路）、兴亚北一路（经九路）、兴亚北二路（经八路）、兴亚北四路（建国小经三路）、兴亚北五路（建国小经一路）等；南北向的主要道路有：新民大路（纬二路南段、经七路至经十路间）、新民东一路（自由大街）、新民东二路（纬一路南段，经七路至经十路间）、新民东三路（胜利大街）、新民东四路（民生大街）、新民东五路（民权大街）、新民东六路（民族大街）、新民东七路（新生大街）等。上述道路，以兴亚大路、兴亚北二路和新民大路为主要干道。

　　南郊新市区地理条件良好，日本人强租强占大面积民居，并在风景优美的四里山南峪修建神社，为日本侵略者祭其死者的"亡灵"，工力耗费十分巨大。

资料来源：济南市史志编纂委员会编. 济南市志［M］. 北京：中华书局，1997.

济南城市规划初稿

1945年8月，日本侵略者向中国无条件投降，济南被国民党统治者正式接管。在国民党反动派的统治下，工务局成立并负责济南市城市建设，1947年由技正李中轩做出城市规划初稿，目的是修缮济南道路网和加强排污等市政建设。在道路规划中，以当前的大明湖路为北干路，泉城路至经二路为中干路，正觉寺至经七路为南干路，修建了济历路、济长路、济太路等公路和纬二路南段、乾健路等碎石路面，但城市内的石板路基本未修，沥青路一点未修。在桥梁方面，重修玉函桥等木桥四座，修建石拱和木桥三座，但在解放战争时期，损毁严重，交通受到严重阻碍。在市政建设方面，规划将排污、排雨从东城到商埠西部，分五个排水区域，但在实际操作时，下水道仅疏浚了一部分，根本不能解决城市排污问题。

资料来源：济南市城乡建设建设委员会编. 济南城市规划与建设[M]. 济南：山东人民出版社. 1989.

二、济南解放后的规划

济南解放后，在党和人民政府的引领下，渐渐恢复了元气，城市规划和建设工作不断向前推进，城市规划编制工作更是取得了累累硕果。截至2018年，济南市编制的规划中，经本章梳理出与泺口相关的主要有：《济南市城市建设初步规划》（1956）、《济南市城市总体规划》（1959）、《济南市城市总体规划（1980—2000）》、《济南市城市总体规划（1996—2010）》、《济南市城市总体规划（2006—2020）》、《济南市济泺路片区控制性规划》（2007）、《泺口片区城市设计》（2008）、《济南市城市总体规划（2011—2020）》、《济南市济泺路片区控制性详细规划》（2016）以及《济南新旧动能转换先行区总体规划（2018—2035）》。这些规划都具有一定的时代特性，虽然并未全部获得批复或完全实施，但是仍对泺口古镇及其周边地区的发展与建设产生了较为深远的影响。

（一）《济南市城市建设初步规划》（1956）

1953年12月，中共济南市委提出，迅速确定本市的发展方针，编制城市总体规划，加强城市建设和管理的具体意见。1955年开展城市地形测量和资料搜集等工作，并完成了解放后的济南市第一张《济南市初步规划示意图》（图3-8），进一步明确城市功能分区和干道系统，进行用地平衡，选择了市、区中心，拟定了15年内城市人口发展规模为80万。1950年6月济南市都市计划委员会（后改称"城市建设委员会"）编制《济南市都市计划纲要》，并负责城市的规划和管理工作。

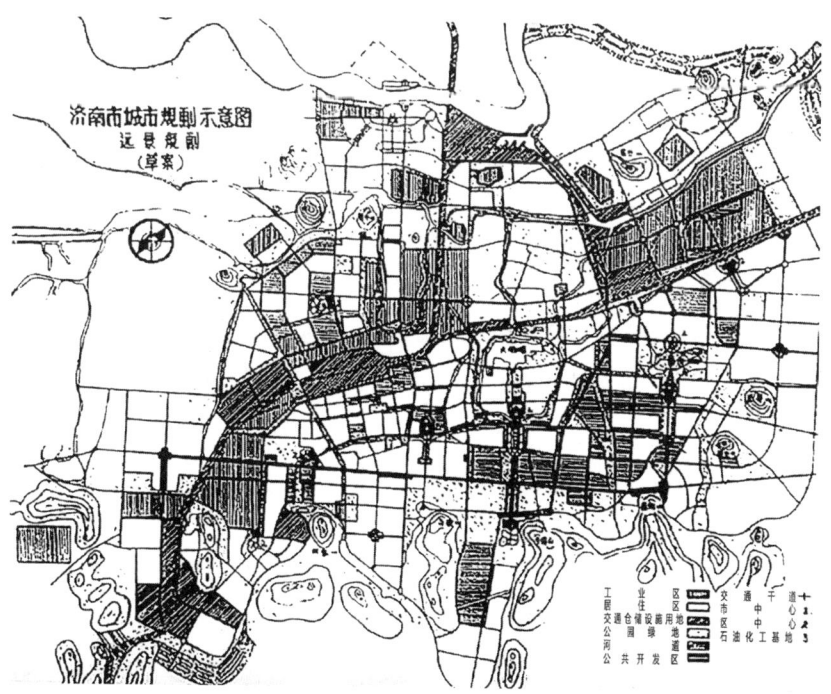

图3-8　济南市城市建设初步规划图

1956年，济南市城市建设委员会在《济南市都市计划纲要》的基础上，编制了《济南市城市建设初步规划》（简称《初步规划》）。该规划的内容主要包括城市的性质、规模、发展方向、市中心、功能分区、道路广场、绿地及体育设施规划等方面，并结合当时建设需要，拟定了7年市政建设工程近期修建规划。1957年2月，《初步规划》正式公布。据当时济南城建部门工作人员王善志回忆，苏联城市规划专家巴拉金曾来到济南指导规划编制工作。

《初步规划》中与泺口古镇相关的内容主要体现在功能定位、土地规划、道路规划和绿化设计四个方面：（1）泺口突出内河码头的地位，在空间上与城区形成一定隔离；（2）强化泺口的生产仓储职能，在古镇东侧结合铁路规划了仓库交通用地，西侧规划工业用地；（3）将泺口古镇内的济泺路划为城市的南北干道之一，并设内外两条环路与其连通组成干路网，其环城圩子墙的形态在本次规划中有所体现；（4）黄河大堤设防护林带，以人均12平方米的绿地指标构建绿化系统。

《初步规划》在济南市"一五"计划的实施中发挥了较好地空间引导作用，对于泺口而言，由于该阶段黄河河道仍可通航，规划进一步强化了其作为水陆联运的枢纽的职能，泺口古镇也作为黄河沿岸联系济南城区的重要节点，在城市道路交通规划中占据了重要等级。

（二）《济南市城市总体规划》（1959）

1958年，济南许多工业项目迅速上马，《初步规划》在某些方面已不能适应新形势下的发展要求。为了应对全国"大跃进"形势，控制市区用地规模，避免城市不合理的扩展。1959年，由国家建筑工程部的建筑科学研究院、城市设计院和给排水设计院派出技术骨干，省、市有关单位配合，共同组成专门济南规划编制班子，历时8个多月，编制出了《济南市城市总体规划》（简称《五九年规划》）和各项专业规划。《五九年规划》概述了济南市的城市历史沿革，分析论证了城市的自然条件和城市发展的技术经济依据，编写了总体规划说明书和《济南市城市总体规划介绍》，绘制了济南城市总体规划图（**图3-9**）。

《五九年规划》主要从济南的城市性质和市中心、功能分区、公共建筑及服务性设施、道路交通这四方面入手，对整个城市发展进行较为周密的安排。除此之外，《五九年规划》还进行了现状用地分析，并拟定了远期用地分配比例，同时，据于书典工程师在《济南城市建设》一书中回忆到，黄台电厂、济南钢铁厂等济南许多骨干企业就是根据这次规划而建设的。相比于《初步规划》，《五九年规划》对泺口的关注度下降，并未将其作为重点发展地区进行考虑，周边规划的产业和仓库用地均被

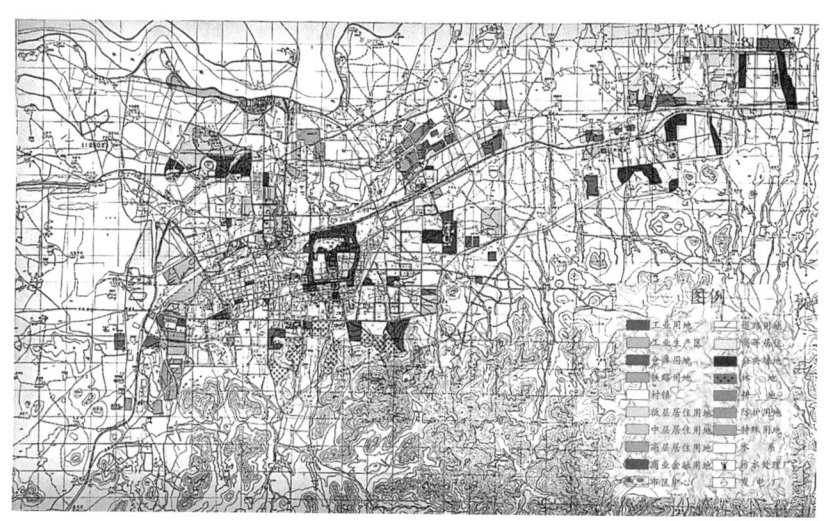

图3-9　1959年济南市城市总体规划图

取消，而在泺口古镇北侧沿黄河地段和南侧地区的绿化用地增加，生态保育功能得到完善。另外，济泺路仍旧规划为城市的南北干道，在泺口古镇与城区的联系中发挥重要作用；津浦铁路泺口站的支线连接泺口码头。

虽然《五九年规划》未经国家正式批准，并因"大跃进"期间，土地征用失去控制，打乱了城市功能分区的布局，泺口古镇也未得到长足的发展，但它是在调查研究、科学分析的基础上编制的，经过此后20多年的建设实践，也证明了该规划的骨架基本上是适合当时经济发展状况的。

（三）《济南市城市总体规划（1980—2000）》

1978年党的十一届三中全会以后，济南城市建设迅速发展。同年5月，济南市城市规划建设局开始对《五九年规划》进行修订，至1980年底，共完成《济南市城市总体规划（1980—2000）》（简称《八零年规划》）和18项专业规划，编写了总体规划及各专业规划说明书计22万字，绘制了彩色规划图纸25张，并于1981年5月将彩色规划图纸缩印成《济南市总体规划图集》（图3-10）。

《八零年规划》的主要内容包括城市的性质、规模、功能分区、规划布局、道路交通、对外交通、中心广场、用地平衡、公共建筑的近期规划建设、工程规划、小城镇规划等方面，1983年6月获得批复实施。《八零年规划》是经国务院正式批复的济南市第一个城市总体规划，也是济南城市沿经十路不断向东西延伸的最初依据。在该规划的指导下，济南城市的基础设施日益完善，修建了经七路、外环路等主次干路140余条，公共事业也有了较快发展，新建了黄河、南郊等4个自来水厂和明湖、南郊等4个热

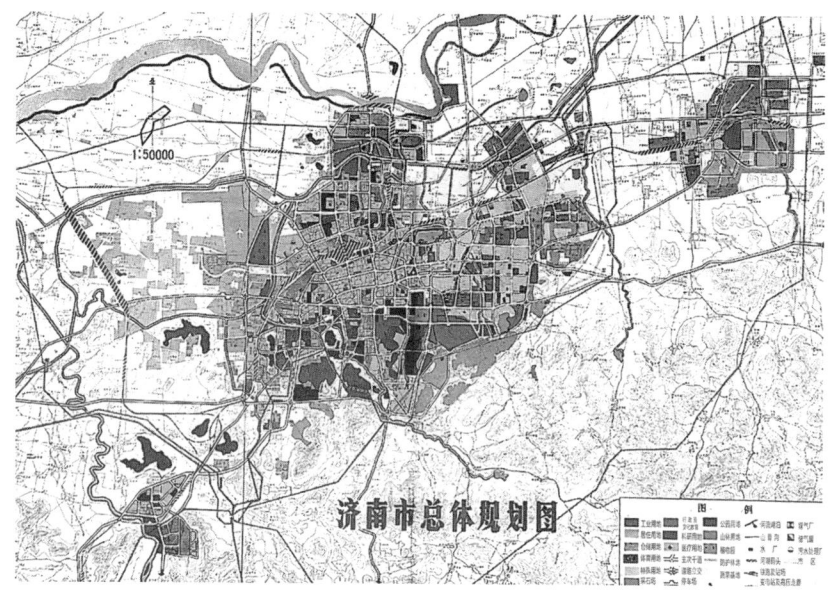

图3-10 1980年济南市城市总体规划图

电厂。同时，居住区的建设速度也大大加快，城市环境质量明显提高。

本次规划对泺口古镇及周边的考虑主要体现在以下五个方面：
（1）泺口古镇与城区用地连成了一体，并且作为北部发展的一个重点地区；（2）泺口古镇的用地以居住为主，东侧为仓储、南侧为工业，再往南为大型公园绿地；（3）济泺路南北主要干道，并且津浦铁路泺口支线仍然存在，泺口古镇北侧黄河码头设有货运站；（4）泺口古镇的半月形空间形态未得到尊重，棋盘式的路网破坏了泺口古镇的原有空间肌理；（5）在污水工程规划中，于泺口古镇附近新建一座污水处理厂，用于加强环境改善。另外，泺口南侧的工业区规划以小化工为主。要求在工业区内建立相对集中的电镀、铸铁、铸钢、热处理、印染和印刷中心，为了便于综合治理，要求结合旧城改造同时进行居住区的规划建设。

该规划的实施正赶上乡镇企业发展的高峰期，规划较好地指导了泺口南部工业区的建设，但是古镇内的旧居住区改造难度较大，局部规划的棋盘式路网未能实现，并且因为黄河水运后期废止，加之黄河淤背等灾害的发生，当时规划的码头仓储等用地也未能得到完全实施。

（四）《济南市城市总体规划（1996—2010）》

改革开放十几年来，随着经济的持续、高速增长，城市进入"第二次建设高潮"。济南城市发展建设也极其迅速，《八零年规划》已明显不能适应城市发展的需要，需要及时做出调整。针对当时出现的许多新情况和新问题，为适应城市经济社会发展的需要，济南市人民政府于1995年5月22日发布《关于做好〈济南市城市总体规划〉修订工作的通知》（济政发［1995］6号），进入《济南市城市总体规划（1996—2010）》的编制阶段。该版总体规划编制工作历时3年，于1997年初稿编制完成，2000年12月获国务院正式批复。

该规划的主要内容包括城市性质、规模、发展目标、功能分区与规划布局等几方面，首次从区域分析的角度合理确定城市的发展定位和城市性质，对市域城镇体系及市区卫星镇进行了统筹布局安排，对中心城区进行了重点规划（**图3-11**）。同时，规划引入有机疏解的理念，在城市外围构筑发展组团，积极疏解城市功能，拓展城市发展空间，对有效指导城市建设、促进城市合理健康发展起到了重要作用。

该规划中与泺口相关的内容主要体现在以下几个方面：（1）规划济泺路打造南北向的城市服务轴线，泺口古镇南部沿济泺路两侧的少量工业用地被调整为商业用地；（2）泺口古镇范围内规划的居住用地面积增加，济泺路东侧的仓储用地调整为居住生活用地；（3）泺口北侧的铁路货物场站被取消，工业区南侧的公园绿地面积变小。

该规划主要是在2000年以来展开实施的，济南向东跨越发展的城市框架开始拉开，泺口地区在这个时段并不是发展的自我主体，由此泺口

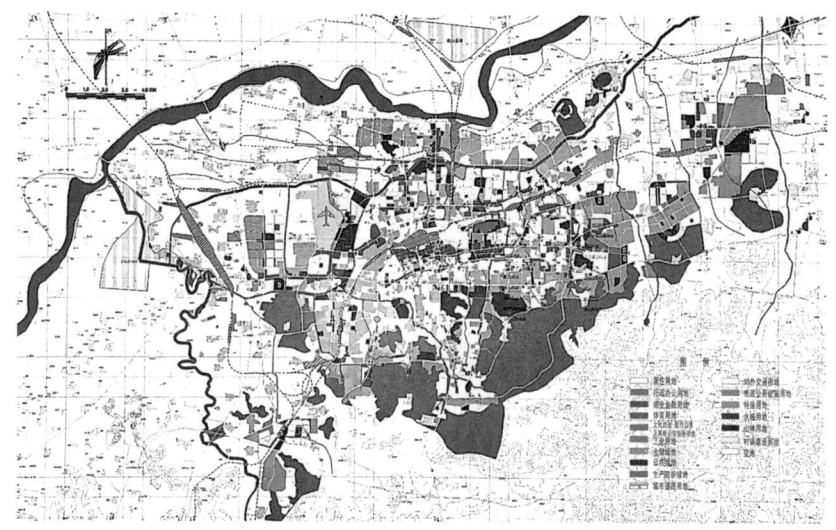

图3-11 1996年济南市城市总体规划中心城区规划总图

古镇的发展活力也不足，相关开发建设并不多。另外，泺口古镇北侧的沿黄绿地公园由黄河河运局相关机构开发建设，2003年被水利部命名为"国家水利风景区"。

（五）《济南市城市总体规划（2006—2020）》

随着现代化进程的不断加快，济南城市建设较为迅速，经济发展也取得一定成就。但由于国家及山东省和济南市层面的政策和制度环境发生了深刻的转变，《济南市城市总体规划（1996—2010）》也面临一些不确定性甚至产生局部的不适应性。2002年《济南市城市空间发展战略研究》中提出"东拓、西进、南控、北跨、中疏"的城市空间发展战略，根据2003年建设部发布的《关于同意修编济南市城市总体规划的批复》（建规函〔2003〕255号），济南市政府启动了《济南市城市总体规划（2006—2020）》的编制工作，但是直到2010年底也未获得国务院的相关批复（**图3-12**）。

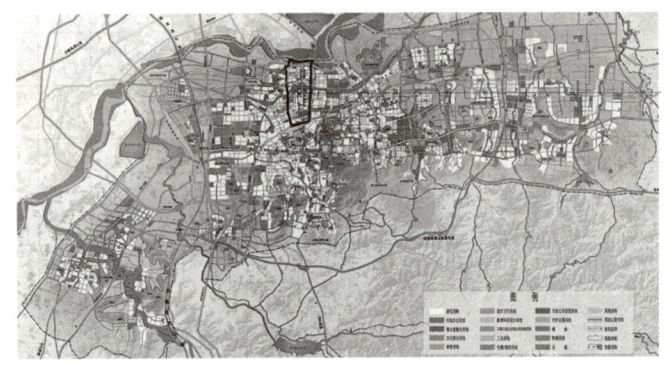

图3-12 2006年济南市城市总体规划中心城区规划总图

在这种情况下，济南市规划局仍然牵头对济南市的发展做了整体性研究，主要内容包括城市的性质和发展目标、城市规模、市域城镇体系和新农村、中心城总体布局、历史文化名城保护、综合交通、生态环境保护与建设、资源保护与利用、市政基础设施、城市综合防灾减灾、城市近期建设以及规划实施措施等方面。该规划为了适应济南市重新调整行政区划后的发展需要，从市域城乡一体的视角对城市空间进行了重新布局和安排。

其中有关泺口的规划主要表现在以下三个方面：（1）济泺路向北跨过黄河，将黄河南北直接连接起来，并且作为济南南北向的商业服务轴线；（2）泺口古镇用地以居住和商服功能为主，北侧规划一处行政管理用地，南侧原工业用地调整为生活型用地，北侧沿黄河规划了绿化带；（3）路网仍然以方格网为主，泺口古镇原有的街巷道路格局未能在规划中有所体现。

该规划虽然未能获得批复，但是仍在指导下一层面的控制性规划编制和城市设计上提供了依据，为泺口地区的转型发展提供了新思路。

（六）《济南市济泺路片区控制性规划》（2007）

21世纪以来，济南市城市发展迅速，随着《天桥区国民经济和社会发展第十一个五年规划纲要》的出台，济泺路片区社会发展与城市建设都面临着新的形势，功能定位与发展思路发生较大的调整。为了适应天桥区新的发展形势，在《济南市城市总体规划（2006—2020）》成果的指导下，济南市规划局组织了新的控制性规划编制工作。在这里要说明的是，因为上位指导规划并未获得批复，所以该规划并未称作控制性详细规划，而是命名为"控制性规划"，不应属于法定规划的系列。2006年，《济南市济泺路片区控制性规划》由广州市城市规划勘测设计研究院进行技术编制，并于2007年通过专家评审并向社会公布（**图3-13**）。

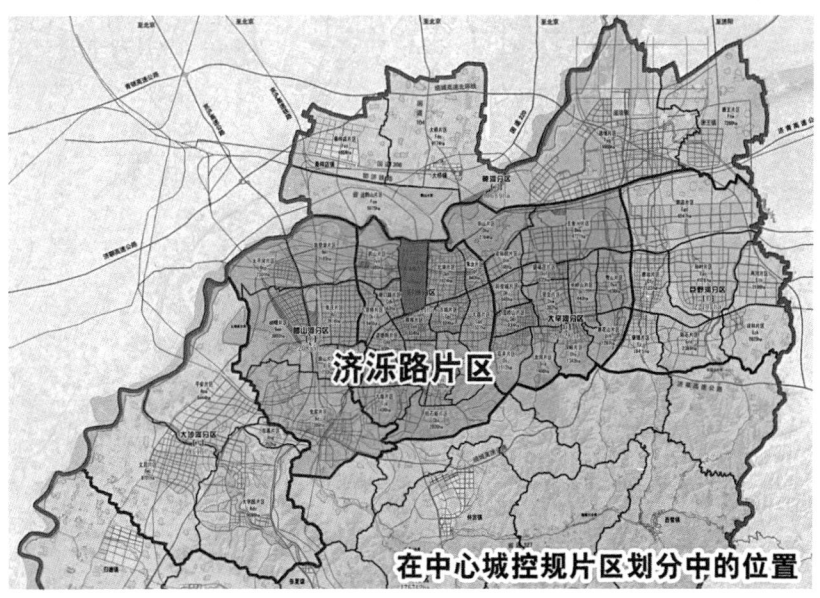

图3-13　济泺路片区空间区位示意图

　　该规划从功能定位、规划结构、功能分区、土地使用、规模容量、开发强度与建筑高度、相关规划协调、与周边地区协调、非城市建设用地管控、农村居民点、工业用地搬迁改造和专业市场升级改造共12个方面对济泺路片区进行把控设计。规划把交通枢纽转化为经济枢纽，交通命脉转化为经济命脉，从而将济泺路片区打造成城市北部商贸服务轴、城市客运枢纽和综合居住区。原泺口古镇土地使用规划情况见**图3-14**、表3-2。

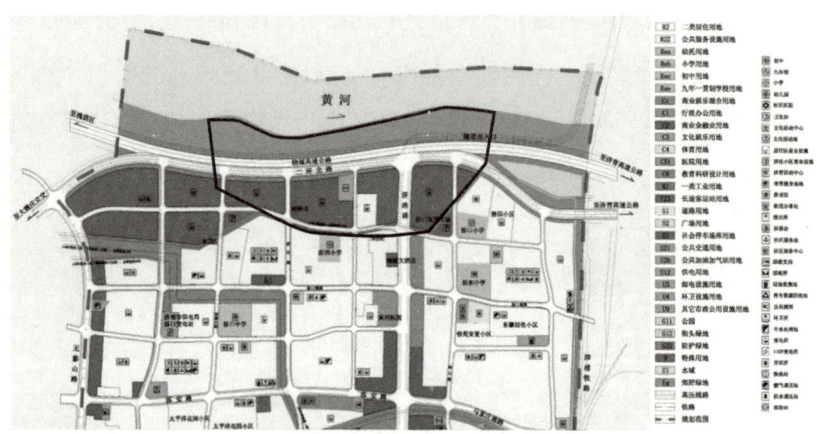

图3-14　　2007年原泺口古镇的土地使用规划图

《济南市济泺路片区控制性规划》

（2007年）中泺口古镇的规划用地统计表　　表3-2

用地类型	居住用地	商业金融业用地	绿地及广场用地	宗教用地	公共交通用地	道路交通用地
用地面积（公顷）	1.74	17.50	22.88	0.32	1.01	26.55
所占比例	2.48%	25.00%	32.69%	0.45%	1.44%	37.93%

规划中有关泺口古镇的内容主要体现在以下几个方面：（1）泺口古镇规划定位为黄河以北地区进入济南的景观门户，加强绿化景观和商业金融功能的培育；（2）泺口古镇的用地类型中最多的是道路交通用地，占比达到近40%，主要用于北侧快速路和中间穿过济泺路的改造完善。同时，古镇范围内的居住用地大幅度减少，多被规划成为商业金融用地；（3）路网规划基本采取格网式，原有的街巷格局未能得到充分体现。（4）在建筑形态和景观风貌方面，规划建议该地区两侧建筑群呈基本对称的格局，多设置超高层标志性建筑，高度大于100米、30层，功能为商务办公、星级酒店，并形成沿黄河城市天际线的高潮区域；（5）在建筑风格上，规划建议建设标志性建筑为现代风格，主色调采用冷色调，建筑设计考虑与黄河的景观关系、视线关系。

因为该规划并不是法定规划，所以该规划在泺口古镇并未得到有效实施。

（七）泺口片区城市设计（2008）

2008年，参考《济南市城市总体规划（2006—2020）》和《济南市济泺路片区控制性规划》（2007年）的成果，江苏省城市规划设计研究院的规划师编制了泺口片区的城市设计（图3-15）。方案涉及到片区的设计规模、发展目标、空间形态、职能地位、产业策划、功能布局、空间模式和城市意象等多个方面，规划将泺口片区打造成一个集现代居住、商业金融、文化娱乐、体育医疗等综合性社区配套功能和商贸市场、商务咨询、休闲旅游、文化创意等城市高端功能于一体的综合性城市新区。

位于片区中心轴线的正北端的泺口古镇，设计围绕兴隆寺扩建和黄

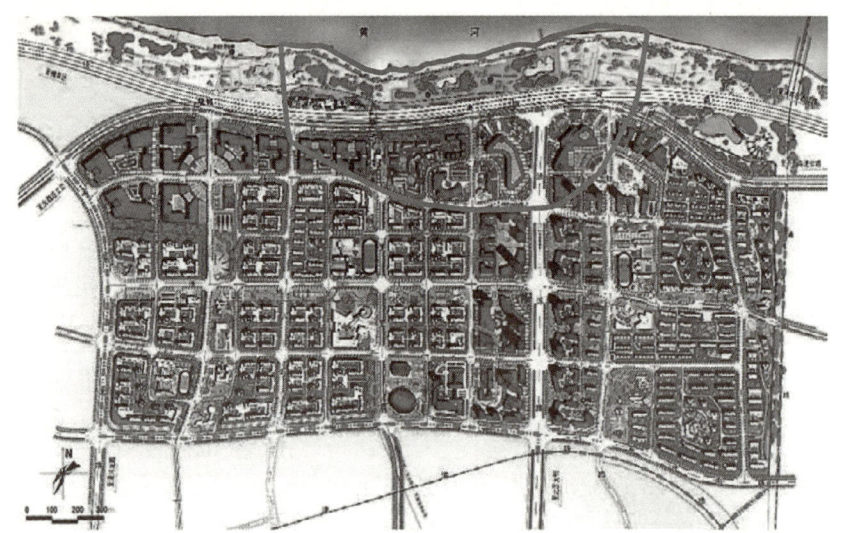

图3-15 济南市泺口片区总平面图

图3-16 济南市泺口片区整体鸟瞰效果

河主题文化复兴，开发旅游项目，与北部黄河风景旅游区融合和衔接，在重要节点区域运用传统文化符号营造地方特色，塑造"济水之北、黄河之门"的文化意象，从而建立北跨基地门户形象（**图3-16**）。方案中也对泺口古镇进行了明确的功能分区，泺口古镇在济泺路以西的部分将被赋予"文化之旅"的主题，挖掘其历史遗存和文化内涵，建立兴隆寺文化公园、黄河文化的博览中心和复兴街区等；济泺路以东的部分打造成现代化开拓型的"创意之园"，可通过建立共享中心、中心花园、办公研发等项目，吸引高端技术人才，焕发创新活力。

因为上位规划的法定性没有得到认可，该城市设计成果仅仅作为新一轮总体规划修编的参考，最终并未得到实施。

（八）《济南市城市总体规划（2011—2020）》

编制年限调整为2011—2020年的《济南市城市总体规划》进行了重新启动，并于2016年获得国务院正式批复。也就是说在2011—2016年间，济南的城市发展并无法定总体规划的指导。

作为当前济南市最新版的城市总体规划，其规划内容包括城市发展目标和战略、城市性质和职能、城市规模、城镇体系规划、城镇化与城乡统筹、历史文化保护、产业发展与布局、功能分区与空间布局、绿地系统与水系、城市特色、旧城更新、规划实施等几方面。新一轮的总体规划为济南的发展提供有力依据，泉城济南的建设发展也由此从"大明湖时代"开始迈进"黄河时代"。

本规划中与泺口相关的内容与《济南市城市总体规划（2006—2020）》相差不大，主要体现是济泺路沿线北端的公共绿地被调整成了商业用地，并沿环城北路适度向西延伸，由此造成了居住用地的适度缩减（**图3-17**）。

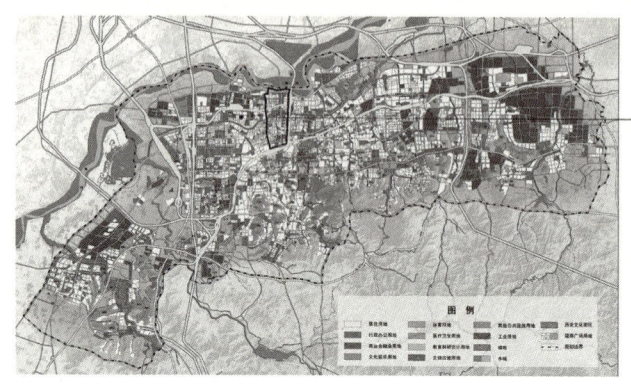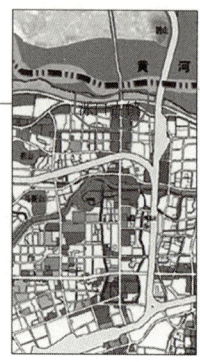

图3-17 2016年济南市城市总体规划中心城用地规划图

（九）《济南市济泺路片区控制性详细规划》（2016）

在《济南市城市总体规划（2011—2020）》和《济南综合交通体系规划》的指导下，为了进一步有序推进"三旧"改造，济南市规划设计研究院于2016年9月完成对济泺路片区的控制性详细规划。

该规划从区位范围、规划目标、功能定位、总体布局、城乡用地、用地强度、街区划分等几方面对济泺路片区进行总体控制，并分别从居住用地、公共服务设施用地、综合交通、公用设施、竖向规划、绿地水系、历史文化、空间景观与城市设计等八个方面具体展开论述，将济泺路片区打造成城市北部综合客运枢纽和地区商贸中心区，集商贸、商务、居住、休闲于一体的综合功能区。

《济南市济泺路片区控制性详细规划》

（2016年）中泺口古镇的规划用地统计表　　表 3-3

用地类型	居住用地	商业设施用地	绿地及广场用地	社会停车场用地	道路交通用地	宗教用地	文化设施用地
用地面积（公顷）	6.15	4.21	29.01	1.29	26.30	0.27	2.77
所占比例	8.79%	6.02%	41.45%	1.84%	37.57%	0.38%	3.95%

与2007版控制性规划相比，本版控规作了以下调整：（1）在交通组织上，以环城北路和济泺路为骨架，规划多条次干路和支路，与片区其他部分共同组成网格状的路网系统；（2）在功能布局上，以绿地及广场用地规模最大，占比高达41.45%（表3-3），结合文化展示，重塑"济南北门户"的形象。同时，居住用地适当增加，而商业金融用地大幅减少（图3-19）；（3）在生态景观上，泺口古镇北侧黄河沿岸规划为生态休闲

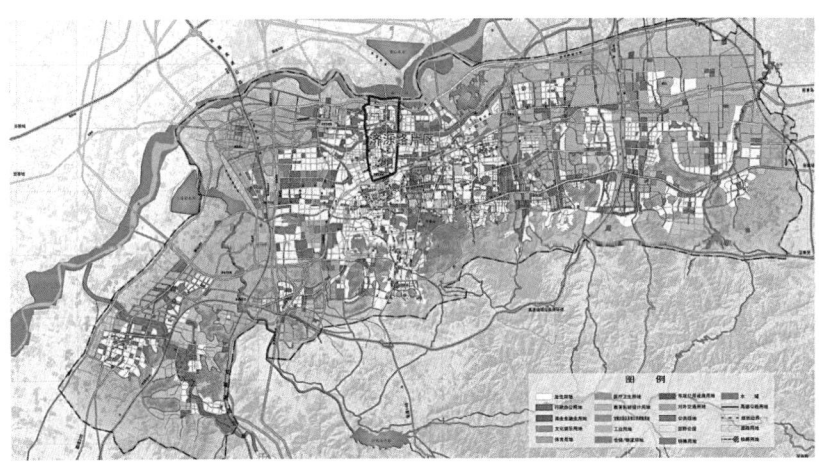

图3-18　济泺路片区空间区位示意图

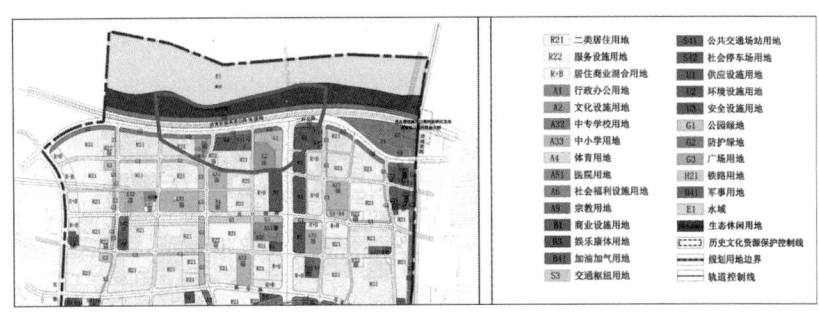

图3-19　2016年原泺口古镇的土地使用规划图

区，同时在片区内增加绿化廊道，使黄河、小清河等绿化资源延展至片区内部，并串联兴隆寺、基督教堂等人文景观节点，全面提升该区域的人居水平和环境品质。

（十）《济南新旧动能转换先行区总体规划（2018—2035）》

新时期在全面深化改革大潮的推动下，山东省率先把握创新突破的新契机，积极探索动能转换新思路。2017年，李克强总理多次明确指出，山东发展得益于动能转换，贯彻落实新发展理念，加快推动新旧动能转换。2018年1月10日，国务院正式批复《山东新旧动能转换综合试验区建设总体方案》（国函〔2018〕1号），方案中将整个山东省作为实验平台，以济南、青岛、烟台三大城市为核心，十四个设区市的国家和省级经济技术开发区、高新技术产业开发区以及海关特殊监管区域为重点，形成"三核引领、多点突破、融合互动"的新旧动能转换总体布局，并同意济南率先建立新旧动能转换先行区（简称"济南先行区"），该方案成为我国第一个以新旧动能转换为主题的区域发展战略，济南由此获得一个能与国家战略对接的优质发展空间。

先行区总体规划编制工作于2017年11月正式开始，《济南新旧动能转换先行区总体规划（2018—2035）》草案于2018年编制完成并通过专家论证，进入社会公示和征求意见阶段。该草案涉及到先行区的规划范围、目标定位、发展规模、空间结构、实施新旧动能转换、建设现代绿色智慧新城、创建黄河湿地公园、全面促进乡村振兴和加强规划实施保障共九方面内容，构建出产、城、河三位一体融合发展和打造现代、绿色、智慧之城的规划蓝图。

　　在先行区规划草案中，泺口古镇正位于规划协同区内，并紧邻规划控制区（**图3-20**），在新旧动能转换的要求下，协同区内将进行产业升级、城乡基础和公共服务设施建设等举措，泺口古镇也正面临复兴发展机遇。同时，在区域空间结构规划中，泺口正位于济南历史文化传承的主轴线——泉城特色风貌轴上，并在划定的鹊华秋色景观文化圈内（**图3-21**）。泺口是跨越黄河、北出济南的门户，也是先行区开发的"桥头堡"，在先行区规划中，笔者认为要注重发掘这一丰富的历史资源宝藏，以此来组织和体现鹊华秋色特色景观文化意图，为国家新区赋予新的内涵和使命。

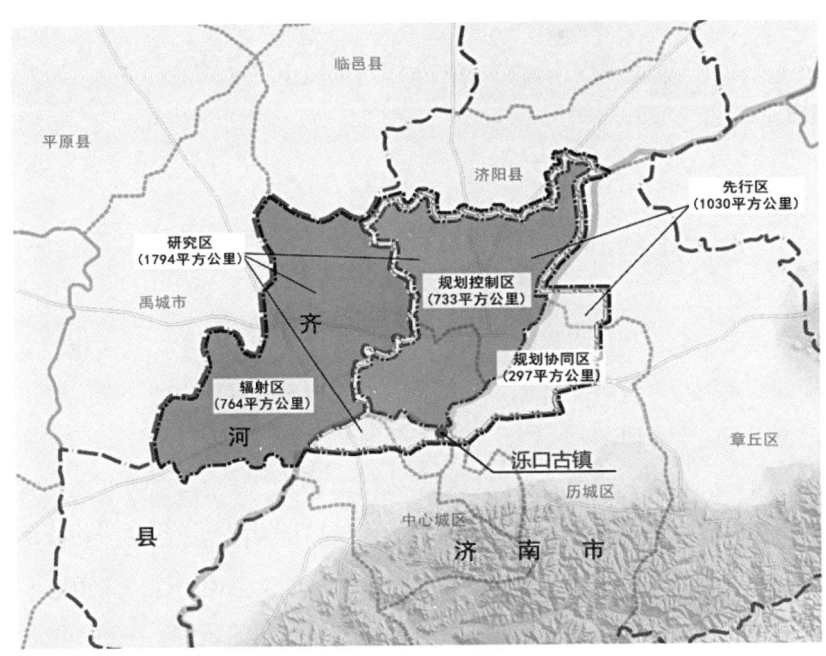

图3-20 泺口在济南新旧动能转换先行区上的空间位置图

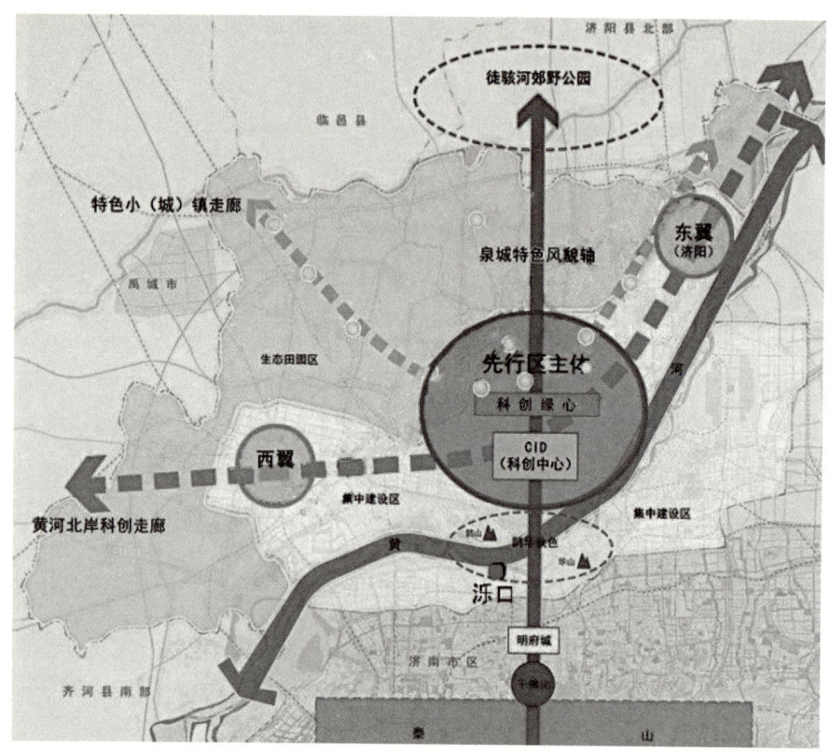

图3-21 "泉城特色风貌轴"与泺口空间位置图

三、本章小结

　　本章结合泺口的发展，回顾了济南百余年的规划历史。从多轮多类规划的审视中，笔者发现泺口古镇及其周边地区在规划中的变化主要体现在以下三个方面：

　　第一，功能定位由交通码头向文化休闲转变。从济南解放前的北商埠规划开始，当时其编制的主要诱因为北端泺口古镇便捷的航运和铁路交通。济南解放后的多轮规划，也是依托泺口的交通便利性，在用地上规划了相应仓储和工业用地，以发挥泺口交通枢纽的职能。在2000年以后，随着跨黄河发展思路得到认可，加之黄河水运的废止，泺口被设定为济南门户景观节点的定位，文化休闲的功能在规划中越来越有所体现。

　　第二，发展态势由边缘独立到一体协同转变。泺口与济南旧城的关系类似今天好多港口城市，泺口作为港口独立在外面，同时又不断地给旧城输送货物，按照以往的核心——边缘学说解释，旧城是核心，而泺口是边缘，二者之间在空间上又存在隔离。泺口位于济南旧城西北15里左右。随着济南人口的增加，城区建成面积的扩大，城区与泺口之间的空间隔离逐渐连成一体。在解放前的多项规划中，初心是想把城区和泺口结合在一起，但是因为战争等因素干扰并未形成。解放后，新中国成立初期的规划，泺口仍然是远离城区的，到了20世纪80、90年代，随着城镇化的加速，济南乡镇企业的快速发展，城区与泺口已经连到一块了。后期加上北跨携河发展思路的提出，泺口更成为城市的一部分。

　　第三，空间形态由环城半月到棋盘格网转变。泺口古镇近代的空间形态是半月形，其圩子墙与黄河大堤共同构成了半月外廓，内部街巷林立，生活氛围浓厚，随着今天城市扩张的增速和传统地域文化的忽视，新中国成立后的规划多是只考虑交通的通道性，而忽略了地域历史文化要素的意义，简单地进行棋盘式路网规划，不考虑地域文脉的影响，从而对原有的城市肌理造成巨大破坏。

　　以上规划内容的变化，首先是与泺口自身条件的变更密切结合的，尤其是河道通航能力的条件，在黄河航运停止以后，泺口的城市职能开始向文化休闲调整。第二个影响因素应该是政权政策环境的影响。不同的政权政策对泺口规划的内容也会有一定影响，比如日本人占领济南时期，他们制定的政策是掠夺山东的资源，于是停止了泺口食盐的运输，而将其直接运往日本，由此在当时的编制规划中并未体现泺口的作用。第三个要素是决策者阶段认识的局限。因为规划决策具有明显的时代局限性，在今天新旧动能转换的时代背景下，历史文化突出的特点，使得泺口文化休闲的定位得到认可和关注，若将其放在以前，结合交通枢纽的仓储工业定位则更易为大家所接受。

参考文献

［1］安作璋，党明德. 济南通史：近代卷［M］. 济南：齐鲁书社，2008.

［2］济南市城市建设管理局. 济南城市建设管理志（1840—1985）［M］. 济南：济南市城市建设管理局. 1991.

［3］济南市城乡建设委员会. 济南城市规划与建设［M］. 济南：山东人民出版社. 1989.

［4］济南市城乡建设委员会，济南市政协文史资料委员会. 济南城市建设［M］. 济南：济南出版社. 1993.

［5］济南市规划局. 济南市济泺路片区控制性规划［Z］. 2007.

［6］济南市规划局. 济南市济泺路片区控制性详细规划［Z］. 2016.

［7］济南市人民政府. 济南市城市总体规划（1980—2000）［Z］. 1980

［8］济南市人民政府. 济南市城市总体规划（1996—2000）［Z］. 1997.

［9］济南市人民政府. 济南市城市总体规划（2006—2020）［Z］. 2003.

［10］济南市人民政府. 济南市城市总体规划（2011—2020）［Z］. 2016.

［11］济南新旧动能转换先行区管理委. 济南新旧动能转换先行区总体规划草案［Z］. 2018.

［12］济南市志编纂委员会. 济南市志［M］. 北京：中华书局，1997.

［13］济南市志编纂委员会. 济南市志资料（第四辑）［M］. 1983.

［14］山东省人民政府. 山东新旧动能转换综合试验区建设总体方案［Z］. 2018.

［15］省会规划建设委员会办公室. 济南城市总体规划宣传提纲［M］. 1983.

［16］宋敏等. 新兴城市中心区的城市设计方法探讨［J］. 华中建筑，2009（06）：113-117.

［17］王西波. 济南近代城市规划研究［D］. 武汉理工大学，2003.

［18］张华松等点校. 历城县志正续合编［M］. 济南：济南出版社，2007.

［19］赵晓林，王淑铭. 故纸中的老济南［M］. 济南：济南出版社，2009.

［20］严强等摄. 济南旧影［M］. 北京：人民美术出版社，2001.

［21］曹洪涛，刘金生. 中国近现代城市的发展［M］. 北京：中国城市出版社，1998.

第四章 ————————————————————

洑口古镇的行政沿革梳理

长期以来，行政区划作为国家的治理工具而存在，具有历史的连续性和时代的适应性。"镇"作为今天的一种较为常见行政区划单元，是国家落实新型城镇化和历史文化遗产保护战略的重要载体，但是从我国行政区划发展的历史来看，与"府""县"等历史悠久的行政区划单元不同，"镇"在新中国成立以前其实并不属于严格的行政区划序列，而是各地都有着自己的发展脉络。所以，本章对泺口古镇行政沿革的梳理，同时从纵向和横向两个维度出发，力求在纵向轴线上体现普遍的历朝历代行政区划等级的关联变化，在横向轴线上体现济南、历城与泺口地方上的关联隶属。另外，本章还突出了两个方面的内容，第一是济南和泺口行政区划名称的由来，第二是从镇的角度梳理泺口的行政沿革认识古今的差异。并且，本章借助了历史地图的形式进行辅助说明，让读者对泺口古镇的行政沿革有一个更加深刻的认知。

一、济泺的行政隶属沿革梳理

当前泺口行政区划上属于济南市天桥区管辖，在行政区划的历史梳理中，泺口与济南和历城的关联紧密，在典籍文献的记载中，可以发现三者从一个地理特征名称到奴隶社会时的采邑，再到封建社会时期固定行政区划体制的转变脉络。

（一）地名时代

殷商时代，历城与泺口的行政关联无法追踪，但是今天通过甲骨文中文字的识别可以发现，"泺"与"历"当时都是具有明显地理特征的名词。在《殷虚卜辞综述》收录的卜辞中，记载了商纣王十年征伐夷方往返途中曾多次经过的一个地点——"乐","乐"通"泺",但这个"乐"代表的具体地点还存在较大的争议。如王恩田在《人方位置与征人方路线新证》一文中认为"乐"即济南趵突泉,而张华松在《山东通史》一书中从时间和空间等多角度对征夷方路线进行考证,最终推测出这个"乐"是济水之畔的泺口。对于"历"而言,西周时期青铜器《禹鼎》上记载了商废周立之际,噩侯带领淮夷和东夷两族,征伐周朝的东国和南国,其兵马向东抵达"历内",这个历内就在今天的济南境内,并在商代隶属于谭国,周朝改属齐国。

(二)国—邑时代

西周时期,国家管理采用的是分封制,严格来说这并不是行政区划的体系,而是以血缘关系为基础的统治体系。即是周天子把王畿以外的土地以采邑的形式分封给诸侯建国,诸侯又把自己国都以外的土地再次分封给大夫立家,这样逐层封建形成"天下—国—家"三个基本的地缘层次。在西周时期,济南地区开始属于谭国的范围,后谭国被齐桓公所灭,到春秋末期完全被齐国吞并。因此,在战国时期,今天的济南、历城和泺口应当均属于齐国的范畴,而与之相对应的两个采邑分别是历下邑和泺邑。据《史记·晋世家》记载:"平公元年,伐齐,齐灵公与战靡下",徐广曰"靡,一作'历'",则靡下即历下邑。同时,《左传》记载,春秋时期鲁桓公"会齐侯于泺(灤)",这个"泺(灤)"所代表的则很有可能就是泺口。杨伯峻先生在《春秋左传注》中解读,春秋初期的泺口已成为济左走廊上的重镇和济水的重要码头,从地理和交通两方面考虑,它都成为齐鲁两国战后谈判的首选之地,故"泺(灤)"即当时的泺口,也被称之为"泺邑"。二者仍均属于齐国的公邑系列,由诸侯委

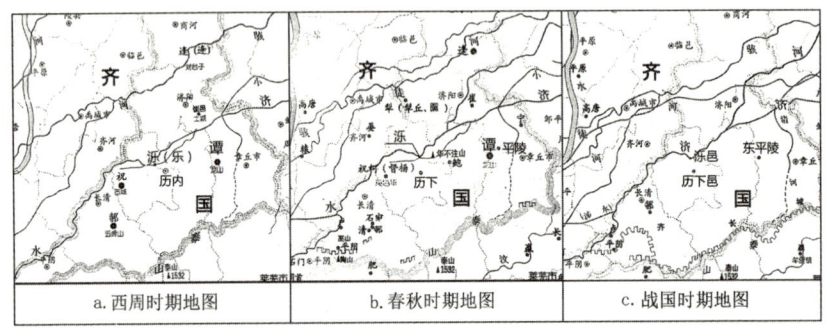

| a.西周时期地图 | b.春秋时期地图 | c.战国时期地图 |

图4-1　西周至战国时期的济南地图

任大夫进行管理（**图4-1**）。

（三）郡—县时代

公元前221年秦朝统一六国，建立了统一的国家，废除了"分土封侯"的制度，全面推行郡县制。在国家下面设置郡级行政单元，在郡下面设置县级行政单元，并且这两级的官员都要由国君进行管理。郡县制的实行是我国行政区划史上最重要的里程碑，它奠定了中国行政区划的基础。在秦时，泺口隶属于历城县，而历城县则隶属于济北郡。到了汉朝，一方面沿袭秦时的郡县制，一方面又实行分封。据《史记》记载："割齐之济南郡为吕王奉邑"，另外《汉书·地理志上》记载："济南郡，故齐，汉文帝十六年别为济南国，景帝二年为郡，莽曰乐安，属青州。"东汉时，光武帝又将济南郡改称"济南国"，其治所均在东平陵。由此来看，汉朝时的济南郡和济南国是今天"济南"二字的初始。在济南郡（国）下面设有历城县，而泺口就属于此时的历城县。在这里需要说明的是，济南郡（国）的治理机构驻地当时并不在历城县，而是在今天章丘境内的东平陵城（**图4-2**）。

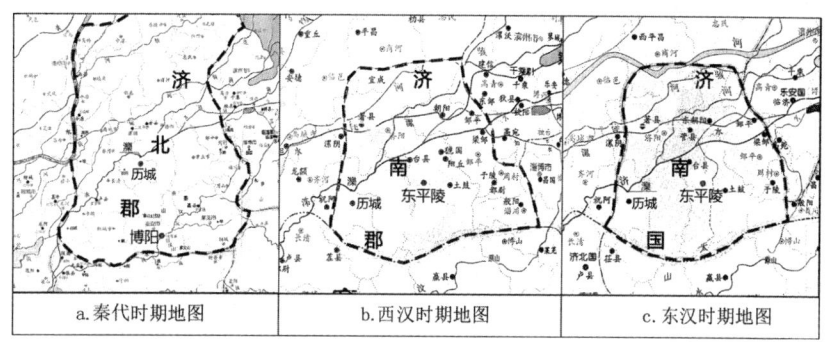

图4-2 秦代至东汉时期的济南地图

（四）州—郡—县时代

三国魏晋南北朝时期，基本采取的州—郡—县三级的行政区划，泺口在这一时期均属于济南郡历城县管辖，但是在上级隶属州级行政区划上，却有所变化。在三国时期，济南郡属于魏国青州管辖。西晋永嘉年间，济南郡治从东平陵迁址历城县，此后济南历城成为历代州、郡、府等治所所在，成为地方行政中心。刘宋时期，官府分青州立冀州，州治在历城县。到了北魏夺占历城后，面临着辖有两个冀州的问题，于是就把历城的冀州改为齐州，下辖济南郡，再下辖历城县。三国魏晋南北朝时期属于中国历史上的分裂时期，战乱频发，封地变化，也曾发生过济南郡隶属济南国和齐国的经历（**图4-3**）。

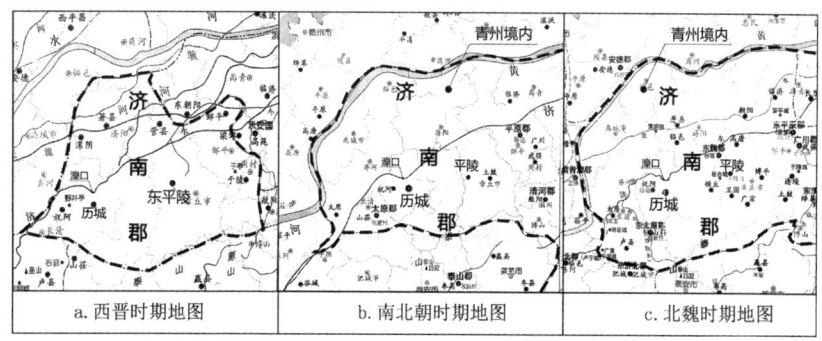

图4-3 西晋至北魏时期的济南地图

（五）州—县时代

隋朝开皇三年，并省州县，改州—郡—县三级为州—县两级，济南郡改为齐州，治历城，并下辖历城等10县。隋炀帝时又改回郡县制，齐州为齐郡，下辖不变。到唐时，又改齐郡为齐州，领历城等5县。五代后梁时期，历城县一度改名历山县，至后唐又改回历城县，属于齐州。直到北宋徽宗年间，泺口均属于历城县，而历城县则属于齐州府管辖。在唐宋时期，齐州的上一级辖区出现过不同的行政管辖单元。在唐朝时称之"道"，齐州属于"河南道"所管辖，而"道"的治所在今河南洛阳。在宋金朝时这一级行政单元称之为"路"，齐州属于"京东路"或"京东东路"等，到金朝时改为"山东东路"，路的治所在今山东青州境内（**图4-4**）。

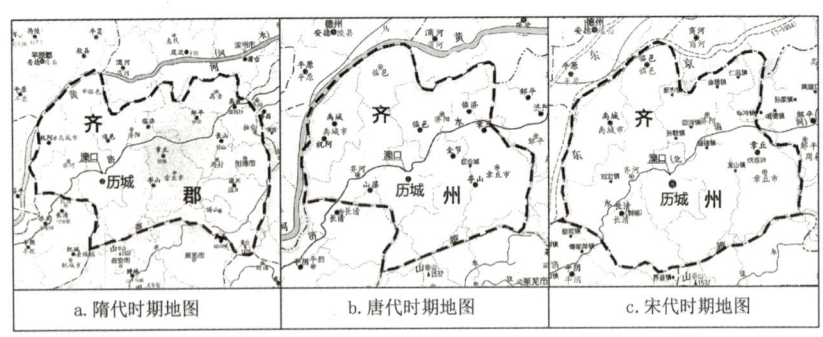

| a. 隋代时期地图 | b. 唐代时期地图 | c. 宋代时期地图 |

图4-4 隋代至宋代时期的济南地图

（六）府—县时代

北宋徽宗政和六年，齐州升格为济南府，下辖包括历城在内的5

个县。由此开启了济南这一府级行政单元近千年的历史延续。在金朝时，泺口镇也作为镇级行政单元载入《金史·地理志》。可以说，宋金时期对于济南和泺口行政区划的设置都是具有划时代意义的节点。元朝和明朝早期，济南府也曾更名过一段时间为"济南路"，但是治所始终都设置在历城县。明清时期，延续了济南府—历城县这一二级行政区划设置，同时在上一级逐步形成了省级行政设置，由此，省—府—县三级行政设置完善起来了。金朝时的泺口镇应该是在宋朝宽松的商业氛围中形成的商业城镇，在金朝时得到了官府认定为上泺口镇，明朝时县志中记载为雒镇，清朝时县志中有洛口乡的称谓，民国初期也基本延续了这一行政格局。另外，明朝在1367年设山东行省，以青州为省会，1376年改行省为承宣布政使司，山东布政使司驻地改济南府，此后济南作为省、府、县三级的政府驻地就稳固下来了（图4-5）。

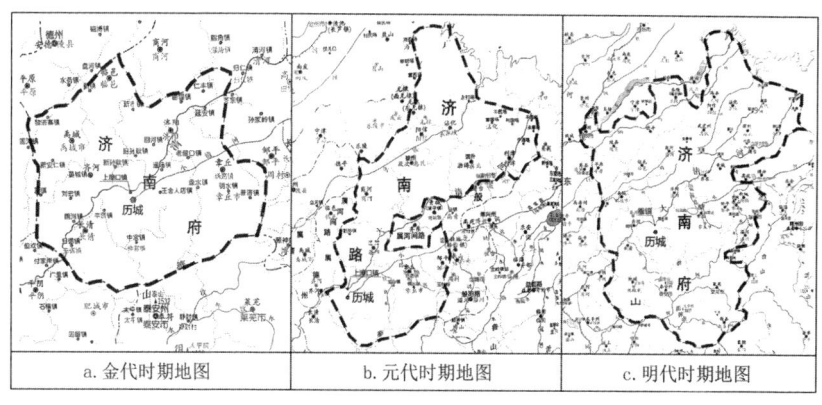

| a. 金代时期地图 | b. 元代时期地图 | c. 明代时期地图 |

图4-5 金代至明代时期的济南地图

（七）市—区时代

进入1929年，民国政府在济南设立特别市，从历城县中分离出来，直接隶属山东省管辖。在济南市下设置区级建制。泺口镇分属于第九区、北乡区、第十一区等区级设置。泺口镇凭借着繁荣的商业氛围，在民国是历城的重镇之一，具有较大的区域影响力。新中国成立后，采取市管县的政策，泺口镇也曾划入历城县管辖，但是大部分时间属于郊区的管辖范围之内，并在1987年至今，确定为隶属于天桥区。另外，泺口镇级行政单元也是从新中国成立后才开始明确下来，因为以往其多是作为一个商业型的市镇功能体存在，而不是行政上的单元，在2001年变更为泺口街道办事处。

二、泺口古镇的行政区划沿革梳理

镇级行政单元设置有着自己的特殊性。从上文济泺之间的行政关系梳理可以发现，县级及其以上的行政区划单元产生发展的时间较为长远，国家也会在这些行政单元设置相应的人员、机构和配套政策来实现管理，但是在县境内的行政单元设置却发生过缺失，尤其是在唐代中期至清代末期的近千年时间中，乡这一级的行政体现非常弱小。镇的产生时代要远远晚于乡，最开始是军事意义的辖区。在时间上可以追溯到北魏时期，唐朝时的"方镇"也凸显的是其军事功用。到了宋元明时期，由于社会经济各方面的发展，出现了县以下的以经济职能为主的镇和集市，这也是宋代商品经济在农村发展的表现。宋朝规定："民聚不成县而有税课者，则为镇"。元朝以后我国行政区划体系向省制转变，镇更是远离军事意义而向民事意义方向转变，随着社会经济的发展，部分交通要道上的市镇逐步向商业集镇方向变化。

（一）自金代至清末泺口的行政区划沿革

泺口明确记载为镇，是在《金史·地理志》上。即是在金朝时，泺口被称为"上濼口镇"，行政上隶属于山东东路的济南府历城县。这个时候的上泺口镇，应该是一个商业集镇的性质，是一个实体点的概念，它的管辖范围应该不大，并不是今天行政建制镇的概念。还有一个需要解释的问题，就是为何被称为"上濼口镇"，是不是还有一个"下濼口镇"？根据元朝地方志《齐乘》中的记载，泺水应该与大清河有两个接口，一个位于上游，也是郦道元在《水经注》中写到的泺口，位于济南府西北十五里。另一个绕过华山东侧，在接纳华泉的水后汇入大清河，也称堰头镇，位于济南府东北二十里，亦曰下泺堰，亦曰洛口，现为华山镇堰头（村）。

明崇祯时期的《历乘》记载："雒镇，城西北二十里商人贸易之处"，其行政隶属沿袭金代旧制，仍属历城县管辖，此时突出的功用应该和金时相类似，商业性质突出，而不是其行政区划的管理单元职能。到清代时，泺口仍然因为商业繁荣被记载为雒口镇，但是有明确的乡和里归属。据清乾隆时期的《历城县志》记载，雒口镇隶属于历城县西北乡，其中雒口镇河以南属于鹊华八里，雒口镇河以北两部分则属于鹊华七里，进行人口统计，并且雒口镇河以南部分被认为是《金史》中"上濼口"古镇所在。民国时出版的《续修历城县志》中并未明确记载其为洛口镇，只是写到洛口乡鹊华五里含南洛口，而马家乡鹊华八里则含北洛口，见（表4-1、图4-6）。

金代至清末泺口古镇行政隶属一览表　　　　表 4-1

时代	隶属县	隶属乡	名称	文献来源
金朝	历城县	不详	上濼口镇	金史
元朝	历城县	不详	上濼口镇	—
明朝1368—1376年	历城县	不详	雒镇	历乘
明朝1376—1644年	历城县	不详	雒镇	历城县志
清朝1644—1776年	历城县	西北乡	雒口镇	历城县志
清朝1776—1911年	历城县	洛口乡、马家乡	洛口	续修历城县志

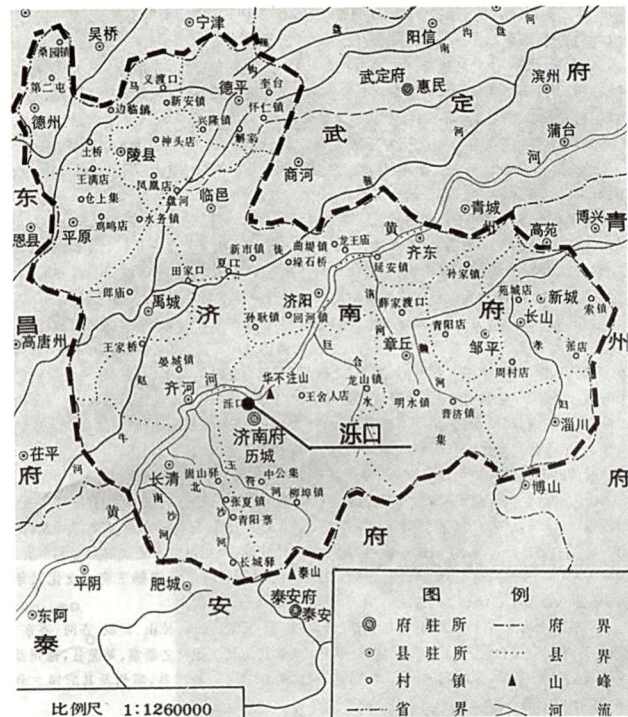

图4-6　清朝末年
济南府行政区划图

（二）民国时期泺口的行政区划沿革

中华民国临时政府于1912年1月1日在南京成立，清政府从此退出政治舞台。但是清末颁布的《城镇乡地方自治章程》，以法律形式确定乡镇为县以下基层行政区划单位行列。

北洋政府统治时期，济南及泺口的行政管理体制开始了近代化转型，城镇职能得到加强（表4-2）。1913年2月，济南撤府改道，泺口由岱北道历城县洛口乡管辖。1914年6月，岱北道改为济南道，治历城县，其他等级区划不变，泺口均隶属于历城县泺口乡。1927年，南京政府废止"道"制，改为行省、县二级制，至1928年随着北伐军的胜利，北洋政府倒台，遂废济南道，各县直辖于省政府。根据1919年印行的《山东各县乡土调查录》和1928年印行的《历城县乡土调查录》记载，其中均把泺口作为历城县的重镇，前者是"四大重镇"之一，后者是"七大重镇"

民国时期泺口古镇行政隶属一览表　　表4-2

时间	行政隶属	名称	文献来源
1912—1914年	历城县洛口乡	泺口镇	—
1914—1927年	历城县洛口乡	泺口镇	山东各县乡土调查录
1927—1929年	历城县洛口乡	泺口镇	历城县乡土调查录
1929—1931年	济南市第九区	泺口镇	济南通史
1931—1937年	济南市第九自治区	泺口镇	济南大观
1937—1945年	济南市北乡区	泺口镇	济南通史
1945—1948年	济南市第十一区	泺口镇	济南通史

之一。在这里需要说明的是，这个阶段泺口镇仍然是一种侧重商业集市职能的镇，隶属于洛口乡，而不是单独的行政建制镇，也无镇级机关设置于此。

1929年以历城县城、城外商埠区和城厢四郊组建的济南市成立，在全市设立城内三区、城外三区和商埠四区，共计十个区，而泺口古镇位于城外三区内，并划为第九区管辖。1931年至1937年，济南重新调整区划（图4-7），泺口属济南市第九自治区。1937年，济南进入日伪政府统治时期，1940年五月全市被重新划分为十一个区（图4-8），泺口划为北乡区管辖。1945年抗日战争胜利后，国民党政权沿袭了日伪统治时期的十一个市辖区设置，北乡区改称第十一区，泺口隶属于第十一区。在这个时期，洛口乡和泺口镇按照国民政府1928年颁布的《县组织法》完成

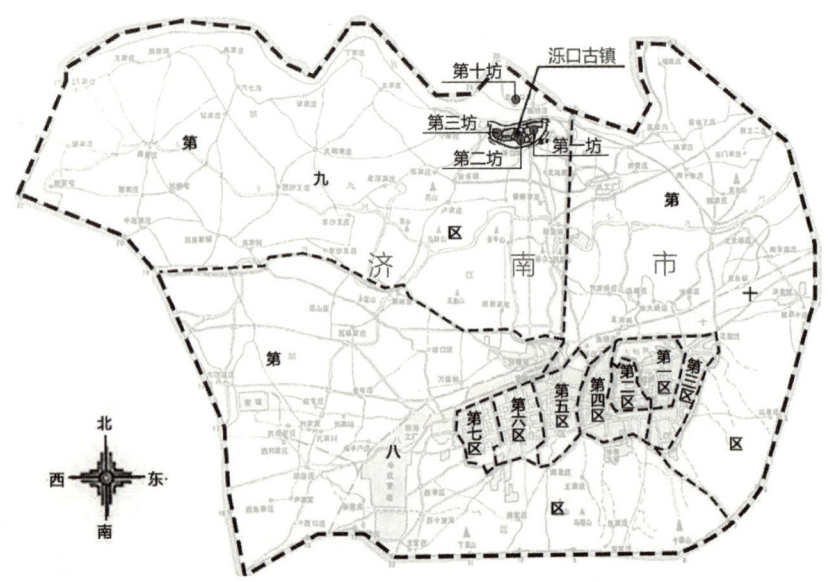

图4-7 韩复榘督鲁时期的济南市行政区划示意图

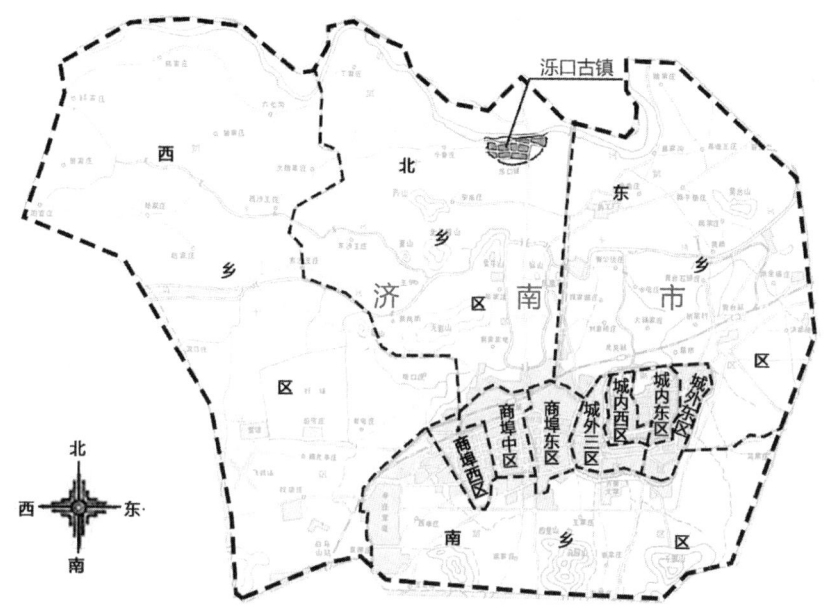

图4-8　日伪政府统治时期的济南市行政区划图示意图

了分离，但是相应的乡镇一级管理机构设置工作并未完成，仍然采用的
是市—区—坊的管理层级。据1934年《济南大观》显示，济南市政府为
促进地方自治完成，训政工作除组织济南成立自治实施委员会外，并分
济南市为十个自治分区，各区设区长，每区分若干街，各坊设坊长促进
一切自治进行事项。当时，泺口镇属于第九自治区，根据以往的范围应
含四个坊，其中区长是陈为念，泺口镇的四个坊长分别是第一坊长吴宾
霖（驻地泺口石头市街）、第二坊长朱振基（驻地泺口里仁街）、第三坊
长朱心泉（驻地泺口上关堤街）、第十坊长金廷桢（驻地北泺口）。

　　1948年9月解放济南的战役结束后，济南特别市军事管制委员会公开
宣告成立并颁发布告，济南被划为特别市并实行军事管制，至10月31日
军事管制结束，济南内部依然划为十一区管理（**图4-9**）。从民国时期的
行政变化来看，泺口镇此时管辖的范围主要是泺口圩子墙内的地域，突
出的是商业集市的功能，是点状城镇功能区的概念。

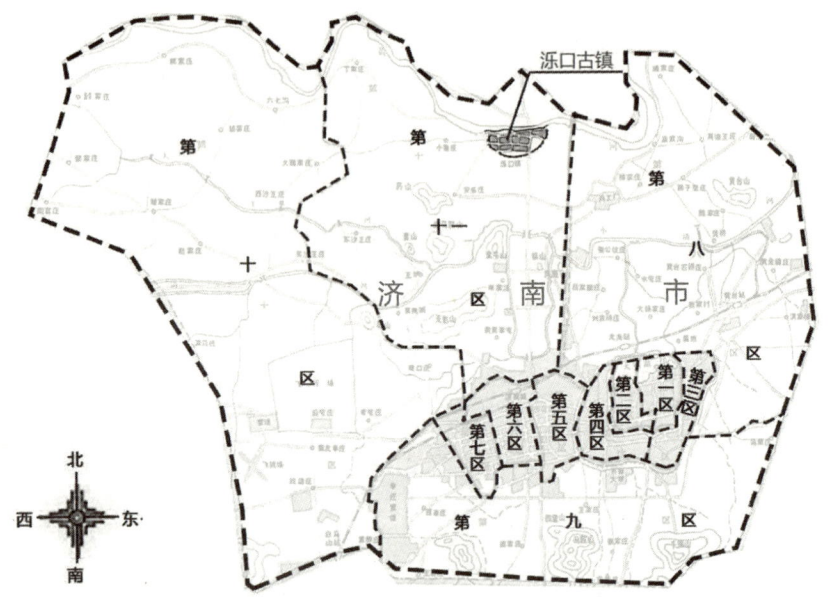

图4-9 济南解放初期的济南市行政区划示意图

（三）新中国成立后泺口的行政区划沿革

新中国成立以来，1954年《中华人民共和国宪法》和《中华人民共和国地方各级人民代表大会和各级人民委员会组织法》颁布，第一次以宪法的形式确定了乡、镇为我国基层行政区划。由此，泺口镇开始由点向面转变。同时，济南所辖区县也在不断调整中，体现出典型的时代特征，也影响了泺口镇的行政隶属关系。

1. 新中国成立初期

1949年，济南特别市恢复成济南市，其区划沿袭旧制下辖十个区，将原第一区和第二区合并成为城区，其他各区未变动，位于北园地区的泺口隶属于济南市第十区泺口镇，而泺口镇公所由济南市政府直接领导（表4-3）。1950年，全市行政区划进行调整，郊区从市区分离出来，并成立郊区办事处，第七区至第十一区分别更名为郊一区至郊五区，泺口镇为直属镇，由郊区办事处直接进行管理，并下辖泺口东村、泺口西村、泺口中村以及小鲁庄5个自然村（表4-4）。1951年，直属乡被撤销，又增设郊六区。1955年9月，根据国务院"市辖区应改为地名称呼"的指示，郊一区至郊五区分别更名为黄台区、北园区、段店区、药山区和玉符区，泺口镇隶属于北园区，并在原辖村庄的基础上，将马家庄也划入管辖范围（**图4-10**）。1956年，济南撤销泺源区和黄台、北园等5个区，并设立郊区，同时将历城县七个乡划归济南市，由重设的郊区负责管辖，泺口改由济南市郊区人民委员会领导，并建立泺口镇信用合作社，辖爱国、晓光等五个高级农业生产合作社。

新中国成立初期泺口镇行政隶属一览表　　　　　　表 4-3

时间	市级行政隶属	区县级行政隶属	乡镇级行政隶属
1949—1950年	济南市	第十区	泺口镇
1950—1955年	济南市	郊二区	泺口镇
1955—1956年	济南市	北园区	泺口镇
1956—1958年	济南市	郊区	泺口镇

新中国成立初期泺口镇辖治范围一览表　　　　　　表 4-4

时间	辖治范围
1949—1950年	泺口东村、泺口西村、泺口中村、北泺口
1950—1956年	泺口东村、泺口西村、泺口中村、北泺口、小鲁庄、马家庄
1956—1958年	爱国、晓光、胜利、民联、先进共5个高级农业合作社

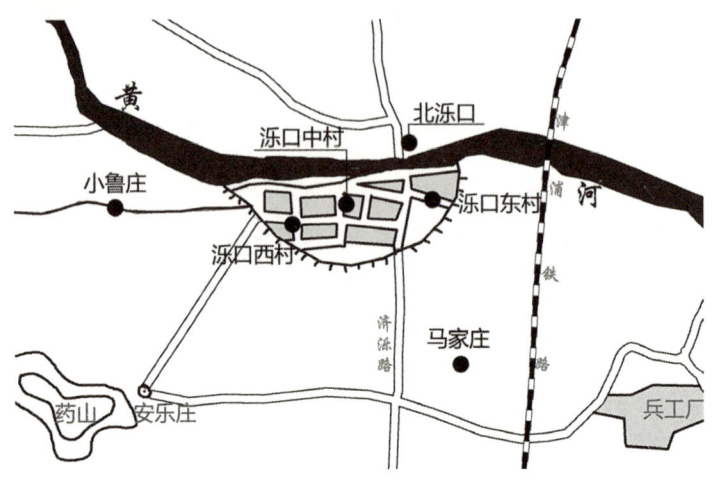

图4-10 1955年泺口镇所辖村庄空间示意图

2. 人民公社时期

随着全国"大跃进"运动的兴起，济南进入到人民公社的建设时期，其地方行政区划也进行了相应的调整（表4-5）。1958年，省内县级行政单位掀起撤销合并潮，同年1月济南市郊区建置撤销，北园乡、泺口镇划入历城县；齐河县梅花山村、山（鹊山）东村、山（鹊山）西村、月牙坝村由齐河县大吴区划入泺口镇，并于该年8月建立了山东省第一个人

人民公社时期泺口古镇行政隶属一览表　　　表4-5

时间	市级行政隶属	区县级行政隶属	乡镇级行政隶属
1958—1959年	济南市	历城县	北园人民公社泺口镇
1959—1960年	济南市	历城县	北园人民公社第八管理区泺口镇
1960—1961年	济南市	天桥区	北园分社泺口镇
1961—1968年	济南市	历城县	泺口公社
1968—1971年	济南市	历城县	北园人民公社泺口联防营
1971—1978年	济南市	郊区	北园人民公社泺口管理区
1978—1980年	济南市	郊区	泺口管理区
1980—1983年	济南市	郊区	北园公社泺口管理区
1983—1984年	济南市	郊区	泺口镇

民公社——历城县北园人民公社。1959年，济南市域范围进一步扩大（**图4-11**），开始大规模地建设人民公社，并将公社生产营改为生产管理

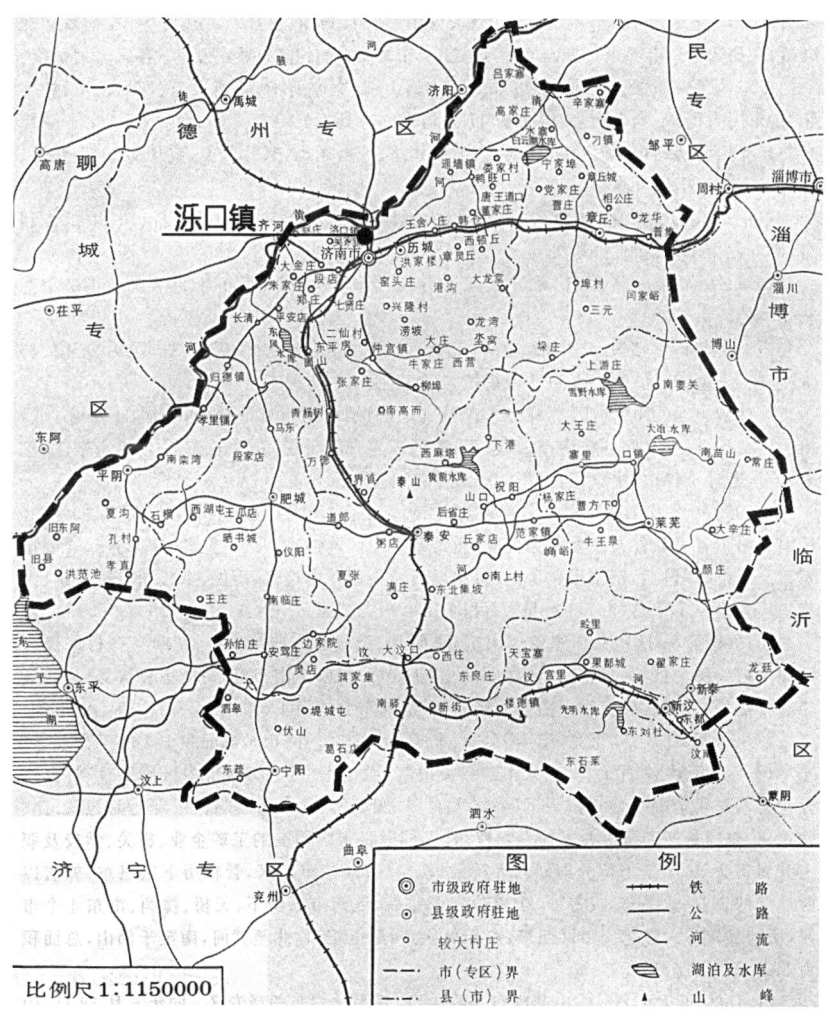

图4-11　1959年末济南市行政区划图

区，泺口镇隶属于北园人民公社第八管理区。1960年6月11日，北园人民公社划归天桥区，泺口镇隶属于天桥人民公社北园分社，次年7月，天桥人民公社北园分社复归历城县，而后又撤销西郊区政府并建立了历城县北园区，原北园公社分为北园、无影山、泺口、鹊山4个公社，泺口公社下辖泺口大队。1962年2月，泺口大队又分为红旗、爱国、胜利和工副业四个大队，但1963年时生产大队进行调整，泺口公社撤销红旗、爱国和胜利三个大队，直接领导18个生产队，并建立农业支部和工副业队（表4-6）。

人民公社时期泺口镇辖治范围一览表　　　　　　表4-6

时间	辖治范围
1958—1959年	泺口、北泺口、小鲁庄、马家庄、梅花山村、鹊山东村、鹊山西村、月牙坝村
1959—1962年	泺口大队
1962—1963年	红旗、爱国、胜利、工副业4个生产大队
1963—1968年	农业队和工副业生产队（包括泺口、龙湾庄、泺口张家庄、马家庄）
1968—1983年	不详
1983—1984年	香磨李、林桥、新城、徐李、赵庄、泺口、小鲁庄、北匣子、鹊山东、鹊山南、鹊山北、梅花山、月牙坝共13个村庄

　　1966年"文化大革命"爆发后，济南社会经济发展水平停滞，公社被革命委员会取代，但行政区划未变。1968年7月，北园区和所辖的7个公社被撤销，复建北园人民公社，泺口公社改为联防营，之后又于1971年改为泺口管理区，泺口镇取消镇制，仍由北园人民公社管辖。1978年改革开放政策在全国开始实行，济南市重设了郊区（**图4-12**），于1980

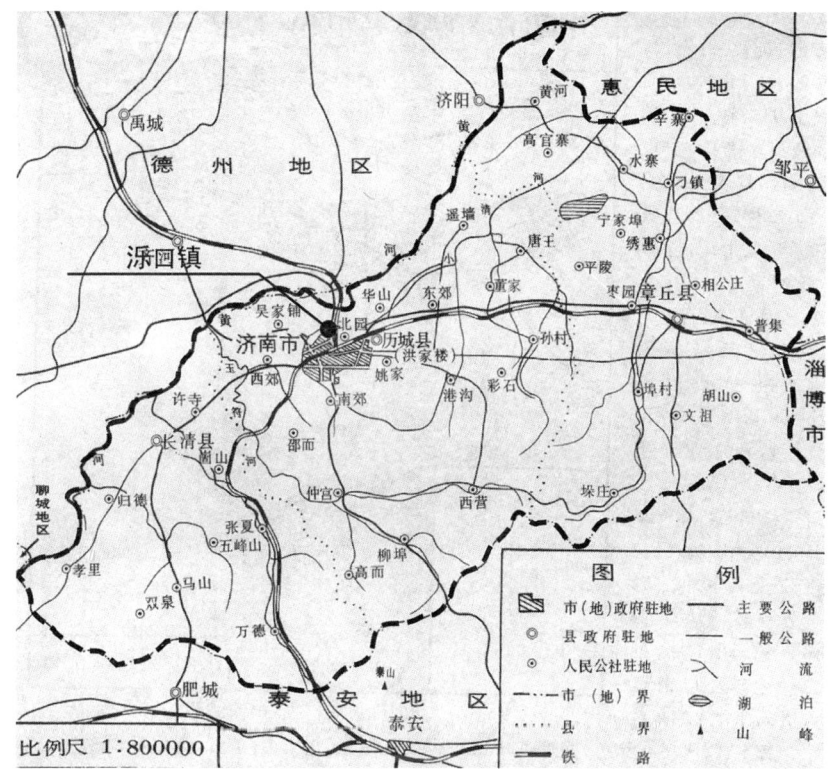

图4-12　1978年济南市行政区划图

年济南市重建郊区人民政府，设立泺口管理区。1983年5月，全国进行行政区划改革，公社、管区、大队、生产队被取消，原北园人民公社分设为北园和泺口2个镇，两镇以小清河、二道坝为界，坝南属于北园镇管辖，而坝北的13个村庄则由泺口镇负责管辖（**图4-13**）。

3. 现代化建设时期

在改革开放浪潮的持续推进下，国内经济水平有所恢复，济南进入到现代化建设时期，这一时期济南的市域范围不断扩大，其行政区划也多次发生变化（**表4-7**）。1984年，政府设立郊区北园办事处，辖北园镇、泺口镇和药山乡，同时设立泺口镇政府，下辖泺口、小鲁庄、鹊山

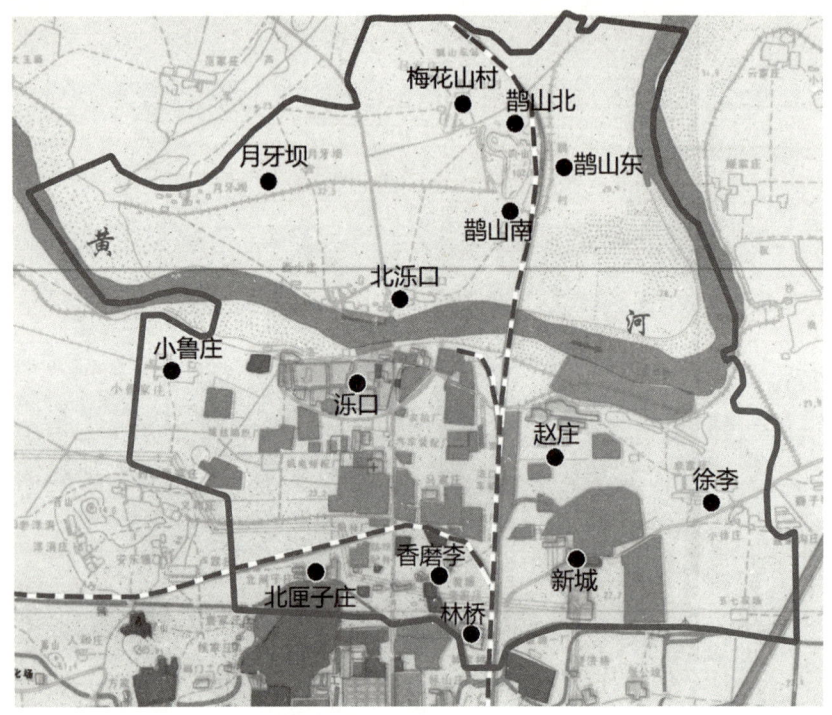

图4-13 1983年泺口镇所辖村庄示意图

北等13个村庄（表4-8）。1985年，山东省人民政府批准，撤销郊区北园办事处和所属的2镇1乡，建立北园镇政府，泺口镇建制被取消；次年，北园镇政府建立成北园、泺口、药山三个办事处，泺口办事处下辖香磨李、林桥、泺口、赵庄4个社区和小鲁庄、新城、徐李、北匣子4个村庄（图4-14）。1987年5月，经国务院批准撤销历城县和济南市郊区，北园镇划归天桥区，泺口仍设办事处。1989年后，经国务院批准，平阴县、济阳县和商河县相继划归济南市，长清县于2001年撤县设区，同年6月北园镇进行区划调整，成立泺口街道办事处，隶属于济南市天桥区政府，并负责泺口社区、崔庙社区、金水岸社区、月牙坝社区等23个社区的行政管理（图4-15）。2019年，莱芜也被划入济南市区，济南的市域范围进一步扩大，并形成了"十区二县"的行政格局（图4-16）。

现代化建设时期泺口古镇行政隶属一览表　　　表4-7

时间	市级行政隶属	区县级行政隶属	乡镇级行政隶属
1984—1985年	济南市	郊区	北园办事处泺口镇
1985—1986年	济南市	郊区	北园镇泺口
1986—1987年	济南市	郊区	北园镇泺口办事处
1987—2001年	济南市	天桥区	北园镇泺口办事处
2001—2018年	济南市	天桥区	泺口街道办事处

现代化建设时期泺口古镇辖治范围一览表　　　表4-8

时间	辖治范围
1984—1985年	香磨李、林桥、新城、徐李、赵庄、泺口、小鲁庄、北匣子、鹊山东、鹊山南、鹊山北、梅花山、月牙坝
1985—2001年	香磨李居、林桥居、新城、徐李、赵庄居、泺口居、小鲁庄、北匣子
2001—2018年	香磨李社区、林桥社区、泺口社区、赵庄社区、金牛社区、田庄社区、崔庙社区、新城社区、南徐社区、北徐社区、李庄社区、北闸子社区、袁庄社区、梅花山社区、月牙坝社区、鹊山南社区、鹊山北社区、鹊山东社区、金阁花园社区、泺东社区、泺西社区、泺南社区、金牛西区社区、尚品清河社区、天和园社区、金水岸社区、鼎舜赵苑社区、滨河社区共23个社区

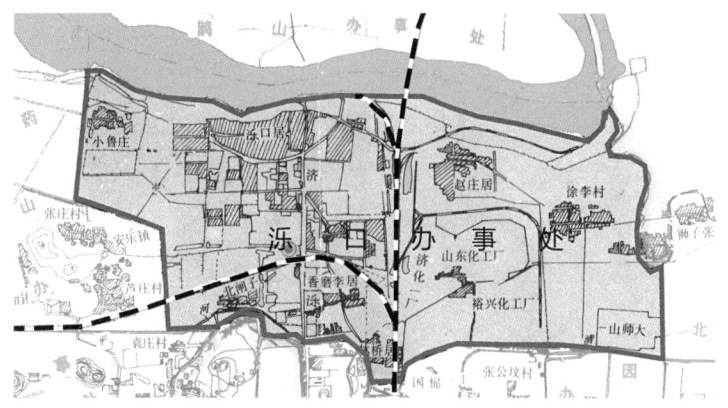

图4-14　1986年泺口办事处所辖村庄示意图

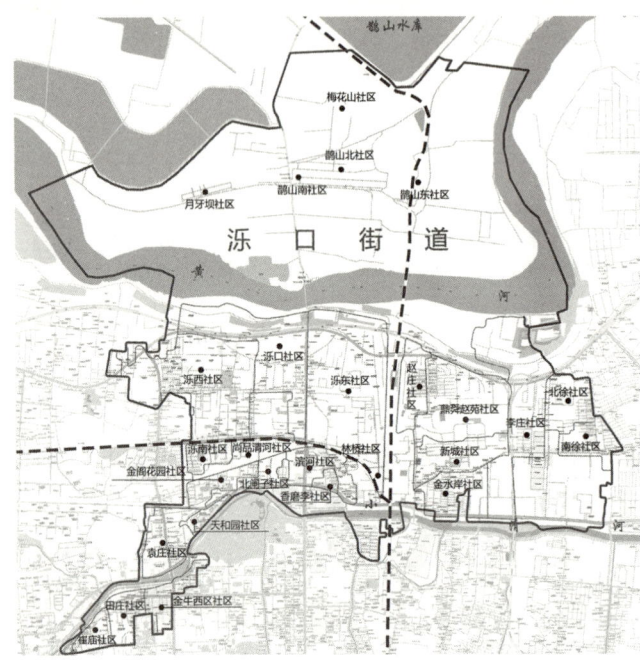

图4-15 2016年泺口办事处所辖社区示意图

表4-16 2019年济南市行政区划图

三、本章小结

本章通过泺口古镇行政沿革的梳理，不仅从县上层级对其与济南和历城的行政区划关联进行长时间的校核，还从县下镇的层级对金朝以来泺口的行政设置进行历史挖掘，对于新中国成立以来泺口的典型行政区划范围和所辖村社名录进行整理和呈现。可以说，本章较为系统地反映了泺口古镇所处的行政区划历史环境及与今天天桥区泺口街道的异同，能为读者更加清晰地认识泺口提供资料参考。

另外，需要在此进行解释的一个问题是，历史上泺口的"泺"字在本章中出现了4个不同字形，如濼、雒、洛和泺。虽然这几个字的字形不一致，但是不同的典籍记载却是同一个地名所用。就字形分析可以分为两组，其中"濼"和"泺"一组，两字均指代发源于趵突泉的泺水，前一个字最早见于春秋时期的《左传》，后一个字是前一个字的简体形式。另一组是"雒"和"洛"字，两字在用法上可以相通，属于当时典籍撰写者的根据当地发音选择的文字，可以指代洛河。通过比较，应该是"泺"的字形更符合历史和现实。其实，现在两个字"泺"和"洛"都在使用。根据1982年《山东省济南市地名志》的规定，明确将"洛口"、"济洛路"规范为"泺口"、"济泺路"，应当统一成"泺"字使用。但有一些特殊情况，比如曾经参加过1915年巴拿马万国商品博览会的"洛口醋"已成为注册商标，还有一些大家认可的"洛口小学"、"洛口派出所"等单位仍可以约定俗成地使用"洛口"。

参考文献

[1] 安作璋，党明德. 济南通史：近代卷 [M]. 济南：齐鲁书社，2008.

［2］ 安作璋，秦永州. 济南通史·魏晋南北朝隋唐五代卷［M］. 济南：齐鲁书社，2008.

［3］ 安作璋，张华松. 济南通史·先秦秦汉卷［M］. 济南：齐鲁书社，2008.

［4］ 安作璋，朱亚非. 济南通史·明清卷［M］. 济南：齐鲁书社，2008.

［5］ 安作璋，党明德. 济南通史·现代卷［M］. 济南：齐鲁书社，2008.

［6］ 北园镇志编纂委员会办公室. 北园镇志［M］. 济南：山东科学技术出版社，1991.

［7］ 陈梦家. 殷虚卜辞综述［M］. 北京：中华书局，1956.

［8］ 贺曲夫. 我国县辖政区的发展与改革研究［D］. 华东师范大学，2007.

［9］ 胡恒. 皇权不下县？清代县辖政区与基层社会治理［M］. 北京：北京师范大学出版社，2015.

［10］ 济南市志编纂委员会. 济南市志资料（第四辑）［M］. 1983.

［11］ 林修竹. 山东各县乡土调查录［M］. 济南：山东省长公署教育科，1919.

［12］ 罗腾霄著，济南市图书馆整理. 济南大观［M］. 济南：齐鲁书社，2011.

［13］ 毛承霖修，赵文运等纂. 续修历城县志［M］. 上海：上海古籍出版社，1926.

［14］ 孙宝生. 历城县乡土调查录［M］. 济南：济南出版社，2016.

［15］ 王恩田. 甲骨文中的济南和趵突泉［J］. 济南大学学报，2002（01）：39-42.

［16］ 王恩田. 人方位置与征人方路线新证［M］//王尹成主编，中国先秦史学会，山东省新泰历史文化研究会编. 杞文化与新泰. 北京：中国文联出版社，2000.

［17］ 杨伯峻. 春秋左传注［M］. 北京：中华书局，1990.

［18］（元）脱脱. 金史·地理志［M］. 中华书局点校. 北京：中华书局，1975.

［19］ 张华松. 历城县志［M］. 济南：济南出版社，1988.

［20］ 张华松. 历城县志正续合编［M］. 济南：济南出版社，2007.

第五章 —————————————————

洑口古镇与周边主要城镇关系分析

城市的发展变化与它所在的城镇体系是高度相关的。1904年，济南自开商埠，此后济南市内城镇之间的关系也发生了前所未有的变化。这些变化催生了济南市范围内城镇体系的调整，最终促成了济南旧城——商埠二元发展的空间格局。从当前对近代济南城建史的研究成果来看，国内学者多偏重于对济南城市空间变化的研究。如林吉玲、董建霞从胶济铁路和商埠区关系的角度出发，认为济南空间扩展的推动力是近代交通的发展；李百浩等人提出近代济南是旧城区、商埠区、北商埠并存的"三核"空间形态；孟宁等人也从济南旧城区与商埠区的关系来探讨济南的空间形态特征。客观而论，这些文献存在就城市论城市的不足，而整体对城镇互动的关注较少。

鉴于此，本章对泺口镇及旧城区、商埠区的关系展开研究，探索三者在空间、职能、规模结构以及交通网络结构等方面的互动演变，寻找内在影响因素，为本书其他章节的形成提供有益参考。

一、研究范围、对象和研究思路

（一）研究范围及对象

1929年，济南设市，全市面积为175平方公里，设城内、城外各三区，商埠四区，共十区。1938年，日军侵占济南后，划分成十一个区，1948年9月，济南解放后，政府宣布成立济南特别市。但在1949年5月又复称济南市，直到新中国成立前，济南仍为十一个区。这十一个区仅涉及现在的历城区、历下区以及天桥区的行政边界范围。本文研究的具体范围大致是南靠群山，北依黄河，东临洪家楼，西起大饮马庄的区域，其空间形态较为不规则（图5-1）。

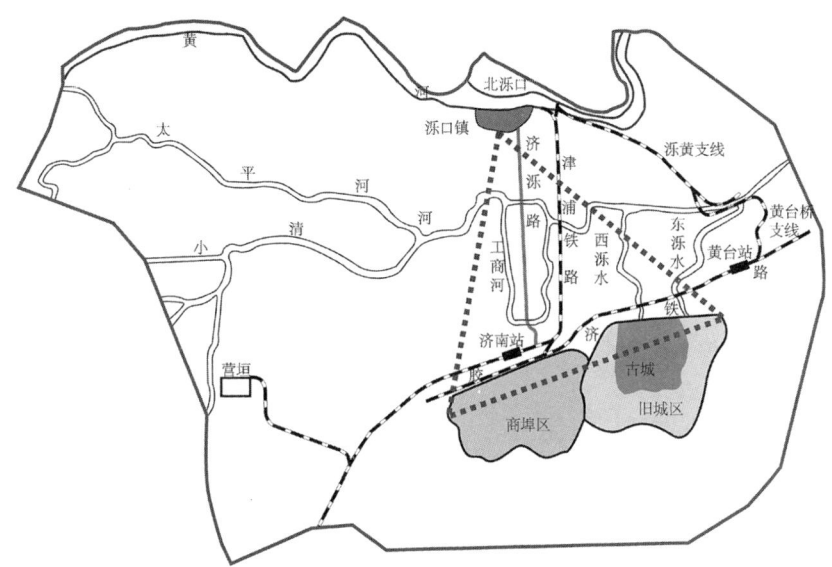

图5-1 民国济南市空间形态示意图

　　本章以济南市内的旧城区、商埠区、泺口镇为研究对象，其空间关系大致为"△"型。旧城区由古城发展而来，古城位于今趵突泉东北方向，南有群山，北依大河，其空间形态曾发生过多次变化。本文研究的旧城区是指明朝已经形成，清朝不断发展完善的部分，即城区大致呈菱形的"母子城"形态，其面积约为2.63公顷。1904年济南自开商埠，商埠区位于旧城西侧，面积约为2.12公顷，后来又经历了三次扩展边界。泺口镇位于黄河与泺水的交汇处，其形态近似半圆形，面积约为0.2公顷，距旧城二十公里，曾经是重要的水陆运输码头。本文将研究时间段设定在1904至1960年间，同时为了厘清其间的各种关系，部分内容的时间追溯到1904年以前。

（二）拟采取的研究思路

　　以济南市内的旧城区、商埠区、泺口镇为研究对象，分别阐述1960

年代以前，三个对象在空间、职能、规模结构以及交通网络等方面的演变过程，从而得出相应的结论。

二、旧城—商埠—泺口空间结构演变分析

（一）开埠前："双核心"格局

开埠前，济南城区空间格局受自然环境、历史条件等因素的影响而不断发生变化，其演化过程如图。经过战争的破坏以及时代的变迁，如今的济南旧城主要是指明朝已经形成，清朝不断发展完善的部分（图5-2）。

魏晋南北朝时期，齐州府治由平陵城迁至历城县，并在历城县的东侧修筑了"东城"作为府治之所，与历城县治隔历水相望，形成了"双子城"的格局。唐宋时期，为扩大城区规模，在内城的城外扩建城垣，城区格局也由"双子城"转变为"母子城"。清同治年间，在"母子城"外修筑了石圩，确定了济南城区新边界。

在研究范围内，除旧城以外，还存在一个与其交相辉映的"小济南"，即泺口。泺口位于济水和泺水交汇处，水陆交通极为便利，金代

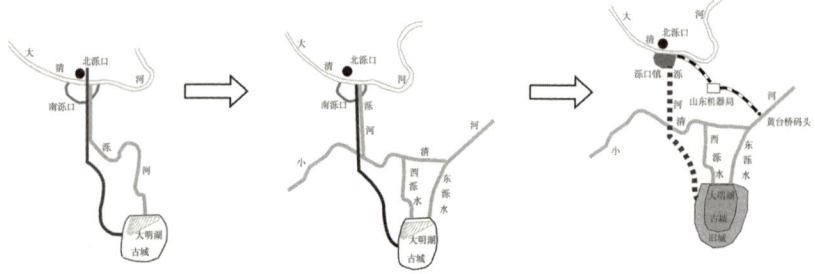

图5-2 明清以前济南城区及泺口古镇空间演变示意图

设置其为泺口镇，是大清河南北最重要的货物集散地。山东沿海一带盛产海盐，泺口镇则因水运便利以盐运为主。由于商贸发达，到清朝，泺口镇已形成一座独立的城池，城外有圩子墙，城内有30余条街道和多处商铺。泺口本有南泺口和北泺口之分，二者隔黄河相望，后期南泺口人口逐渐增多，北泺口人口相对减少，繁华的中心区也由黄河北岸转向南岸。1885年，黄河改道后，北泺口衰退为农村，商业重心完全转向南泺口，因而本文所研究的泺口镇属于南泺口。

旧城位于济南市的东南方向，其空间形态大致呈菱形；而泺口镇位于济南市的北侧，其空间形态近似为半圆形；二者通过南北走向的泺河连接，形成了一南一北的"双核心"空间格局。

（二）开埠后："三核心"格局

受形式的影响以及地方发展的需求，济南于1904年自开商埠。济南城区北有黄河，南有山脉，故在水陆交通便利、地势平坦的城西设立商埠区。商埠区的建立完全抛弃了高墙深池的封建布局模式，采用了现代的开放空间格局。商埠区内的道路呈现"经—纬格网"模式，以旧城为起点，由东西推进。胶济、津浦铁路的相继开通，在一定程度上也决定了商埠区的扩展方向。民国时期，商埠区内工商业发达，原有界限已不能满足经济发展的需求，因而又经过了两次展界，拓展后的商埠区与旧城区的联系更为紧密。日伪时期，济南市政府又相继开辟了南郊新市区、北郊东、西部工业区，城市形态也继续向南、向北扩展。与此同时，商埠区也进行了第三次拓展边界，至1945年，其面积接近609平方公里。

泺口镇的空间格局变化不大，基本维持原貌，并与商埠区、旧城区形成"三核心"的空间格局。与以往城区空间扩展不同，商埠区并没有沿旧城区向外推进，而是脱离旧城区呈"跳跃式"扩展。东西走向的普利街、共青团路以及胶济铁路成为旧城区与商埠区联系的主要道路。同时，南北向的"济泺路"和津浦铁路贯穿了旧城区与泺口镇，加强了二者的联系；而商埠区与泺口镇通过义威路（今济泺路）、东西工商河联系，整体上呈现出"一东一西一北"的"三核心"空间发展格局。

但是这种空间结构并没有维持多久。受黄河断流以及胶济、津浦等铁路相继开通的影响，泺口港逐渐衰落，传统的水运模式也逐渐被公路、铁路所取代，城市空间开始面临转型。商埠区经过空间拓展后，与旧城的边界变得越来越模糊，关系也变得更加紧密，"三核"并存的格局也因此淡化。

（三）新中国成立后："一体化"发展

新中国成立初期，具有防御作用的圩子墙与老城区相继被拆除后，旧城区与商埠区完全融合在一起，不再有城里、城外、商埠区等概念的区分。同一时期，泺口镇的圩子墙也被人们拆除，取而代之的是宽10余米的环城路。从此，古镇风貌不复存在，昔日繁荣的景象也随之消失，人口逐渐较少。泺口镇不再作为一个独立的城池呈现在人们面前，而是与商埠区一同被纳入到济南市区管辖范围内，一体化发展格局最终取代了"三核心"空间格局。

三、旧城—商埠—泺口职能演变分析

（一）开埠前：济南、泺口功能互补

开埠前，济南是一座典型的封建城市，主要以政治、军事职能为

主，比较单一。自明代起，随着生产力的提高以及工商业的发展，资本主义萌芽出现，济南旧城区的经济职能越来越突出，政治地位也明显提升，随之而来的是大量的官府、衙门等政治机构。此外，旧城还担负着文化教育中心的职能，城中分布着府学、县学以及民间私学等机构。

泺口镇是当时济南最大的引盐转运地，有批验所所设于此地，因而历代以来，泺口是大清河（今黄河）沿岸最重要的盐运枢纽和物资集散地（表5-1）。当时，济南、泰安、兖州、沂州、曹州等地所用的食盐都由泺口转运，木材、药材、毛皮等货物也在此集散。一时间，泺口成为商业重镇，富商大贾云集，茶馆、酒楼布满街市，楼船往来，亭阁飞甍，一派繁荣气度。

1904 年以前泺口古镇职能发展演变一览表　　　表 5-1

时期	职能概况
金代	设置泺口镇，大清河南北最重要的货物集散地
元代	成为盐运枢纽并设立盐仓
明代	盐运使司在泺口下设分司
清初	黄河下游最重要的货物集散地

（二）开埠后：商埠经济交通职能开始凸显

1904年济南自开商埠后，极大地改变了传统的商业模式，成功地打破了封闭的市场体系。不但引入外资和外商，还带动粮栈、五金、颜料等行业的发展。另外，济南旧城北郊的水运码头及商业市镇的泺口内的众多商铺也转移到了商埠区，使得商埠区代替了原来泺口镇的地位。旧城的工商业也逐渐向城西的商埠区转移，因而商埠区形成了繁荣的城西市场，并渐渐与旧城区对立，而旧城依然是政治、文化中心，此时出现形商埠区与旧城区并存的双中心职能结构。

清泺小铁路通车初期，泺口镇十分繁荣，尤其是客栈、饮食等服务行业。到了清末民初，泺口镇内有500余家商号，年交易额达到500余万元。每逢棉花上市季节，泺口港则繁忙不堪，每天约10.2万担用于纺织生产的棉花在此疏散。但在1938年，国民党在河南花园口破堤，黄河决口夺淮改道，泺口河道干涸，航运停止，直到1947年泺口港才恢复河运，但其繁荣程度已远不如以前。

（三）新中国成立后：一体化职能体系日渐形成

新中国成立之初，随着黄河航运的衰退，泺口码头日渐式微，泺口镇的发展也较市区相对落后，其职能由商业、物资集散中心转变为单一的居住区。旧城区和泺口镇的圩子墙被拆除后，济南市的规模逐渐扩大，包括泺口在内的黄河南岸地区已完全融入市区范围。济南旧城区、商埠区、泺口镇成为一个整体，三者的一体化职能体系初步形成。

四、旧城—商埠—泺口规模结构演变分析

（一）1904年以前：规模较小

济南最早的人口记载出现在西汉时期，从西汉到明清时期，人口的变化趋势大致是先增加，再减少，最后增加。但就其用地规模而言，呈现逐年递增的趋势。明洪武四年（1371年），整个济南城"周围一十二

里四十八丈";清咸丰十一年（1861年），随着城市规模的不断扩大以及军事防备的需要，济南开始在城外修建圩子墙。因城北水多，缺其一面，整个圩子墙长3670丈，圩子修好后，从而使济南成为兵书上所谓"三里之城，七里之郭"的坚城。那时的济南主要依附传统的农业经济，高大的城墙把城区封闭在2.6平方公里的圈子里，人口仅有5万人左右。开埠前，济南的城市规模大体就是圩子墙内的规模，周长近20公里，其范围大体为今天的历山路、文化西路、大明湖北路和顺河街所圈起的范围。

（二）开埠后：三主体间此消彼长

开埠后，城市人口逐年递增，其中商埠区的人口增长幅度最大。以下是20世纪上半叶济南内城、外城、商埠区、乡区在4个年份中户数与人口数的比较（表5-2）：

1914、1919、1933、1942 年济南的人口（单位：人）　表 5-2

	1914年		1919年		1933年		1942年	
	户数	人口	户数	人口	户数	人口	户数	人口
内城	12990	56574	12666	54804	14493	71543	13356	81253
外城	17806	70186	17722	84769	21108	105618	25010	130053
商埠区	2556	11159	8356	32304	14957	80233	32510	164056
乡区	28829	108071	7535	30439	46310	170378	42626	200459
合计	62181	245990	46279	202316	96868	427772	113502	575821

由表可知，1914年济南城内的户数和人数分别为12990户、56574人，其远大于商埠区的户数和人口数。从1914年至1942年的30多年间，济南各区人口都呈现增长趋势。但城内只增长了366户、24679人；外城增长了7204户、59867人；乡区增长了13797户、92388人，而商埠区增长幅度最大，其户数和人口数分别增长了29954户、152897人。城内人口增长了43.6%，外城和乡区分别增长了85.3%和85.5%，而商埠区增长了1370%，幅度最大。1914年商埠区人口占人口总数的45%，而到了1942年，增至28.5%。与其他地区相比，商埠区人口增长最快，这主要是因为由商业的繁荣发展以及工业生产的需求，但与铁路运输也是相关的。

1904年以来，济南的城市建设用地规模与人口的发展趋势相同，都呈逐年增加的趋势（图5-3）。济南土地面积总量增加，在某种程度上归因于商埠区面积的不断拓展。

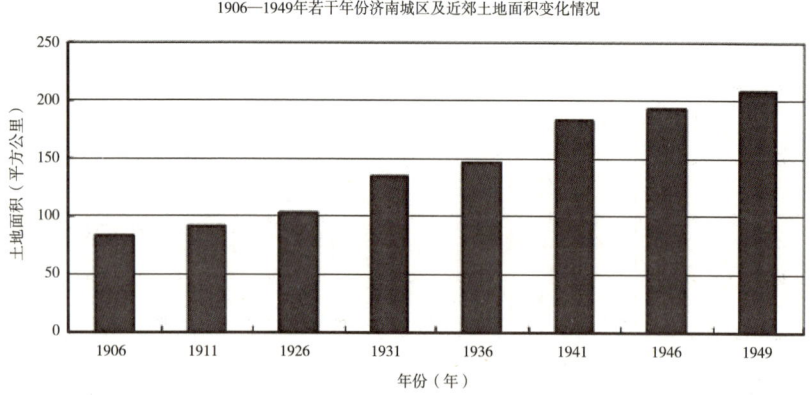

图5-3 1906—1949年若干年份济南城区及近郊土地面积变化情况

由上图可知，1926—1931年，土地面积的增长率为23.7%，1936—

1941年，其增长率为20.7%，而从1931年至1936年，土地面积的增长率仅为0.07%，呈现缓慢增长趋势，这与当时的社会背景息息相关：1928年"济南惨案"后，济南商业遭到了严重的创伤；1938年日寇又一次蹂躏济南，工商业遭到严重破坏，社会生产和商品贸易不断下降。动荡不安的社会环境使人们无法进行生产活动，致使城区土地面积增长缓慢。

（三）新中国成立后：规模大幅增加

1949年新中国成立后，商埠区、泺口镇先后融入济南城区。在接下来的10年间，社会稳定，经济复苏，人口迅速增长，尤其是1958年，国家推行"大跃进"政策，为了扩大城市的发展规模，大部分农村人口进入城区，致使城区及近郊人口大幅度增加（**图5-4**），人口数量达到5101567人，比前一年增加了4240058人，增长率为83.11%。为了顺应发展的需求，城区面积也加速扩展，由1929年的175平方公里增至到1953年的230余平方公里，增长率为31.4%。

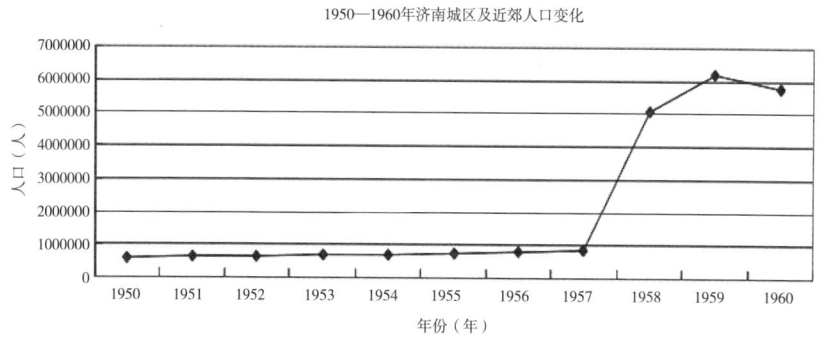

图5-4　1950—1960年济南城区及近郊人口变化示意图

五、旧城—商埠—泺口交通网络演变分析

（一）开埠前：货物运输以水运为主

开埠前，旧城区的主要街道是今天的泉城路，它由原来的府东大街、府西大街、院东大街、院西大街、西门大街组成，东起青龙桥，西起泺源桥。济南的水运主要是依靠大清河（今黄河）、小清河。济南地区黄河的前身为大清河，其上行运盐，下行运粮。盐运一般由河口上行经泺口镇至东平转运河，运送到济南、泰安、东昌等省内地区及江苏、安徽、河南等省外地区（图5-5）。河南东部所产的棉花、花生、桐油、药材等，很多由水路集中到泺口镇。而由大运河北上或南下的船只，也可由黄河下驶泺口，货物由泺口镇转小清河出海。

旧城区与泺口镇之间的联系主要是通过发源于济南城区泉水的泺河和如今的济泺路进行贸易往来。小清河开通后，又增加了西泺河和东泺河，为了便于旧城区与泺口镇的联系，在东泺河与小清河的交汇处设立了黄台桥码头。

（二）开埠后："公—铁—水运"体系逐渐形成

晚清时期，由于交通匮乏，济南旧城与泺口镇的联系并不紧密，只能通过河运进行贸易往来。民国时期修筑了济泺路，其南起成丰桥小清河码头，北至黄河泺口码头，是济南北部连接南北的重要干道，也是北部第一条沥青路。1926年，大昌汽车公司和山东省交通厅办的客运站开辟了天桥至泺口的交通线路，使市区与泺口的联系更为方便，打破了以往只能依靠水运进行贸易往来的传统交通模式。同年，该公司老板梁德

堂出资5000元，在纬二路设置了3辆汽车往返于商埠区和泺口镇之间。从全国各地自水路运来的货物通过此路进入商埠区，而商埠区的各类商品，也通过泺口运往全国各地。

　　同时，为了解决旧城区与商埠区的中断问题，先后修建了"普利街"、"共青团路"等道路，这两条路成为连接旧城区和商埠区的重要纽带。随着胶济、津浦等铁路相继开通，济南城区原有的封闭空间格局被打破，既加强了济南城区内部联系，又有利于济南与其他地区的联系。

　　此时，小清河的水运贸易虽犹存，但很快被德国人修筑的胶济铁路所取代，济南市场通过铁路运输物资的数量逐年增加。

（三）新中国成立后："公—铁"运输网络日渐完善

　　新中国成立后，泺口古镇没有恢复到昔日的繁荣，泺口往返于惠民地区的航线也因乘客不多而终止。自1952年至1960年，泺口港的货物吞吐量呈现波动递减趋势（**图5-5**）。起初，济南仅有两条公交线路，一条

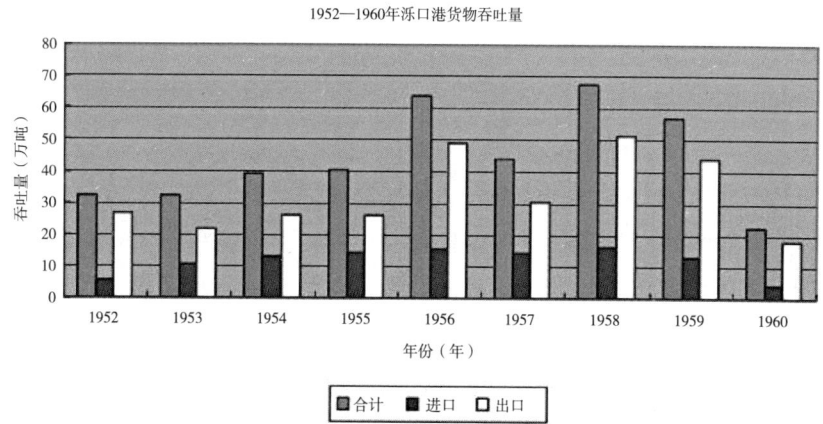

图5-5　1952—1960年泺口港货物吞吐量

是大观园到小清河，另一条是省政府到纬十二路。但到了1960年，济南市区共有82辆公共汽车，12条营运线路，线路长度为149.3公里；铁路营运线路4余条，线路长度约为134公里，此时形成了以公路、铁路为主要运输方式的交通网络。

六、本章小结

本章试图突破以往的静态城镇体系研究模式，用发展的时间动态轴去厘清济南市内三个重要城镇之间的关系，从中归纳出城镇关系演变的特征。结合济南市内的旧城区、商埠区、泺口镇在空间结构、人口与用地规模、职能等方面的演变案例研究，笔者发现交通网络系统的发展与完善，在城镇一体化空间格局形成的过程中起着十分重要的作用。此外，旧城区、商埠区、泺口镇均是济南千年古城以及开埠百年的城市历史风貌的代表，是济南作为国家级历史文化名城的重要载体，应当被视为一个整体而加以保护。

（注：本章是在何晓伟和赵虎完成的"近代济南市内主要城镇关系演变初探"一文的基础上修改而来的。）

参考文献

[1] 安作璋，朱亚非. 济南通史：明清卷 [M]. 济南：齐鲁书社，2008.

[2] 北园镇志编纂委员会. 北园镇志 [M]. 济南：山东科学技术出版社，1991：122.

［3］ 党明德，林吉玲. 济南百年发展史-开埠以来的济南［M］. 济南：齐鲁出版社，2004：47.

［4］ 济南市地名协会. 济南地名锁话［M］. 济南：济南出版社，2012：36.

［5］ 济南市社会科学研究所. 济南简史［M］. 济南：齐鲁书社，1986：383.

［6］ 济南市史志编纂委员会. 济南市志（第二辑）［M］. 1997：109.

［7］ 李百浩，王西波. 济南近代城市规划历史研究［J］. 城市规划汇刊，2003（2）：54.

［8］ 林吉玲，董建霞. 济南史话［M］. 济南：济南出版社，2010：10.

［9］ 林吉玲，董建霞. 胶济铁路与济南商埠的兴起（1904—1937）［J］. 东岳论坛，2010（3）：105.

［10］（美）鲍德威. 中国的城市变迁：1890—1949年山东济南的政治与发展［M］. 张汉等译. 北京：北京大学出版社，2010：27.

［11］ 孟宁，商亚楠. 从单中心到双核——晚清济南城市空间结构转型研究［J］. 科技创新导报，2009（09）：229.

［12］ 孟宁. 近代济南城市空间转型及发展研究（1904—1948）［D］. 西安建筑科技大学，2009：4.

［13］ 孟庆筑. 那个年代—回忆济南［M］. 济南：黄河出版社，1996：31.

［14］ 王西波. 济南近代城市规划研究［D］. 武汉理工大学，2003：11.

［15］ 薛兴海. 济南市公共交通总公司［M］. 济南：济南市公共交通总公司出版社，2008：4.

［16］ 严强等. 济南旧影［M］. 北京：人民美术出版社，2001：71.

涞口古镇及北郊地区
水文环境推演

济南是著名的泉城，境内自古以来河流湖泊水系众多。城内有泺水、历水、听水、东西泺河和工商河等河流交错相织，城外先后有济水、大清河、小清河、黄河等河道流经，历史上还有方圆几十里浩瀚的鹊山湖存在于北郊地区。在漫长的岁月更迭中，有些河流已经失去了踪迹，有的仍然汩汩流淌在济南的土地上，巨大的湖面则逐渐消失不见，诸多水文环境的变化不仅带来了地形地貌上的变化，更深刻影响着城镇的发展和变迁。泺口的名字来源于河流交汇，更兴盛于河流带来的水运贸易，但是历经千年的洗礼，史志中记载的水文环境已时过境迁，与今天的环境很难形成对应，其实这对人们准确认识历史上的泺口是极为不利的。基于对泺口历史繁华再现地支撑解读，本章主要从河道、湖泊沼泽两个方面对泺口及济南北郊地区的水文环境进行论述。由于整个研究的时间线较长，笔者通过对史地文献的整理，结合历史朝代的划分，将泺口及济南北郊地区的水文环境变化分为不同时段来进行阐述，归纳当时泺口及北郊地区的水文发展脉络和演变特征，从而为今天的人们全面和合理认识泺口及北郊地区的历史事件提供有益参考。

一、先秦时期的水文环境推演

秦朝以前的历史阶段称为先秦时期。这一阶段因为缺乏精确的文献和地图记载，所以对于该时期水文环境的阐述采取的是模拟推演的方法，结合上古的传说故事进行该区域河流、湖波和沼泽环境的合理推演。

（一）河道水系

中国古代传说中最重要的一部分就是关于人类祖先与洪水灾害斗争

的历史，其中"大禹治水"的传说故事最具代表性，济南也留下了几则有关济水的传说故事。自远古以来，横亘济南北郊的鹊华之间就有一条巨大的沟壑，古济水就是沿着这条沟壑经济南缓缓向东流去，并与河水、江水、淮水合称"四渎"。"四渎"的概念出现上古时期，这四条河流的疏通据传是当时大禹治水的主要任务。传说古老的大地上洪水泛滥，洪水的发动者就是以共工为首的若干条孽龙，其中有一条孽龙盘踞在济水里，大禹奋起要抓住这条孽龙，这条孽龙急忙逃窜，躲到了济南东南山区的一个山洞里面，大禹抓住了龙尾，那孽龙便拼命用龙角拱山往上狠钻，碰出了一个洞口，如此便形成了一个上下贯通的山洞，从此该洞就被称作"龙洞"，位于今天的济南市历下区龙洞街道。

有关济水的文字记载可以追溯到《尚书·禹贡》中："导沇水，东流为济，入于河，溢为荥，东出于陶丘北，又东至于菏，又东北至于汶，又北东入于海"，说明济水的源流应为沇水，并以河水（今黄河）为界，将北岸上游的沇水称之为"河北之济"，把溢于阳、东入海的下游称为"河南之济"。且在黄河从苏北平原入海的半个世纪里，济水一直独立入海，但在四千年前河水（今黄河）发生过一次大规模北移，将济水在今河南荥阳附近拦腰截断，使济水从此分为"入河"和"出河"两部分（**图6-1**）。

济南境内还有一条与济水相交的古河流，即泺水（**图6-2**）。泺水最早见于商王武丁时期的一片甲骨文卜辞："以多……泺"（《殷虚书契前编》4.13.7），"泺"字从川，乐声，甲骨文中从川和从水是一样的，且泺在历史上仅用来代表济南，故甲骨文中"泺"即为泺水是可以确定的。甲骨文中还有作为地名的"乐"字，"乐"位于泺水入济处，据说是济南北郊的泺口古镇，武乙、文丁时期的卜辞中记录："丙午卜，在商贞：今日步于乐。"（《殷虚书契前编》3.28.5）。根据殷墟卜辞，商末帝辛（纣）

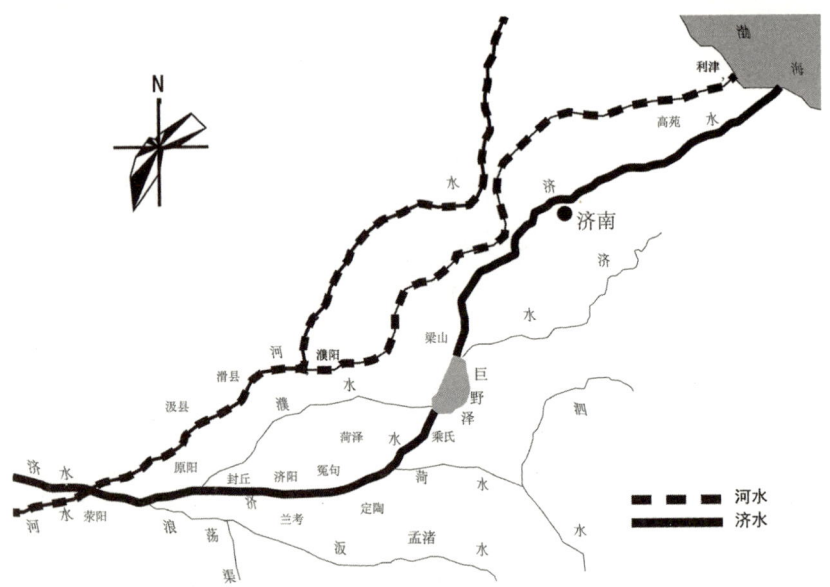

图6-1 先秦时期黄河北移后的济水入海示意图

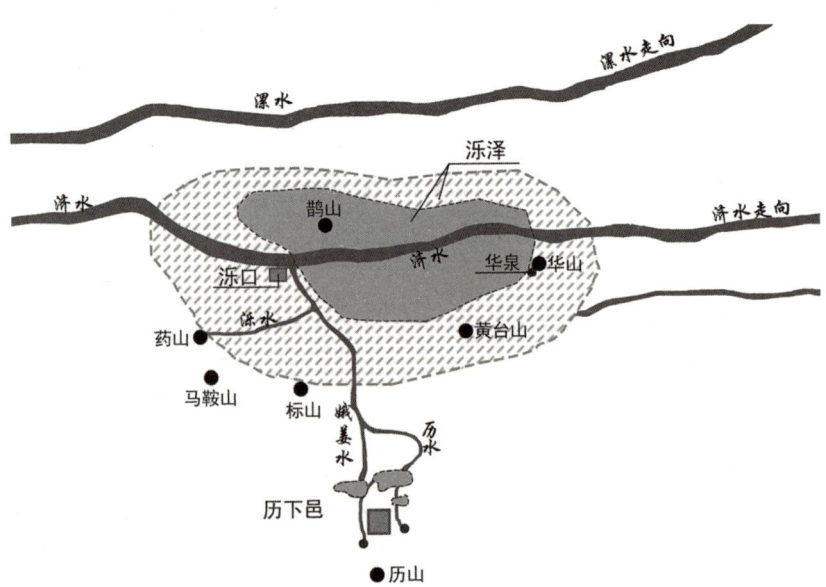

图6-2 先秦时期济南北郊水文环境示意图

图6-3 商王武丁时期甲骨文中的"泺"

曾取道济水远征东夷，往返途中都曾驻扎于乐，说明那时的"乐"是济水的一个重要口岸和兵站。

泺水当时的具体走向如何，是不是今天的趵突泉发源的泺水？据战国时期《山海经·东山经》记载："又南三百里，曰岳山，其上多桑，其下多樗。泺水出焉，东流注于泽，其中多金玉。"有学者据此认为，泺水的源流出自岳山，晋代有学者为《山海经》作注时，注"岳"读音为"乐"，并有"泺水在济南历城县西北，入济"的记录。从地理方位推测，这座岳山应该为今济南黄河北岸的药山，历城县西北处正是泺口古镇，故两晋及以前的泺水有可能发源于今天的药山附近的泉水河流，然后向东流入到泺泽（鹊山湖）中，最后从泺口古镇流出注入济水，而不是今天趵突泉发源的泺水。

（二）湖泊沼泽

当时济南北郊地区除了济泺二水之外，还有一个巨大的水面，称之为泺泽，据《山海经》中记载："泺水出焉，东流注于泽"。另有记载，汉代以后，黄河一度改道由千乘（山东高青县高苑镇北）入海，因其支流灌注，导致济水泛溢，华山、鹊山附近的低洼地变成了一片大湖，时称"泺泽"，济南泉水多注于此，故该湖水域辽阔，漫布济南城北北园的大部地区。从名称上来推断，泺泽这个巨大的水面应该是湖泊和沼泽的结合体，不是今天单纯湖泊的概念。

第一，根据传说和文献记载，济水和泺水的河道都要从泺泽中穿行而过，如果泺泽是一个单纯的湖泊，这两条河的河道就无从考证了。较为合理的解释应该是，这两条河道都从泺泽的边缘沼泽区穿过，但在旱季水少时就会显现出来。第二，根据春秋战国时期楚国云梦泽等当时王家猎苑的认识，泺泽也应该是一个有山、有水和沼泽的大型山水田猎地域，而不应该只是一个湖泊。据考古发现，泺泽附近的历城大辛庄地区殷商时期就有先民活动，并在此举行田猎活动获取犀牛等大型食草动物。

根据地理勘查情况，泺泽的形成是由地形地势决定的。具体说，济南北郊南高北低，西有药山、标山、凤凰山等小山环峙，东有华山、卧牛山和驴山等山阻隔，北面又有鹊山横亘东西，中间自然形成一片硕大的洼地。商周时期，这片洼地的地面在今天地面数米乃至十数米以下，不仅能承揽济南的泉水及山水汇聚，当济水水盛的时候，也会倒灌进入，于是形成了泺泽。如果按照今天地图上几个山体和济南城池的位置来圈定一个范围，则泺泽大致是以今天的济南北立交附近为圆心，半径大致5公里的圆形，面积在70平方公里左右。

二、魏晋南北朝时期的水文环境推演

魏晋南北朝时期，济南的河道水系情况有了较为精确的文献记载，这本文献就是郦道元的《水经注》。这一时期济南多处战乱之中，在黄河改道泛滥的影响下，泺口及周边地区的水文环境有了一定变化，济南也由"单城"发展成东西两城"双城共生"的城市格局。

（一）河道水系

据《水经注》中的《济水》篇记载，魏晋南北朝时期，泺口及济南北郊地区的河道水系主要是济水、泺水、历水、听水、华水和巨合水。

首先看一下济水，这一时期黄河改道北走与济水形成交叉，《水经注》中记载了济水与黄河分流之后，东到注入巨野泽之间的河道情形。济水自荥泽以东，在向东流中分为了两股，分别称之为"南济"和"北济"，南济主要在今原阳、封丘以南，开封之北流过；北济则经过今原阳、封丘，而到长垣西南，又流经今山东菏泽县、定陶县，最后流入巨野泽。济水由巨野泽流出后转为单一河道，并由南向东北流，这一段济水也是今天的黄河河道，且这一段还有泺水注入，并在济南东北经行临济镇后，最终在利津一带入海（图6-4）。济水当时也承担了黄河的分洪

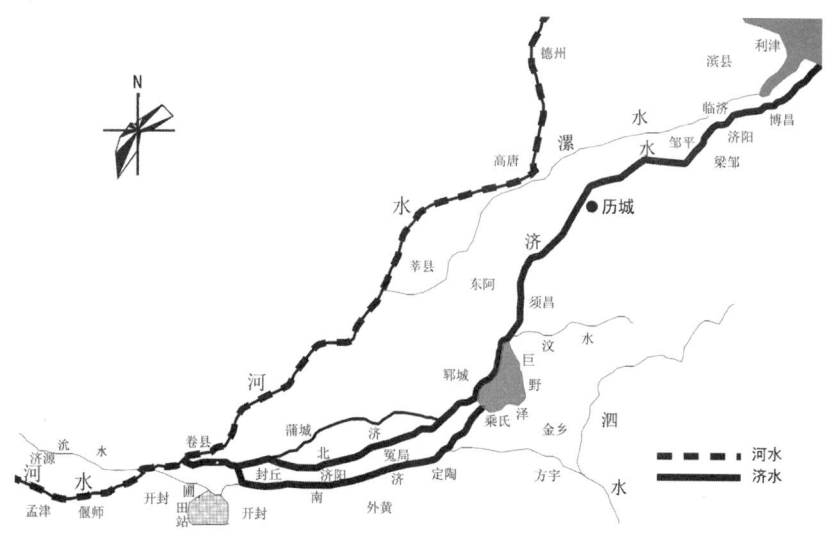

图6-4　魏晋时期从黄河分流后的济水入海示意图

任务。在黄河泛滥时，济水也随之泛滥，且随着沿线湖泊的日渐淤废，水量逐渐减少。在南济断流的影响下，位于济水下游的济南城镇也发生了较大变化。汉初置济南郡，郡治东平陵，而西晋末年，济水出现断流，只剩部分河道还有细流，平陵城的居民用水严重不足，城市中心不得不向西迁移，故济南郡治所由平陵城迁至水源更为丰富的历城县，济南郡治与原有的历城县邑隔历水分治，形成了典型的"双子城"格局。

对于泺水而言，其相关的记载则更加详细。仍在郦道元的《水经注》济水一篇中记载："泺水出历（城）县故城西南，泉源上奋，水涌若轮。泺水北流为大明湖，西即大明寺，东、北两面则湖……泺水又北，流注于济，谓之泺口也"，《水经注》又载："泺水谷谓之娥姜（英）水，以泉源的娥英祠故也"。经过相关学者对郦道元记述的考据，他们认为此泺水并非上古时期的岳水，而是以前的娥姜（英）水。这是因为随着岳（药）山脚下泉源的逐渐衰微，原来的乐水到泺口的河道被娥姜水占据。其源头就是趵突泉，水向北流经大明湖后，于泺口处注入济水。同时，在泺水北流入济的过程中，还有两条河流与泺水的发展十分紧密，即历水和听水（**图6-5**）。

在《水经注·济水》中记载到："泺水……分为二水：右水北出……西北为坡，谓之历水，与泺水会。又北，历水枝津。首受历水于历城东，东北经东城西而北出郭，又北，注泺水"，说明历水发源于济南郡城西南的舜井泉水处，并在历下陂（今大明湖西南隅）与泺水合二为一后继续北流，最后一同在泺口入济水。听水是泺水北流途中分出的一条支津。《水经注·济水》中记载："（听）水上承泺水，东流北屈，又东北流，注于巨合水乱流，又北入于济。"由此可知，听水来源于泺水，向东经过华不注山的南面，继续向东北方向流去，大约在今历城区临港街道鸭旺口附近横穿从东南方向流来的华水（华山下的华泉水汇集而成）和

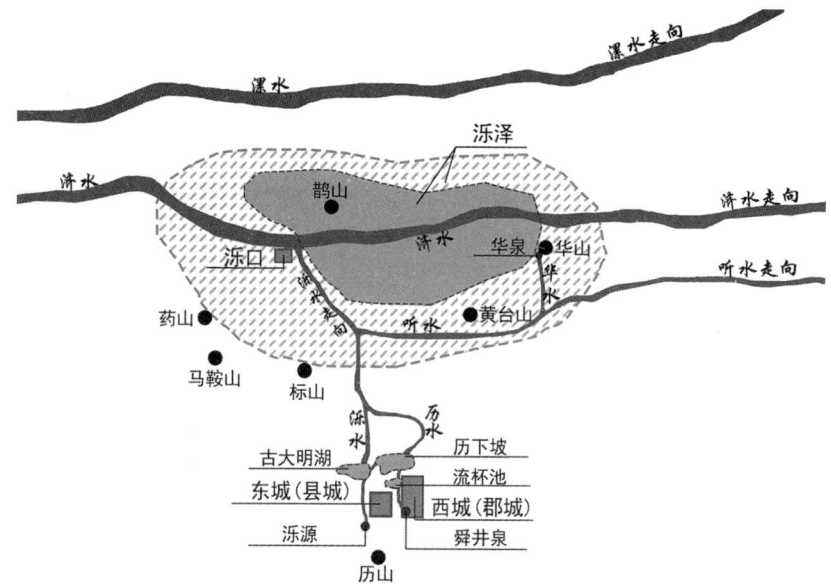

图6-5 魏晋南北朝时期济南北郊水文环境示意图

戶合水（今戶野河），然后从鹿家庄东折向东北流入济水。

（二）湖泊沼泽

这个时期的泺泽仍然是一个巨大的湖面，但是在《水经注》中对其情形进行了有益的补充说明。

首先，《水经注·济水》介绍了济水、泺水、历水和听水四条河道与泺泽是紧密相关的，并且对其作用进行了说明。其中济水、泺水和历水应该是泺泽的主要水源，多是由历城周边的泉水汇集而成，泺泽作为济南泉水雨水的汇集区，也是济南北郊雨洪的疏导区，听水正是发挥疏导作用的河流，因为听水又叫"听渎"，渎者，泄水之孔道也，将泺泽的水向东排泄的作用。正是通过泺泽的汇集和疏导，历城县邑才能免于雨洪灾害的侵袭。此外，华山脚下华泉水汇集而成的华泉也是泺泽的水源之一。

其次，《水经注·济水》补充介绍了泺泽的南边和历城县邑之间的湖泊情况。此时该区域出现了三个小型湖泊，分别是流杯池、历水陂和大明湖。据《水经注·济水》记载，"济水又东北，泺水入焉。水出历城县故城西南……其水北为大明湖……湖水引渎东入西郭，东至历城西而侧城，北注陂……其水北流，迳历城东，又北，引水为流杯池……西北为陂，谓之历水，与泺水会"。据此描绘，大明湖在西边，历水陂在中间北边，而流杯池则位于东北。它们三个最初应该是与泺泽连成一片的。

三、唐宋时期的水文环境推演

唐宋时期是中国封建社会的顶峰时期，这个时期社会稳定，济南由"双子城"的格局变成"母子城"的格局，一个全新的济南城（齐州城）建成了（**图6-6**）。由于城内诸泉汇入泺水的水道被城墙隔断，城内泉水泻泄不及，遂于城西北地势低洼地带注水形成今日的大明湖，湖的西、北两岸临近州城的西、北墙基。同时，泺口及北郊的河道水系也发生了巨大的变化（**图6-7**）。

（一）河道水系

唐代时，济水已不再是一个完整的河流水系，济南进入"清河"时代。据《禹贡长笺》记载道："杜佑言，今东平济南界中，有水流入海，谓之清河，实菏泽汶水合流，因旧名称济，非济水也。"由此来看，自唐代起，济水在巨野泽以东与汶水合流后被正式改称清河。由于曾经长期作为济水泥沙沉淀库的巨野泽在唐以后相继淤平，虽发源于鲁中丘陵的济水各支流以前虽多为清流，但是随着流域内垦殖程度提高，水土流失

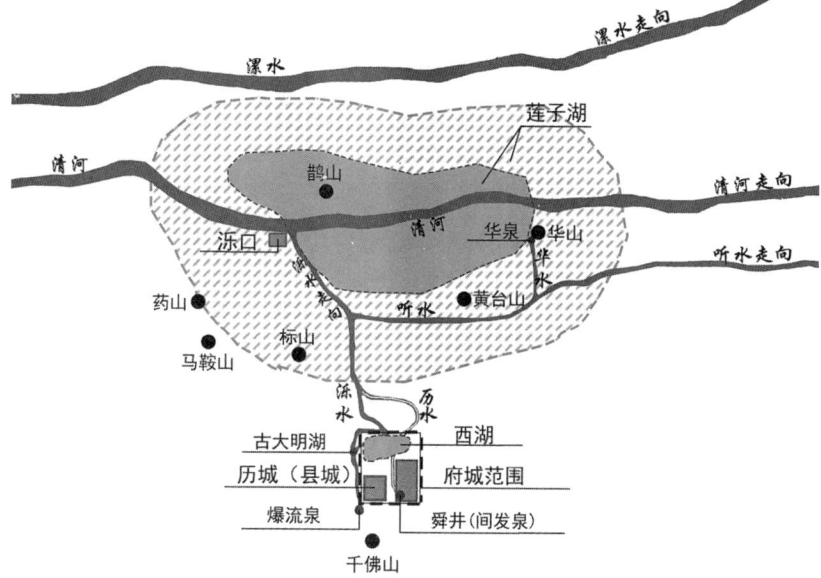

图6-6 唐代济南北郊水文环境示意图

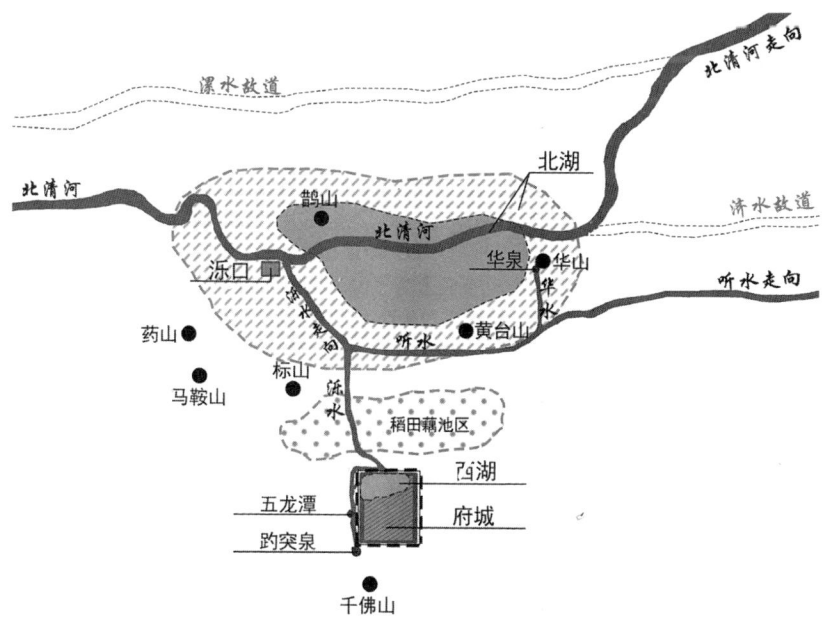

图6-7 宋代济南北郊水文环境示意图

严重逐渐变得浑浊，从而使济水的含沙量大大增加，菏泽以西的济水上段逐渐堰塞，仅余下段。而北宋时期，受黄河漫决的影响，导致清河河道与泗水相通，从而出现南、北清河之分，南清河是清河与泗水的连接所成河道，北清河则是原有的济水故道，《五礼通考》中又记载到："盖清河所行本济渎，不知何时，从历城东北决，而北入济阳界与漯水合，而清河之名，遂被于漯。"由相关文献来看，这条"济水+漯水"的新水道大致就是大清河的河道了，也是今天黄河在济南流经的河道，而之前废弃的河道则成为未来小清河河道的一部分。

在这一时期，泺水也发展成为当时连接泺口地区与齐州府城的主要河道。泺水由泉水汇集而成，经大明湖继续北流，分出听水后，流入鹊山湖，最后经泺口汇入清河。待到宋代曾巩任齐州太守时，在泉边建"泺源堂"，并写了一篇《齐州二堂记》，正式赋予泺水之源以"趵突泉"的名称。

唐宋时期济南水文环境的另一个大变化是历水的淤失。到宋代，常年涌水的舜井转变为间发泉，有时几个月甚至几年无水，历水水源断绝。同时城市人口增加，填充侵吞河道以布设建筑，也加剧了历水河道的淤失。到苏辙来济南做官时，历水故道已悉为街衢，偶逢舜井发水，遂出现沿街漫流的局面。

听水不仅是泺水的支流，此时还具有一定的军事价值。据宋《太平寰宇记》卷十九引《述征记》云："历城到营城三十里，自城以东，水弥漫数十里，南则迫山，实为险固。"这绵延数十里长的水面，正是沿着听水展开的，而且水面相当宽阔，距离南面的山脚线又很近，所以从军事角度看，十分险要坚固，由此可知，这一时期听水在济南北郊具有一定的军事防御功能。

（二）湖泊沼泽

前文介绍，唐朝元和十五年（公元820年），历城县城与齐州州城终于合成了一个城池，即官府建了一个城墙把二者包了起来。城墙的修筑把城内泉水的流淌堵在了城北，水越积越多，逐渐在以往历水陂的基础上形成了西湖，古大明湖被隔在西城墙外。到了宋朝曾巩在此做齐州太守的时候，留恋于济南的山水，不仅在西湖里面修建了曾堤等水利设施，还为之写下"左符千里走东方，喜有西湖六月凉"的诗句。

北郊的泺泽在唐朝时变改了名字，叫做"鹊山湖"，还叫过"莲子湖"（**图6-7**）。据考证，鹊山湖在唐朝时水域方圆20里，湖中又多莲花，故又名"莲子湖"。唐段成式在《酉阳杂俎》中记载道："历城北二里有莲子湖，周环二十里。湖中多莲花，红绿间明，乍疑灌锦。又渔船掩映，苦曹疏布，远望之者，如蛛网浮杯也。"这个时候的鹊山湖生态环境美好，荷莲遍生，风光迤逦，景色十分优美。许多名人志士来此游历，最为著名的当为李白和杜甫，也留下了脍炙人口的诗篇。从他们的诗歌中，不难发现当时鹊山湖开阔遥远、山水相依、云雾迷蒙的神韵境界。

《陪从祖济南太守泛鹊山湖三首》

〔唐〕李白

初谓鹊山近，宁知湖水遥？

此行殊访戴，自可缓当桡。

湖阔数十里，湖光摇碧山。

湖西正有月，独送李膺还。

水入北湖去，舟从南浦来。

遥看鹊山转，却似送人来。

《暂如临邑，至鹊山湖亭，奉怀李员外，率尔成兴》

〔唐〕杜甫

野亭逼湖水，饮马高林间。

鼍吼风奔浪，鱼跳日映山。

暂游阻词伯，却望临青关。

霭霭生云雾，惟应促驾还。

北宋熙宁十年（1077年），黄河于澶州决口，河水涌入山东巨野泽，分为二流。一流向东南，夺淮河入海；另一流向东北，汇入济水（清河）。这次河决使洪水裹挟大量泥沙沉淤于鹊山湖，致使鹊山湖蓄洪功能明显降低，也导致济水（清河）在历城东北改道。这一时期，北湖成了鹊山湖的正名。曾巩曾作一首题为《北湖》的诗篇，"常时泛西湖，已觉烟水永。北堤复谁开？长涵一川静。久幽拜地偏，硅步人迹屏。"这里的北湖即鹊山湖，苏辙也曾将之称为"后湖"，这是城内以西湖的本位而言的。《太平寰宇记》中也有记载："历水，出历祠下，泉源竞发，与泺水同入鹊山湖。"由此可知，历水与泺水仍是鹊山湖的主要水源之一。

另外，自唐代以来，黄河多次发生决口，济水和鹊山湖常常被泥沙侵及，为湖边沼泽湿地上水稻种植提供了条件。唐李邕在《登历下古城望鹊山湖》诗中感叹道："负郭皆粳稻，安时歌吉祥"之句，说明当时鹊山湖以南靠近城池的低洼湿地已经水稻遍野了。至宋代末年时，西湖（今大明湖）与鹊山湖之间的低洼多水沼泽区被附近居民开垦成"稻田藕池区"。

四、金元时期的水文环境推演

金元时期泺口及周边地区的水文环境的主要变化是小清河的开挖，济南形成了大清河和小清河从西南方向蜿蜒而来，在鹊华之间形成一片明镜般清澈的水泊，风雨欲来，云雾迷漫，鹊华忽隐忽现，宛如仙境之奇幻（**图6-8**）。

（一）河道水系

大清河延续了唐宋时期的河道，这个阶段并未发生大的变故。据元

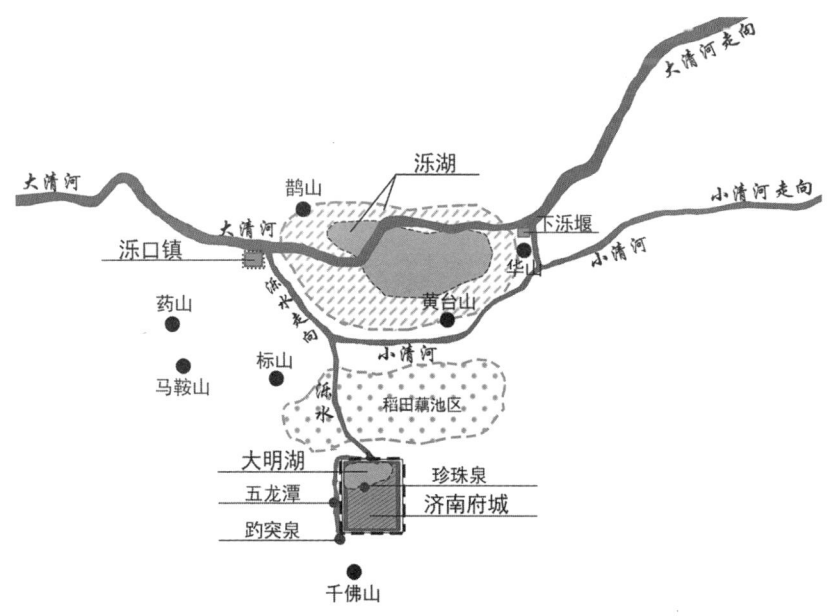

图6-8　金元时期济南北郊水文环境示意图

人于钦《齐乘》载曰："大清河，即济水故道，自兖州东北流经本府长清、齐河、历城、济阳、齐东、武定、青州、滨州、蒲台、利津入海，此盐贾通舟之处。"据此来看，大清河在金元时期较为稳定，职能是运输海盐到内地的主要通道，盐商多从其道，但是仍不时受到黄河改道或者泛滥的影响。据记载，南宋建炎二年（1128年），为抵御金兵南下，东京守将杜充在滑州人为挖掘黄河堤防，造成黄河改道，向东南分由泗水和济水入海，至明末黄河河道稳定之前，济水多次受到黄河的影响。

这一时期在济南北郊还修建了一条重要运河，被称为小清河。元于钦《齐乘》曰："古泺水自华不注山东北入大清河，伪齐刘豫乃导之东行，为小清河。"在1130年金朝附庸齐王刘豫为保证海盐西运的顺利进行，开挖了小清河。《章丘县志》有载："（济水）经流既微，刘豫堰泺水东行济渠，会巨合、芹沟、百脉、獭河诸水以成川……谓行历城、章丘、邹平者为小清河矣。"刘豫在华山下筑建了"下泺堰"，在"下泺堰"以南，巧妙利用听水和济水故道，向东挖掘。到1137年，新运河挖到渤海边离大规模盐场最近的车马渎入海。新运河因依傍大清河，遂起名小清河，从济南下泺堰到渤海边的车马渎，全长约250公里。刘豫修建小清河的目的是为了将渤海边的食盐运到内地，这其中有着巨大的经济利益，而当时大清河则因为河道长而弯折多，且离盐场产地较远，则促成了小清河的建设。但是，小清河的河道在元朝时就淤塞住了，当政者多次商议却未能复通。

随着小清河的挖掘，听水水道成为了小清河的一部分，历水日渐荒废，只有泺水仍然汩汩流淌。这个时候需要注意的是，因为小清河位于大清河南边，成为截流济南泉水的绝佳位置，泺水成为了小清河的上游，趵突泉等泉源成为小清河的水源。

（二）湖泊沼泽

南宋建炎四年（1130年），鹊山湖"惨遭大难"，投降金国的伪齐王刘豫开凿小清河，至绍兴七年（1137年）完工，自开小清河泄水以后，水面有所缩小，地面露出部分成为良田，用来种植蔬菜和水稻。至元代时，鹊山湖水面虽然不能与唐宋鹊山湖规模相比，但遇到多雨年份的夏季，北郊湿地水泊依然十分壮观。张养浩将其称之为"泺湖"，如"天舆几今古，依旧泺湖墺"，再如"荡漾泺湖月，氤氲华鹊云"，以此书写泺湖的壮观美景。

元代时，湖水消退后的大片湿地开始被周围村民开垦成数千顷的稻田，并在积水处种植莲藕，北郊地区的水村鱼舍逐渐增多，鹊华之间已经呈现"箫鼓村村社"的情景。张养浩的云庄别墅就建于此，小清河两岸形成一派"稻畦莲荡"的田园景象。元朝时赵孟頫的砚溪别墅也位于泺口东边，经常在此观摩鹊华二山，多年后在南方凭借当时留下的深刻印象绘制出了一幅千秋名画"鹊华秋色图"。

五、明清时期的水文环境推演

明清时期是济南人口规模快速增长的时期，这个时期泺口及周边水文环境的变化主要与社会经济的发展高度相关。第一，人口增加，对土地的需求增加，北郊湖泊沼泽逐渐变成菜地和稻田（**图6-9**），同时也有大量的村落产生。第二，北郊湖面消退，以往陷于湖下的河道凸出地面，并且河道上面的水利设施增加，人工调节和利用水资源的能力有所提升。

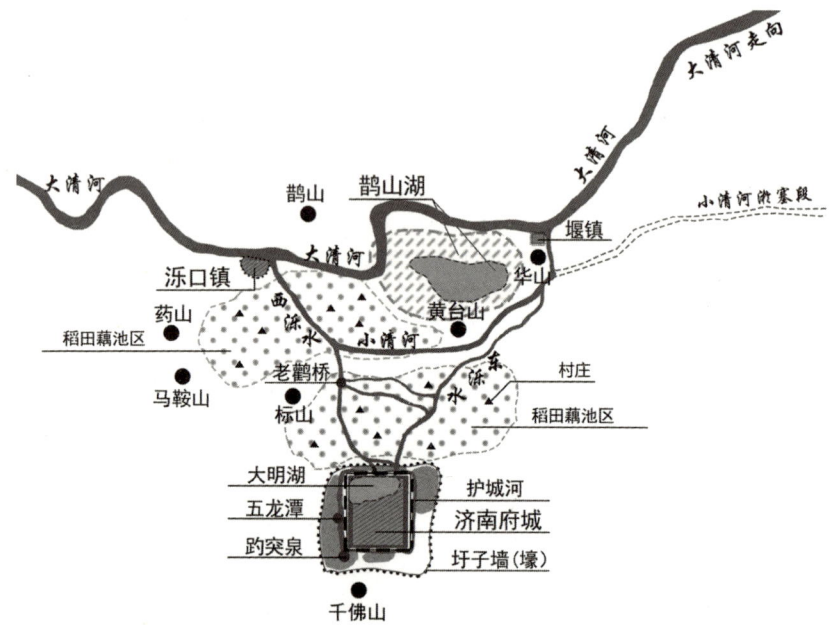

图6-9 明清时期济南北郊水文环境示意图

（一）河道水系

明清时期，泺口及周边地区的河道主要是大清河、小清河、西泺河和东泺河。

大清河和小清河应是该区域内最大的两条河流，也是两条经济命脉。明代刘珝在《大清河记略》中提道："惟青、济之区，有河曰大清，曰小清。小清之源出于历城之趵突泉中，汇涓、漯、孝妇诸泉，东北抵乐安高家港，达于海。大清，则济水源也，自东阿之张秋，东北抵利津富国盐场，达于海。往来舟楫浮于二河，盐商遍于齐鲁，诸道水利鲜于为俪。"从中不难发现，大清河与济水还有着密切的关系，并且在金元时期开始成为盐运的主要通道，沿线码头蕴含着巨大商机。

大清河在明清时期河道深阔，水运通达，是东西向联系沿海和内地的一条重要航道，同时也与南北向的京杭大运河相交，通过海盐和粮食的运输，造就了繁荣的航运事业。同时，因为济南北郊地势的升高，沿线的码头和居民点伴随着航运的兴盛而兴旺起来。北郊最大的居民点是泺口，在金朝时设为上泺镇，为历城县五镇之一。明代，泺口镇因为水运而商业相当繁荣昌盛。在东泺水入大清河处，即华不注东北的堰头，金元时称下泺口镇，亦称堰镇。据资料记载，黄河的改道和泛滥对大清河影响很大，但到明代后期潘季驯治河以后，黄河基本被固定在今之明清故道，行水达300年。但是，因为大清河张秋处距离黄河较近，其附近段也经常受到淤塞，明朝时有过疏通的记载。明朝《大清河纪略》记载："源洁遂躬认其责，焦劳靡宁，拥节霄征，相识地形，命水工准高下……自张秋浚至平阴滑口，大清通矣……"总体而言，因为黄河泥沙的袭扰相对减少，大清河迎来了一段水运较为稳定的时期。

小清河自明初永乐年间开始，就逐渐淤塞，虽然在明成化九年（1473年）和嘉靖十二年（1533年），进行过大规模疏浚整修，但畅流局面不过持续十数年，便再次淤塞不治，乃至乾隆年间，华不注山以东的小清河河道几乎完全淤没。据明崇祯年间刘敕《历乘》载曰："小清河，水出大明湖环城，而东合黑虎诸泉之水，东北绕华不注山，经章丘、邹平、新城、寿县入海，此刘豫之运河，今迷其故道，当事者屡屡议。"因此，在明清的大多时间里，小清河无法全线贯通，而是被分为东、西两段入海，西段自趵突泉走华不注山东北的堰头流入大清河在利津入海，东段自章丘獭河为源自乐安入海，并且东段的河道经常发生水灾。清乾隆时期时，官府疏浚河道后，小清河又全线畅流，但到嘉庆末年，因海潮泛滥，下游又沉积了许多泥沙而造成河道拥堵（**图6-10**）。直到清朝末年，山东巡抚任用盛宣怀重新疏通小清河后，才又带来了接下来几十年间的水运繁盛。

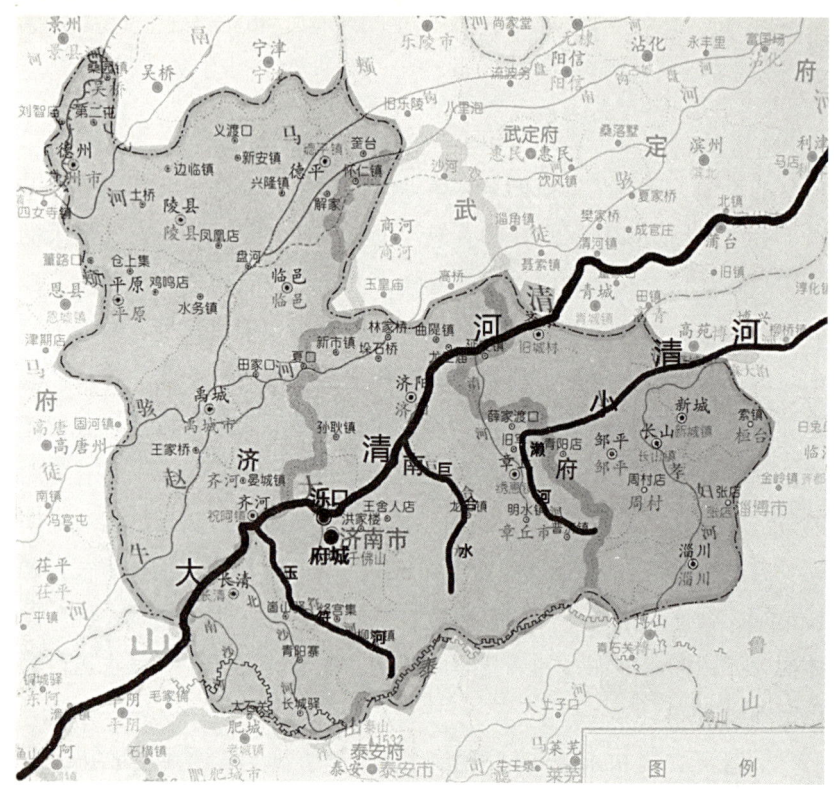

图6-10　小清河淤塞时期济南境内水系空间分布图

　　造成大清河和小清河水运功能差异的原因是什么？据明陈珪《小清河议》记载："大清乃济水故道、天地生成之河，小清乃人力所为，二河深浅广狭俱不相敌。大清深入地下四五丈，阔将二三十丈。小清两岸仅二丈许，河底在平地上，水由地上行，两边为堤以束之，今填淤平满，河底奖高过平地五六尺矣，所以决即为害也。"

　　随着明清时期鹊山湖水面的减退，泺水由一条变成了两条，分别称之为东、西泺河，这两条河的源头均是趵突泉、黑虎泉等城池内外的泉水。据乾隆时期《历城县志》和道光年间的《济南府志》记载，大致情况如下：泺水循城而北，抵城西北隅，一分为二。一支向北流去，为西泺水或上泺水，另一支循北城墙外向东流去，为东泺水或下泺水。所走线路详细情况如下，西泺水北流，左会小河，又北，右会东泺水自北水门分出的一条支流，又西北，经标山北，至刘家桥西的老鹳桥，复纳东泺水所分之水。西泺水继续西北流，左纳柳塘河水，又东北，于泺口镇东入大清河。东泺水自称西北隅与西泺水分流之后东流，于北水门外，右会大明湖水，又东，黑虎泉水来会，又东北，右纳双桥寺水，又东北至黄家桥，又东北至黄台石桥滚水坝，复分流而西，又东北，经黄台山南，右纳七里河水，又东北右纳矿村水，又东北经华不注山南，接小清河。明清时期，东西泺河有时是能行船的，其中东泺河河道上修建了许多水闸，除非一起开闸放水，否则舟船不能抵达华不注山脚下，只能到达稻屯。西泺水，林家桥以北至泺口，水上建有许多水磨，不能行舟，行舟区段仅限于林家桥以南河段。

（二）湖泊沼泽

至明清时期，开挖后的小清河虽然成为济南重要的水运通道，但鹊山湖的水也被小清河源源不断地导走，不过这时的鹊山湖并未完全干涸，从前面提到的王象春《登鹊山》诗句"万岫千岩济水蟠，如屏孤逗出河干"中可以看出，在明代鹊山湖的水仍然在鹊山脚下的济水古道盘曲、环绕。并且北郊地处洼下，每当夏秋雨季，山洪暴发，积水得不到及时排泄，华不注山西南一带，往往出现茫茫巨浸，仿佛鹊湖再现。名人王廷相有《鹊山湖》诗，"漫漫鹊山湖，中夏如巨壑"，说的正是这一情形。到了清代，鹊山湖面大大萎缩，清人任宏远《扁鹊墓》诗云："十里湖光暑气微，越人遗墓枕荒矶。春风沿路青篱长，细雨空岩紫燕飞。"据诗可断，其时的鹊山湖仅有十里之域了。不过，这剩余的十里鹊湖，只是与大明湖相连的部分，清朝时期的鹊山脚下，则完全是一片荒芜。

所以，清人徐子威在《鹊山湖怀古》里，就只能发出"瘦牛耕废堰，境僻松风长。鹊湖余古迹，秋色晚苍茫"的感慨了。

明清时期，随着泺口码头的日渐兴盛，济南北郊的航运业和商业迅速发展，其村镇及人口都明显增加，鹊山湖消退后的沼泽湿地开发明显迅速，作物种植力度加大，明嘉靖年间的《山东通志》记载到："成化癸巳年间（1473年）召饥民数万，浚小清河数百里，得湖田数百顷"，明崇祯年间，刘敕也在《历乘》中赞济南北郊种植的大米为"此香饮出玉轻黄"。当地农民根据水稻喜凉水的特点，引市内泉水灌溉，水质优良，又巧妙地调整放水渠，使灌溉水形成上进下出的活水，以降低水温，所产米洁白透明，做饭时香味飘四邻，有"一家做饭四邻香"之誉，食用时甘美可口。清康熙六十一年（1722年）《历城县志》中记载："蒜，北门外盈畦接壤，获蒜亦历人一季之利"，说明这时北郊的蔬菜以莲藕、菜籽、大蒜为主，并和水稻相间交替，且清代著名学者全祖望在游历华不注地区时，不是乘船而是骑马而行，说明华不注周围已湮成平陆了，而后随着东、西泺河的开辟，北郊稻田藕池区成为济南较为重要的"老稻区"。

六、清末民国时期的水文环境推演

清末民国时期，泺口及周边地区的水文环境发生了巨大的变化，这主要是由黄河改道占据大清河河道造成的（**图6-11**）。其影响之一，是大清河河道和济南北郊地区地面的提升，大清河故道变成了地上河，北郊地区的水面逐渐消失。其二，由于北郊地面的抬升，济南的泉水再也难以顺利汇入黄河河道，清政府在光绪年间重新疏导了小清河，为济南的泉水外泄打通了入海的通道，解决了济南的水患，同时开通了另外一条联系济南与渤海的水路。

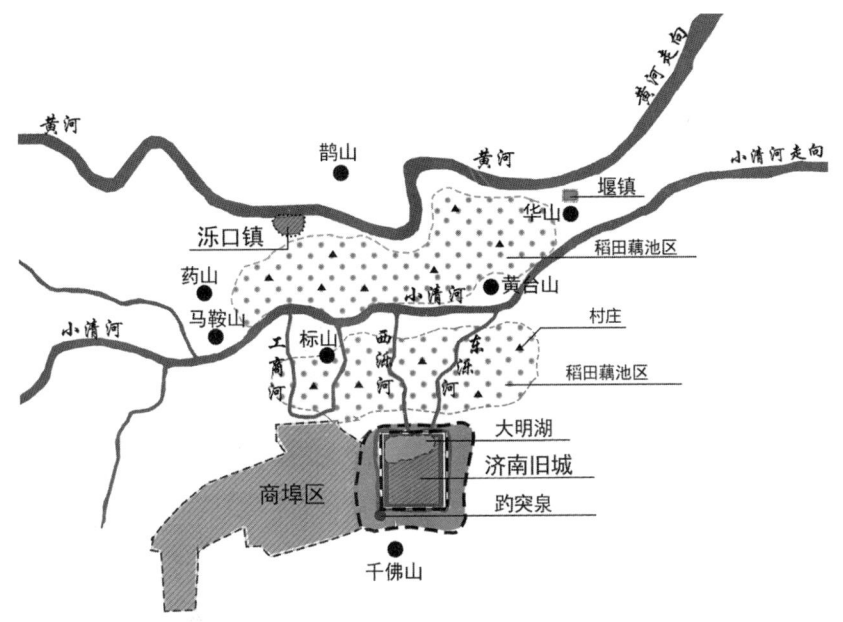

图6-11　清末民国时期济南北郊水文环境示意图

（一）河道水系

　　首先是大清河河道被黄河占据。清咸丰五年（1855年），黄河在河南兰阳铜瓦厢决口，自此以下袭夺大清河经利津入海，历经五百余年的大清河最终消失在滚滚黄河之水中，从此济南的"黄河"时代开启，泺口也因此发展为近代颇为繁华的航运重镇。《济南黄河志》中记载到，黄河自菏泽梁山县下界进入济南平阴县境，沿济南市西北边界经平阴、长清、郊区、历城县至章丘黄河乡常家村下泄入惠民地区的邹平县境，全长172.9公里。济南段黄河属于黄河下游，河道平缓，水量充足，适合大规模航运通行。直到1938年，国民党在花园口炸毁黄河堤坝，黄河决口夺淮入海，使山东境内黄河成为干河，黄河泺口段开始断流，泺口航运也逐渐衰落。同时，自1855年至民国末年的95年间，除人为破坏外，济南黄河河段也多次发生漫溢决口，给沿黄人民带来了沉重的灾难。政府也多次进行建埝、筑堤和修坝等防洪工程，特别是民国时期以后，河务局等机构的组织下，黄河两岸也栽植大量树木，对黄河两岸的生态环境和水文环境也起到十分重要的作用。

其次是光绪年间小清河的疏浚通航。在黄河改道大清河之前，即便小清河淤塞，济南北郊乃至整个大清河以南所有泉水大多仍可以通过大清河排泄到大海。自从黄河改道成为地上悬河后，北郊积水只能依靠小清河排泄，泄洪压力陡增数倍。每当夏秋雨季，北郊北部乃至华不注山前东西一带，往往一片汪洋，冬春时节水退之后，则是白花花的盐碱滩，生态环境遭受巨大破坏。由此，光绪年间，清政府多次组织疏浚小清河，特别是光绪十七年、十八年两年，山东巡抚张曜指令当时任登莱青道的盛宣怀征集民工对小清河全线进行治理。此次治理全线通航，新开多段河道，并且将入海口改在寿光县羊角沟。同时将全线主干河道挖到30米，两岸各宽30米，以作为马道，河深2.6~3.0米。光绪三十年（1904年），在历城西北的玉符河东堤建睦里闸，引玉符河水东流入小清河，使小清河西延至睦里闸，1931年在小清河干流兴建一座现代化船闸——五柳闸，以改善济南市区的航运条件，从此小清河也成为鲁北地区重要的河运通道。

为了便利济南府城与泺口地区的航运以及北郊的排洪灌溉，清嘉庆年间（1796—1820年），政府又利用泺水故道开凿修建了长2750米的西泺河，该河南起于护城河，由苇闸桥经边庄闸北流入小清河。为了进一步加强与小清河间的联系，同时解决北郊的泄洪问题，清光绪年间（1875—1908年），清政府于西泺河以东开凿一条几乎与之平行的河流，名为"东泺河"，东泺河水源于济南府城内的黑虎泉和大明湖，南起坦桥，经何家庄西向北，至黄台板桥庄西侧注入小清河，流长2000米。

民国中期，随着北商埠的开辟，水陆联运愈发得到政府的关注，且这一时期济南城内的积水问题越发严重。1925年至1926年张宗昌督鲁期间，为了解决城内积水问题，便利小清河与津浦铁路之间的联运，政府外引河水，修建了河道走向呈"U"形的工商河，工商河北起金牛公园北的小清河拦河闸流向南，经堤口路折东1000米处北流上风凰闸，最后注入小清河。

民国末年时，济南北郊的水系结构基本保持现状，但水文环境发生较大变化。1947年，由于黄河花园口堵口合龙，黄河重新流归故道，决口改流近9年的黄河再次流经济南，泺口的航运业获得一定恢复，也在一定程度上促进了小清河、东西泺河等河流的水系生态环境改善。

（二）湖泊沼泽

19世纪末期，梅花山村村民将鹊山湖改为藕田，在雨季的时候，梅花山、鹊山排下的山水蓄积于此地，春季时则干涸。如今，鹊山湖这一带是一座座村落、一幢幢楼房以及众多的工商企业所在地，昔日胜景不复存在（图6-12）。

据考证，1904年前，菜圃水田在鹊山脚下构成一派田园美景，《续修历城县志》也有记载，清末进士高念东的诗有："城北蒙蒙碧水湾，放舟

图6-12　如今的鹊山水库景色

无那稻屯还，微岭清壑郊行句，黄花菜中见鹊山"之句。1907年济南初开商埠时，黄河以南的莲藕栽培区域已移到小清河以南，原稻田藕池区改为大田。1936年时，黄河以北的稻田藕池区有2000亩，黄河以南的蔬菜种植区面积达到2000亩。七七事变后，济南的工农业生产遭到严重破坏，物价飞涨，不少菜农改种水稻，蔬菜种植区面积大幅度下降，直到济南解放后又逐步恢复。据统计，1948年时北郊蔬菜种植总面积达到5293亩。

七、本章小结

在时代的更迭演变过程中，受自然和人为等多种因素的影响，虽然泺口地区的水文环境在不同时期所呈现的特征也有较大差异，但是在清朝以前的千年时光里，该地区是济南传统山水田园风貌不可撼动的典型代表。因为从上古时期的王家猎苑，到魏晋时期的园林雏形，再到唐宋时期的山水田园别墅，直到明清时期的私家园林，都是在这片优渥的水文环境上诞生的自然与人工结合的美好产物。同时，受这先天的水文环境影响，也诞生了无数的文章诗篇，尤其是为明清时期济南诗派的形成提供了肥沃的土壤，造就了济南人杰地灵，山水形盛，潇洒似江南的优美意境。虽然近代北郊水环境发生巨变，优渥的环境消失不见，但是通过人工打造，在鹊山附近仍形成了鹊山水库，在华山附近建成了华山生态湿地公园，为以往的美好也留下一些记忆。如今，在2018年国家级新旧动能转换先行区规划中，"泉城特色风貌轴"特意划定了"鹊华秋色"风貌组团，泺口地区也面临着发展和复兴的新机遇，笔者认为在泺口地区未来的规划建设中要以生态优先，要强调在水文环境梳理的基础上对这一田园风貌区的整体格局的保护，从而带动泺口古镇及周围地区环境的优化美化。

参考文献

[1] 安作璋，党明德. 济南通史：现代卷 [M]. 济南：齐鲁书社，2008.

[2]（北魏）郦道元. 水经注 [M]. 上海：上海古籍出版社，1990.

[3] 北园镇志编纂委员会办公室. 北园镇志 [M]. 济南：山东科学技术出版社，1991.

[4] 车吉心. 齐鲁文化大辞典 [M]. 济南：山东教育出版社，1989.

[5]《华不注历史文化变迁研究》编委会. 华不注历史文化变迁研究 [M]. 济南：山东教育出版社，2017.

[6] 济南市天桥区区志编纂委员. 天桥区志 [M]. 济南：山东人民出版社，1993.

[7] 济南市志编纂委员会. 济南市志（第一册）[M]. 北京：中华书局，1997.

[8]（晋）郭璞注. 山海经 [M]. 上海：上海古籍出版社，1989.

[9] 罗振玉编. 殷虚书契前编 [M]. 1913（民国二年影印本）.

[10] 毛承霖修，赵文运等纂. 续修历城县志 [M]. 上海：上海古籍出版社，1926.

[11]（明）陈珪. 小清河议 [M]. 上海：上海古籍出版社，1992.

[12]（明）刘翔. 大清河记略 [M] //（清）顾炎武. 天下郡国利病书（原编第十六册）：山东下. 上海：上海科学技术文献出版社，2002.

[13]（清）王赠芳，王镇主修. 成瓘，冷烜编纂. 济南府志 [M]. 1840（清道光二十年刻本）.

[14]（清）钟运泰. 章丘县志：卷八 [M]. 北京：线装书局，2001.

[15] 实业部国际贸易局. 中国实业志：山东省 [M]. 上海：实业部国际贸易局，1934.

[16]（宋）乐史. 太平寰宇记 [M]. 北京：中华书局，2007.

[17] 孙星衍. 尚书今古文注疏 [M]. 北京：中华书局，1985.

[18]（唐）段成式. 酉阳杂俎 [M]. 北京：北京联合出版公司，2016.

[19] 严强，等. 济南旧影 [M]. 北京：人民美术出版社，2001.

[20] 尹强. 明清山东大、小清河水路运输考论（1368—1911）[D]. 广州：暨南大学，2013.

[21] 章丘县志编纂委员会. 章丘县志 [M]. 济南：济南出版社，1992.

第七章

洓口古镇的水运历史追忆

水运是我国近代以前十分重要且普遍的交通运输方式，它影响着城镇的经济社会发展。历史上名声显赫的城镇一般都有着便利水运的支撑，码头、渡口等也多是城镇中最为繁荣的地段，承载着丰富的历史文化印记。泺口自古以来便是济水和泺水两条河流交汇的地方。其中，济水是一条东西向河流，一端连着内陆中原地区，一端连着东部沿海港口；历水是一条南北向的河流，联系着济南城和泺口。如此便利的水运条件，促进了泺口古镇水运的兴盛，进一步带来泺口航运业和商业的繁华，而河道的变迁和水运的废止也直接造成了泺口的衰落。本章在梳理历史文献的基础上，首先搜集了部分泺口水运兴盛的代表性描述，然后结合历史阶段对泺口古镇水运的主要货物和相关机构进行介绍，并在此基础上着重梳理了泺口古镇盐运的历史材料，包括盐场分布、盐运线路和分销地域等内容。在此，本章对泺口古镇的水运发展历程进行分析，尝试还原历史的真相，对今天的人们科学系统地认识泺口当时的城镇职能有着巨大的推动作用。

一、泺口古镇的水运盛况

有关泺口水运盛况的描述多是从明朝开始的。崇祯年间成书的《历乘》中记载："泺口镇，城西北二十里，商人贸易之处，胶莱有司驻焉，鹊山高峙，大清东流，楼船往来，亭阁飞甍，诚一巨镇"。这里不难发现，那个时期泺口水运依赖的是大清河，河里通行的多是往来的大船，也就是楼船。在词典中对楼船的释义有两个。一个是有楼的大船，古代多用作战船，亦代指水军，另一个是指有楼饰的游船。在这里应该是取第二个释义，由此可见，泺口古镇当时的繁华兴盛。另外，据明朝嘉靖年间，陈珪在《小清河议》中写道："大清乃济水故道，天地生之河。大清深入地下四五丈，阔将二三十丈。可见，大清河的河道具有较好的水运条件，当时比小清河优越很多。"

到了清代末年，黄河改道大清河从山东入海，丰沛的水资源使得泺口航运事业又迎来一个高峰期。在《济南简史》记载道："济南北郊泺口镇，是著名的水陆码头，为古代山东黄河上最大的渡口，也是连接省会和鲁北平原的咽喉要道，是沿海到内地的重要水上运输线，为商品流转的集散地。"故泺口古镇的各种土产货栈及消费服务行业繁多，许多江湖艺人也多在泺口卖艺，使泺口镇的商业更加繁荣，经济发展水平得到较大的提高。

清末民初，泺口全镇商户众多，规模较大的有铁器铺、药材店、粮栈、西洋杂货店，另外还有不少行栈。按民国初年统计，镇上一半人从事商业，一半人从事运输业。泺口为"山东、直隶、山西、陕西河南等处河流贸易之要冲""上游来往之民船均以此地为目标"，故当时有"黄河沿岸之第一码头"之称，除秋季河水泛滥不能航运外，自冬至夏，泺口上、下游航运均可畅行无阻，五、六月最为繁忙，往来船舶每日三、四十只，码头停靠泊船两百只以上。而泺口镇内有三十余条街道和多处商铺，并设有古历的"二、七""三、八""四、九"多个集日，其繁荣程度甚至超过济南城区，享有"小济南"之称。

随着津浦、胶济两铁路相继建成通车，黄河商船运输粮食、土产大多在泺口古镇卸船转运，由郑州铁桥至济南泺口往来的民船700只左右，其码头来往运送的船只、车辆络绎不绝，据《胶济铁路经济调查报告分编六》载："泺口镇位于济南西北部十二里，大小商号一百余家，济南商会曾设分会于此。黄河商船运输粮食、土产多于这里卸船转运。1932年交易总值约五百余万元。"泺口一带传唱着船工们激昂高亢的《拉纤号》："这么大的北风，往南来刮，伙计！"用铿锵有力的叹词呼号运送着货物

图7-1 近代泺口南岸码头的繁荣景象

旅客，泺口古镇发展成为黄河第一水陆码头和物资集散地，其航运之繁盛，由此可见一斑。

二、泺口古镇的水运历史

泺口古镇的水运起源于济水，但具体源于哪个时期已无从考证。根据张松华先生对殷商时期甲骨文内容的分析，推断出济水是当时殷商东征夷方的通道，而泺口则是甲骨文中多次出现的"乐"之所在。如果确实，则泺口在殷商时期就是济水水运的重镇了。然而，由于时代久远，加之物证考据的缺失，这一论断今天尚无法证明。据笔者对济南北郊地区水环境演变的推断，该地区在历史上长期是沼泽湖泊，水面巨大而陆地较少，因此很难形成较大的居民点。也就是说泺口有可能是一个码头，但是不可能有太多的人在此居住，更勿论人口众多的城镇了。自金朝后，这个区域内的湖泊沼泽成为小清河的水源之一，导致其水面开始缩减，大面积的陆地逐渐露出水面，由此才能为村镇形成提供了基本条件，这也能与泺口古镇的自《金史》开始有记载相匹配。

（一）明清时期的泺口水运

明清时期的泺口航运主要得益于大清河和黄河。《东原考古录》中对于大清河的产生有明确记载，"自济水伏流不见以后，大清河所属惟汶水，故沿称大清河"，也就是说随着河道变迁，汶水与济水相交汇，后济水潜入地下，只有汶水可见，故位于下游的济南济水称之为大清河，由于大清河为入海河流，泺口段航道水势平缓量大且变化较小，适于通航，泺口航运日渐兴起。清咸丰五年（1855年）时，黄河在河南省铜瓦厢决口，夺道大清河入海，泺口段黄河河势基本稳定，航道变化较小，泺口成为济南北出门户和黄河航运要塞（**图7-2**）。光绪十年（1884年），山东境内黄河全部建堤，泺口段黄河航道更为稳定，后随着津浦等铁路兴起，泺口古镇成为济南"铁—水"联运的枢纽。

图7-2　清代泺口段黄河渡口的景象

在航运货物方面，泺口在明代就发展成为济南城北著名的水陆码头，并形成了航运业兴旺的市镇。古镇在黄河两侧各设一渡口，南岸设有两处码头，上关码头运送货物，并以食盐为主，下关码头可小规模运送旅客，至清代依然兴旺如故。其中在大清河和黄河改道初期，盐运一般由河口附近的永埠盐场出发，上行经泺口批验所，再至东平转运河运送至各地。自1894年黄河水淹没永埠盐场后，黄河便不能从海滨盐场直接运送海盐，而是从泺口处转运来自小清河下游王官盐场的原盐。自1895年，原盐由小清河之羊角沟上行至历城县黄台桥盐垣，再由车运至泺口盐垣，经黄河，分运姜沟、安居等盐垣，分运各县。1905年，由山东盐运使发起创建长6公里的"清泺铁路"，为黄台桥的原盐直通泺口提供便利。据统计每年经泺口古镇运至黄河沿岸的盐约200百余万斤。除原盐之外，因泺口古镇处在山东、山西和河南等地的贸易要冲，所以农产品和茧绸也是其航运大宗（表7-1）。据庄维民在《近代山东市场经济的变迁》一书中对泺口转运货物数量的记载，1909年河南运往泺口转运的榨油豆子就达1万吨，1911年又增至4万吨，经泺口古镇转运至青岛的河南草辫高达66399担。此外，还有大量河南茧绸由泺口古镇转运至烟台出口。

明清时期泺口古镇主要航运中转货物统计表　　表 7-1

时段	进口地	进口运输方式	货物	中转地	出口地	出口运输方式
明清时期	河口上行及沿海地区	大清河	食盐	泺口、东平	山东各地；河南、安徽、江苏等部分地区	运河
	沿黄各县	黄河	粮食、农副产品	泺口	天津等地	海运
	—	小清河、烟威商路或胶济铁路	盐、砂糖、煤油、火柴、棉纱、布、纸类、海产品及各类杂货	泺口	河南	—
	山西、河南、鲁西	运河	铁货、茶叶、茧丝、木材、煤炭、瓷器等	泺口	山东内地及沿海城镇	—
	河南、山西	黄河	草辫	泺口	青岛	胶济铁路
	河南	—	茧绸	泺口	烟台	
	河南	黄河	豆子	泺口	胶济铁路沿线	胶济铁路

随着航运的兴起，泺口古镇的人口增加明显，明清政府为了加强地方管理，开始在泺口设置相关的管理机构。《明史》记载："山东所辖分司二，曰胶莱，曰滨乐。批验所一，曰泺口；盐场十九，各盐课司一"，山东盐运使司下设分司和批验所，负责办理稽征验放和缉私工作，其中所设的泺口批验所，专门负责批验盐引。清同治三年（1864年），清政府设立泺口厘金局，开始征收厘金，厘金局又叫"厘捐"或"厘金税"，是政府对通过国内水陆要道的货物设立关卡征收的一种捐税，相当于现在的税务局。1884年，设山东河防总局办负责山东黄河河务管理，并于泺口设立分局，负责黄河下游的管理。1903年，泺口古镇设立河工电报总局，负责黄河监察和管理。同年，随着泺口航运货物的增加，以及来往船只数量繁多、船务繁杂，泺口古镇增设斗捐局和船捐局，以加征粮食斗捐和过往船只税。

（二）民国时期的泺口水运

1912年进入中华民国后，泺口航运达到了水运的高峰阶段，但是受战争以及河道变化等因素的影响，表现出先盛后衰的变化。民国初年，北洋军阀统治山东，虽战争频发并政治昏暗，但有赖于第一次世界大战时期，欧洲列强无暇东顾的时机，济南的民族资本经济也赢来了一个快速发展的时期，面粉工业的发展刺激了泺口古镇粮食转运贸易，民族资本家多在泺口设置粮栈满足这一需求。自1929年日军撤离后，济南进入民国一个较为稳定的发展阶段，特别是韩复榘督鲁的1930—1937年间，经停泺口古镇的船只数量亦有增长，中转货物运输量达到了民国时的高峰期。但七七事变后，国民党政府在河南花园口破堤放水，黄河再次南流夺淮入海，在山东境内断流九年，泺口航运遭受严重破坏，货物难以中转，泺口水运事业逐渐衰落。

清末胶济铁路和津浦铁路在济南相继建成通车，民国时商埠区至泺口的现代公路—济泺路修通，泺口依托自身的水运码头，并借助津浦铁路和清泺小铁路，成为济南水陆交通的重要节点。除了以往由内地通过泺口转运的农副产品外，这个时段由于帝国主义大肆倾销其工业产品，而泺口有通海的便利，从沿海港口输入较多的布纱、煤油、火柴等工业产品，并转往内地。另外，在1938年前，小清河黄台桥码头转来的原盐仍然是泺口转运的主要货物之一，后期因为黄河断流和日本军国主义掠夺化工原料，原盐不再从泺口中转，以往专门运盐的清泺小铁路也被日本人拆除。

据《山东经济调查》（1915—1918）记载，运抵泺口的主要货物是粮食、草辫、茧丝、花生等农副产品。从山西、河南、鲁西经泺口运往山东境内的货物，主要有：铁货、茶叶、木材、竹货、草辫、小麦、杂粮、麻、药材、煤、瓷器等。据《山东经济事情》中统计，泺口古镇于1918年前后的货物年中转量达100万担，单是由泺口运出的货物就有棉纱5000担、棉布6000担、煤油3万担、火柴2500箱、砂糖12000担、煤1000吨、陶瓷300吨、杂货7万担、纸15000担。据1934年出版的《中国实业志》记载，沿黄各县输往泺口的农副产品为38万吨，或供济南消费，或转铁路远销；由泺口输往沿黄各县的大多是生活用品和日用杂品。1938—1946年间，黄河在山东境内断流，泺口航运基本废止。至解放前，虽黄河复流，但仅能勉强维持小规模运输，一般仅能航行20吨以下小型船舶。

民国时期泺口古镇主要航运中转货物统计表　　表7-2

时段	进口地	进口运输方式	货物	中转地	出口地	出口运输方式
民国时期	沿黄各县	黄河	粮食、农副产品	泺口	济南及外地	津浦铁路胶济铁路
	济南及外地	津浦铁路胶济铁路	棉纱、棉布、煤油、火柴、砂糖、煤炭、陶瓷、杂货、纸品等	泺口	沿黄各地	黄河
	山西、河南、鲁西	运河	铁货、煤、粮食、木材、药材、茶叶、竹货、草辫、麻等农副产品、工艺品、生活用品	泺口	山东境内	—

这一时期，泺口古镇的机构设置以河务管理为主，但商业、教育以及治安等方面的机构也有所增加。1913年，泺口成立商会，负责沟通地区商户。1917年，山东省议会决定成立山东河务局，统辖三游河务。1919年建立水文站于今泺口浮桥西的黄河大堤上，以监测黄河水位，这是黄河干流上建成的第一座水文站，拉开了黄河流域以近代科学方法开展水文工作的序幕。据1934年《济南大观》记载，济南市码头工会设立于泺口镇内，而在泺口镇下关处成立了济南市泺口镇码头搬运业职业工会，负责码头相关事务的管理。1937年，日本侵略者为掠夺山东资源，利用封建组织"青帮"管理华北水运，并在泺口建立"安清道义会"，以笼络船员，搜集情报和组织运输。1947年，组建交通厅黄河航务管理办事处，同年11月6日，黄河航务管理办事处在泺口设立管理站。

（三）中华人民共和国成立后的泺口水运

1949年中华人民共和国成立后，黄河发展成为济南的主要通航河流，河务部门不断对黄河进行整治，加高加宽两岸防洪大堤，整险固滩，固定水位河槽，航道状况得到较大改善，并相继开设机轮客运航班，泺口的航运也有所恢复。"文化大革命"初期，生产秩序被打乱，黄河连年干旱枯水，部分船舶调往京杭运河山东南段水系运营，泺口航运极大受阻。1978年以后，内河枯水更为严重，黄河虽然也多次大规模疏浚整治，水源问题仍未能解决，泺口码头逐渐被废弃，航运终止（**图7-3**）。

图7-3 20世纪60年代末泺口码头工人装卸货物景象

由于中华人民共和国成立后泺口内河航运的衰落，食盐运输逐渐停止，航运基本以煤炭、木材等大宗货物为主（表7-3）。1958年以前，粮食及其他农副产品，主要由菏泽、聊城各地下行至泺口再转运到各地，除津浦铁路运来的煤炭、木材等物资由泺口港转黄河水运外，工业产品则大部分来自济南，黄河下游筑堤、护滩、防汛及两岸引水工程所需砂、石料均由济南地区各砂、石料场供应，石料主要从泺口、董庄、望口山输出。1959年至1961年的自然灾害期间，沿黄灾区所需返销粮，主要由泺口装船水运。1961年后，煤炭主要由泺口港运出，运往泺口以下沿黄各地，1965年后大部分改由公路运输，黄河运量显著下降。1970年后，原由黄河运输的粮食、食盐、木材及工业产品、日用百货等，都转为陆路运输，经由泺口古镇的黄河运输货物仅有砂、石等矿建材料。而该时期由于黄河水流湍急，客货轮上行与下行航速相差甚大，泺口码头的客运量显著下降，后客运停止。进入1980年后，黄河自身径流量越来越小，部分砂、石改由汽车从淄博地区运输，泺口航运出现货源紧缺的局面。

中华人民共和国成立后泺口古镇主要航运中转货物统计表 表 7-3

时段	进货地	进货运输方式	货物	中转地	出货地	出货运输方式
新中国成立后	天津等地	津浦铁路	煤炭、煤油、木材等	泺口	分销各处	黄河
	济南	—	砂料、石料	泺口、董庄、望山口	黄河下游沿岸	黄河
	菏泽、聊城等地	公路	粮食及农副产品	泺口	分销各地	黄河
	—	黄河	煤炭	泺口	沿黄各地	黄河

中华人民共和国成立后，政府在泺口设置了河务管理机构和税务管理机构。1950年泺口成立税务所，隶属济南市税务稽征处第四稽征所，1951年又改属济南市税务局四分局，后直属于济南市税务局。1952年，山东省交通厅黄河航务管理办事处成立，1953年交通厅黄河航务管理办事处改称交通厅航运管理局黄河办事处，于泺口成立航务管理站，负责泺口港航管理，并于1956年成立泺口木帆船运输合作社。1959年，在黄河办事处的基础上，成立省交通厅黄河航运局，1960年省交通厅黄河航

运局机关整编，同年泺口作业区改为港口，并成立泺口横渡队。天桥区政府成立后，历城治河办事处改为天桥区河务局，负责辖区内的河务和工防设置等工作。1985年，济南市财政局与税务局彻底分开后，实施行政领导归当地政府，业务领导归市税务局的双层领导体制。1987年5月，泺口税务所改属天桥区税务分局。

三、泺口古镇的盐运历史

大清河和小清河在历史上都是以盐运而闻名的区域河流，其所运之盐源自哪里？达到泺口后，又去往何处？这些都是本节需要回答的问题。因为只有搞清楚海盐的来龙去脉，才能对泺口的地位有清晰的认识，才能理解其繁荣背后更深层次的原因。

（一）食盐的生产地

盐和铁在历史上均是战略资源，由政府垄断经营。封建社会的多个朝代均对盐采取统一的经营分配，结合不同的生产方式，划分了西北盐区、西南盐区、辽东盐区、长芦盐区、山东盐区（鲁盐）、两淮盐区（淮南、淮北）、两浙盐区（浙西、浙东）、福建盐区（闽盐）、两广盐区（广东、广西，包括海南）和台湾盐区等区域，并严格执行按区用盐，不允许跨区域私自运盐。

山东盐区的盐源来自于山东东部滨海地区，历史久远，盐量丰沛。早在传说中的炎帝时，夙沙部落即在莱州湾附近"煮海为盐"。公元前11世纪姜尚受封治齐时，将发展盐业作为基本国策之一。公元前685年，齐相管仲实行"官山海"政策，盐业法规由此而兴。西汉时，政府于辖区置盐官11处，专司盐政。金代共有盐场24处，产量占全国总产量的25%，是当时中国产盐最多的地区，远销河南、河北及苏北等地。元至元二十三年（1286年）岁办盐271742引（每引400斤）。明代时在济南设有专门的盐运使机构，下设滨乐和胶莱两个分司，分别管理东部沿海地区盐场。据嘉庆《山东盐法志》卷七《场灶上》记载："山东旧设盐场十九处，信阳、涛洛、石河、行村、箕宁、西由、海沧七场，隶胶莱分司；王家冈、官台、固堤、高家港、新镇、宁海、丰国、永阜、利国、丰民、富国、永利十二场，隶滨乐分司。"从今天的地图上来看，滨乐分司管辖的盐场大致位于今天山东省的滨洲、东营和潍坊及河北省的沧州沿海地区，而胶莱分司管辖的盐场大致位于今天山东省的烟台、威海、青岛和日照的沿海地区。

清朝初年，山东19场旧制依然保留，后来屡加裁并。《清史稿·食货志》记载："清之盐法，大率因明制而损益之。山东旧有十九场，后裁为八。"道光十二年（1832年），山东盐场几经裁并，保留八场，即永利、永阜、王家冈、富国、官台、西由、石河、涛雒，而运至泺口古镇的食盐来自于利津永阜盐场。光绪年间，黄河大水冲毁永阜盐场，山东盐场剩有七场。自光绪二十一年起，改从王官场筑包，经小清河运至济南，此王官场是由官台和王家冈两场合并形成的，其中心点在羊角沟，隶属于寿光县。

民国时期，盐业货源主要有羊角沟盐、胶州湾盐和东岸盐。而解放以后，食盐实行国家专卖制。随着品种的增加，运至济南的食盐渠道也分的越来越细，而运盐的通道也不再依赖水运，而是转向公路和铁路进行运输。

（二）食盐的行销运输

食盐的运销在整个食盐流通过程中起着十分重要的作用。山东自古为产盐重地，其食盐运销的历史也颇为久远，根据相关的史料记载发现，不同时期山东食盐的运销体制存在着一定的差异，并随着水陆运输的不断完善，食盐的运销范围也逐渐扩大，特别是明清时期，除了满足山东本地居民的食盐需求，其食盐的运销地点还远至江苏、河北、河南、安徽等地区。

1. 明代以前食盐的行销概况

夏商周时期，山东部分地区以"盐贡"的形式利用水运和车马等工具向中央王朝贡献食盐。夏代时，由于人口规模较小，山东生产的海盐还没有大量的运销情况，只在青州地区和夏王朝的统治中心存在。殷商时期，根据史念海先生《春秋以前的交通道路》一书记载，山东北部的海盐已运至今鲁中、鲁西南等地区。而西周时期的食盐运销在商代的基础上又有所发展，可能"已延伸到了豫中、豫南、皖北、苏北地区，甚至可能已少量运至湖北北部地区和关中地区。"秦汉时期，水运和陆运相比之前有了很大的发展，驰道成为秦汉王朝的重要交通线路，其四通八达的交通运输网使得山东食盐在全国得以运销。魏晋时期没有实行划界的食盐运销制度，但政府并不允许随意销售，国家管控的主要盐产地主要是西北地区的两池，所以山东所产之盐，应是就近销售。

进入唐代以后，据《资治通鉴》记载："晏专用榷盐法充军国之用。时自许、汝、郑、邓之西，皆食河东池盐，度支主之；汴、滑、唐、蔡之东，皆食海盐，晏主之"，山东地区位于汴、滑、唐、蔡之东，陈衍德在《唐代盐政》一书中也提到："唐代河南本地所产食盐不敷需要，相当部分要从河东、江淮调入"，这样看来，山东地区的食盐在这一时期几乎是用于临近地消耗，剩余食盐则销往鲁西南及和河南道临近州县。北宋政和三年（1113年）全国的食盐运销开始改行"引法"，山东食盐的销区除了山东沿海盐场附近外，还被销往京东的济、兖、曹、濮、单、郓州、广济军等地。金代政府实行民制官卖的榷盐制度，《金史·食货志》记载道："山东滨、益九场之盐行于山东等六路"，山东盐场的食盐销售范围覆盖了山东东西路、河北东西路、大名府路、南京路归德府诸路。元代各盐司生产的盐，都有一定的销售区域，称为"行盐地面"，山东盐司"行盐地面，周围三万余里"，行盐区域包括济南、益都等地，其范围与今山东省大体相近。

明代以前山东食盐的行销范围　表 7-4

时期	行销地
夏代时期	青州地区、河南和山西的部分地区
商代时期	济南、泰安等鲁中地区和枣庄、临沂等鲁西南地区
秦汉时期	山东、河南、山西、湖南、湖北等我国东南大部分地区
魏晋时期	山东盐场附近地区
唐代时期	山东盐场附近地区、鲁西南地区和河南部分州县
宋代时期	济宁、兖州、菏泽等鲁西南地区以及山东盐场附近地区
金代时期	山东、河北、河南三省
元代时期	济南、青州等山东省大部分地区

2. 明代食盐的行销概况

明朝时期，食盐的运输与销售分为"引盐"和"票盐"两种类型，"引盐"即商人领引行盐，"票盐"即商人领票行盐。山东食盐的行销以引盐制为主导，沿及嘉靖年间开始实行"票盐法"，但"引盐制"仍然居于主导地位。

明朝初期，政府沿袭宋制，实行了招商入粟边境以换取盐引的"开中引盐法"，并制定了对食盐的销售范围按地区进行划定的制度，被称之为"行盐疆界"，该制度下食盐的行销范围是明确且固定的，《明史》卷八十《食货四》记载了山东引盐的销售地为今山东省、江苏省的徐州和邳州、安徽的宿州以及河南的开封，但之后"开封府改食河东盐"，开封也就不在该范围之内了。同时，据《黄明世法录》和《大明会典》所记，在山东本地行销引盐的州府为济南府、青州府、兖州府、东昌府、莱州府、登州府，基本涵盖了今山东省的整个范围。明嘉靖时期，山东地区开始实行票盐法，其票盐的行销范围在《大明会典》中可找到明确的记载："上则直隶徐宿二州沛砀二县、兖州府所属滋阳等州县……中则东昌府所属……下则济南府所属……"其中，上则行销地区大致为今天地图上的河北地区、江苏省内的徐州和沛砀二县、安徽省内的宿州地区以及山东省的兖州、济宁等地区，中下则行销地区主要为今天山东的西北部地区，包括济南、聊城、德州等地。

为了解决食盐转运问题，明政府将凡是通向盐场的河道都进行开发利用，大、小清河成为山东食盐转运的主要河道，而运河则是山东食盐外销的主要通道。甘一骥所著的《盐河议》记述道："国初，山东盐河有东、北二大支。其北一支属泺口、蒲台二批验所。为大清河，泺口上流自东平坎河口、东阿、平阴、长清、齐河而东入泺口，下流经齐东、蒲台、滨州、沾化、利津入海，以通宁海、永阜、丰国、永利、利国、富民、丰民、王家冈等场，运盐出入八场，过蒲台、泺口二关而达运河。"另外一支东盐河为小清河，《山东通史》记载其路线为"登莱等府，寿光、日照等县，各支河入海，此盐河南一支属乐安批验所而通海沧、高家港十一场之盐利者也。"但明成化以后，由于自然等因素，小清河淤塞不通，乐安批验所被裁革，故"灶河仅存者北一支大清河耳"，但也只是下流通航、上流湮塞。而引盐的转运仍以大清河、运河水运为主干，以船运为主，从滨乐盐场进入大清河后，溯流而上，经若干中转枢纽逐级进行分流转运，作为主要中转枢纽之一的泺口古镇，其南北部均建有盐垣，至清代时，泺口古镇的盐垣仍然沿用。票盐出现后，由于大清河、运河水源时常不足而浅涸，故山东的食盐转运除依靠以上水运路线外，也通过车马进行陆路转运。

3. 清代食盐的行销概况

清朝继承了明朝的盐法制和专卖制，对引盐和票盐进行划界行销，其主要的行销区域为：山东、河南、江苏、安徽四省。同时，为了继续发展海运，清政府先后在烟台、青岛、羊角沟等地建有港站码头，但设备简陋，技术落后。

清代，山东引盐和票盐的行销范围是有明确规定的（表7-5）。《续登府志》卷三《盐法制》中记载："凡行引之地，票商不得搀越，票地亦然。"引盐的行销区域除山东本省外，也包括江苏、河南、安徽三省的部分地区，这在清人王守基所著的《盐法议略·山东盐务议略》一书中有明确的记载："山东盐行济南府、兖州府、东昌府、青州府、泰安府、武定府、莱州府、登州府、沂州府、曹州府。河南归德府。江苏徐州府所属之铜山、萧、砀山、丰、沛五县。凤阳府所属之宿州。"其范围共计4省11府64州卫，且皆为商运。而这一时期，清政府将票盐分为商运票盐和民运票盐，其中商运票盐行销济南府、泰州府等6府39州县；民运票盐的行销地主要集中在登州、莱州、青州3府的18个滨海州县，其范围相当于今天的山东半岛。

清代山东食盐行销区域一览表　　　　　表 7-5

食盐类别	行销省	行销府州	行销县卫
引盐	山东省	济南府	历城、齐河、禹城、长清、平原、德州、德州卫
		泰安府	泰安、肥城、东平、东阿、平阴
		兖州府	滋阳、曲阜、宁阳、邹县、泗水、藤县、峄县、汶上、阳谷、寿张
		济宁府	金乡、嘉祥、鱼台
		曹州府	菏泽、曹县、定陶、单县、成武、巨野、郓城、濮州、范县、观城、朝城
		东昌府	聊城、堂邑、博平、茌平、清平、莘县、冠县、馆陶、高唐、恩县
		临清州	邱县、夏津、武城
	河南省	归德府	商丘、宁陵、睢州、永城、虞城、夏邑、柘城、鹿邑
		卫辉府	考城
	江苏省	徐州府	铜山、丰县、沛县、萧县、砀山
	安徽省	凤阳府	宿州
票盐	山东省	济南府	章丘、邹平、淄川、长山、新城、齐东、济陵、临沂、陵县、德平
		泰安府	新泰、莱芜
		武定府	惠民、青城、阳信、海丰、乐陵、商河、滨州、利津、沾化、蒲台
		沂州府	兰山、郯城、费县、蒙阴、莒州、沂水、日照
		青州府	益都、博山、安丘、诸城、临淄、博兴、高苑、乐安、寿光、昌乐、临朐
		登州府	蓬莱、黄县、福山、栖霞、招远、莱阳、宁海、文登、海阳、荣成
		莱州府	掖县、平度、昌邑、胶州、高密、即墨、潍县

　　清代食盐主要是靠帆船、人力和畜力来运输的，即分为水路和陆路，其中山东水运干线主要包括小清河、大清河和京杭大运河这三条河流。引盐多由水路运输，主要工具为帆船，引商经过层层挈验完成食盐的转运，运载食盐到达各自行销的引地，转陆运进行销售，销售没有固定路线，依靠引地的食盐销售市场自行调节。票盐行销区域离产盐地近，故而多由陆运，主要依靠牲畜驮运或人力车运甚至肩挑背负，在各自的票地进行零星散卖。以下将对引盐的转运流程和路线进行详细介绍。

　　引盐转运的流程是固定的，其具体步骤为：商人将盐装载入船，向东经过济南，从东北方向进入济阳齐东县境，会清河、减水河，进入青城县境内，又向东到达韦家口，进入蒲台批验所，经滨乐分司查验后，通过大清河进入济南境内的洛口关，由胶莱分司进行查验后，将食盐收入盐园，待盐商领取盐引并由盐政亲莅秤擎后，将食盐分销引地。

　　山东引盐经过洛口关挈验后，分不同路线运至引地。运往河南、江苏的引盐被称之为"南运盐"，南运盐在盐船经过洛口关挈验后，运送到东阿县鱼山南桥地方，卸载盐包进入盐园，然后改陆运装车运送至阳谷县阿城镇，其中，运至河南省引地的引盐路线为：在阿城装船进入大运河，途径经寿张、东平、汶上，运至济宁的安居镇，再转陆运，经金乡至单县的董家口，或至曹县的刘家口，渡过黄河即到达河南省；运至江苏省引地的引盐路线为：在阿城装船，一条路线是由大运河运到鱼台县的南阳镇转湖运，再转车运至砀山的李家口渡过黄河到达江苏省，一条路线是由大运河运到沛县的夏镇转湖运，再转车运至萧县的管粥集渡过黄河进入江苏省。而运至山东本省和安徽宿州的引盐，在洛口码头装车后，大多通过陆运将引盐运至各引地内。这里要说明的是，清朝前期，运至洛口古镇的食盐来自利津永阜盐场，光绪十年（1894年）黄河淹没永阜盐场后，改从羊角沟（属寿光县）盐场筑包，由小清河运至黄台桥，再车运至泺口古镇，分往各地。但随着黄台桥至泺口码头的清泺小铁路（**图7-4**）建成通车，泺口古镇所转运的引盐地效率也有所提高。

4. 民国食盐的行销概况

民国山东食盐实行定场配运和固定购销制，盐产地计有王官、永利、涛雒、青岛、莱州、登宁、石岛、金口八个场，其运销区域主要在山东境内和河南、安徽、江苏三省的部分地区，并有引岸和民岸之分，其中引岸为商人运盐行销区，包括省内历城等88个县和安徽、江苏、河南16个县，有明确的运盐路线；民岸为民运民销的自由贸易区，包括东

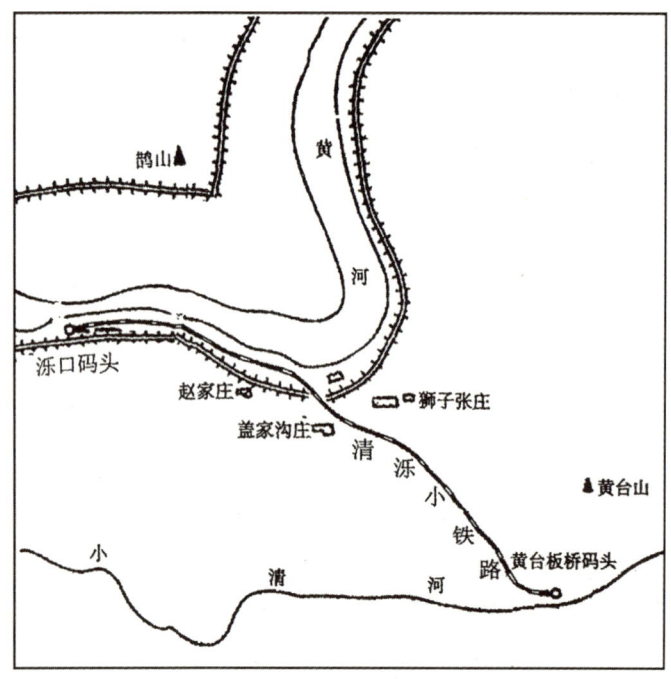

图7-4 "清泺小铁路"示意图

岸昌邑、即墨等18个县和日照、青岛部分地区，对运盐路线并不做规定。

　　民国初年的引岸销盐基本靠黄河进行运输，其运输线路分为官办和商办两类。其中官办食盐行销19个州县，盐从泺口码头装船，一部分由黄河运到陶城埠、贾庄、红庙，然后再用车运到寿张、堂邑、莘县、冠县、菏泽、范县、观城、朝城、郓城、定陶等地；另一部分由黄河经运河运至安居盐垣，而后用车运往金乡、成武等地。商办食盐行销34个州县，盐从泺口码头装船，一是由黄河直接运到汶上、东平、东阿、肥城、濮州等县；二是将盐先运到陶城埠后卸船，再用车运往阳谷、聊城、茌平、博平、馆陶、平阴等县；三是由黄河进入运河到达安居盐垣后，用车分运滋阳（今兖州）、邹县、济宁、嘉祥、鱼台、曹县、单县、巨野等县以及河南省归德府的8个县、江苏省的丰、沛、萧、砀、铜5县。

　　随着交通建设的发展，山东行盐不再只依靠河运这一种方式，也出现了火车、轮船、汽车运盐的情况。1913年，清泺小铁路改造升级为泺黄支线，同时官运各岸上报获准改由火车装运，南、北运各岸靠近铁路的地方都改由火车转运，由黄河船运的地方大为减少，仅剩下齐河、平

图7-5　民国时黄台桥码头附近的盐场及铁路线

阴、东平、东阿、肥城等少数县份。1914年，山东盐务进行改革，商人只要从盐运司获得运照，便可自由组织运盐和行销，在山东实行百余年的引票制度从此被废除。

5. 中华人民共和国成立后食盐的行销概况

中华人民共和国成立之初，山东食盐主要销往山东本省和河南部分地区，黄河仍是山东盐运的重要通道。据相关资料记载，1957年，济南盐业通过黄河外调食盐4698吨。1965年，济南盐业在阳谷设立批发部，专门供应鲁西地区和河南省台前县，所有发往阳谷的食盐，皆由运河运输，食盐从黄台仓库装车运往泺口，然后从泺口装船运往孙口，再从孙口转运阳谷，1974年，阳谷批发部撤销，黄河盐运才告一段落。随着黄河、运河航运衰落，盐运方式以铁路、公路运输为主，山东省内销区由黄台、张店、益都、昌乐、潍坊、张戈庄、南泉、女姑、莱阳等火车站发运，再由汽车进行转销，基本流向为津浦线（德州至薛城）及其支线、胶济线及其支线蓝烟线，2001年时铁道部运输局重新公布山东境内核准的食盐铁路发运站，在原有11个发运站的基础上，新增泰山、潍坊西、城阳、文登、肥城5个发运站，至2005年，未再进行调整。

（三）盐业商人的兴衰

盐商在明清时期是较为富有的群体，他们的作用类似官府和民众之间的中介，通过垄断食盐的售卖资格而获取利润，并且盈利丰厚，其中多是豪商巨贾，在历史上江南的盐商更成为富人的代名词，他们生活奢侈，追求精致生活，留园、个园和拙政园等流传至今的江南园林都是当时盐商的私家宅院。明清时期山东的盐业经营多是山西盐帮从中把持，他们借助山西人开办银号钱庄的便利，到济南所属无棣、沾化、利津等地的盐场或泺口码头支盐，再贩运到山西、陕西、河南、河北等地销售，赚取不菲的利润。

泺口古镇在明清时期也有许多盐商的记载，明《历城县志》中就记载过一位叫杨云龙的盐商，他祖籍现济南长清，世居历城泺口镇。明嘉庆年间，杨云龙开始替别人代理盐务，家境稍显富裕，中年时家业日渐兴隆，自置盐业若干，总理东冈盐务十余年。到清康乾年间济南府最著名的有泺口茅、关、范、尚四大盐商，与山西盐帮关系紧密。据文献记载，清顺治期间，关姓盐商就在泺口定居，始获盐业行商特权，至嘉庆年间有盐商关伯岚置业泺口玉振街，咸丰年间有后人关呈麟，经营盐务已覆盖泺口、历城及济南城里鞭指巷一带。在黄河改道大清河后，关呈麟带头组织民众修筑黄河民埝，名载史册。民国时期虽然盐业败落，关家盐业经营一蹶不振，但是深厚的家族积淀仍培养出关友声、关天相等书画名家。另外，在清朝泺口还出现过秦姓、范姓、刘姓、马姓等盐商，他们也在泺口的历史上留下了各自的故事。盐商是商人中的一个特殊群体，他们的存在是当时盐业制度的产物。济南开商埠后西风渐进，盐商家族多有分立，倒卖盐引成风，开始日渐势微。民国时期，随着传统盐业制度的解体，盐商经营盐务的利润也大不如以往，这就使得盐商失去了存在的必要，到1949年济南仅剩盐商25家。

四、本章小结

泺口古镇有着辉煌的航运历史，作为济南重要码头的泺口，曾是人丁兴旺、航运繁盛的滨河重镇。航运是泺口古镇的兴起之源，河道水系是影响泺口古镇盛衰变化的关键因素，泺口航运因济水发源，大清河令其兴起，黄河使之辉煌，由此在明清和民国时期都产生了泺口码头船楫林立、车马络绎不绝的景象，而泺口镇内则是商铺满街、集市火爆的繁华胜景。泺口的航运之盛在航运货物上也有所反映，明清时期因泺口河运兴盛，食盐、农产品为其航运大宗，民国时期又因铁路的修建，泺口古镇成为水陆联运枢纽，其运输货物的种类更加丰富，不仅有粮食、食盐、农副产品，还增加了煤炭、茶叶、瓷器等货物。同时，因航运之便，泺口古镇在区域中也有较大影响力，故各时期的政府均在泺口设置多个重要的机构，以加强地区管理。从泺口的整个航运史来看，最为重要的是食盐的运输发展，其生产地、运输路径以及转卖地点的变化也反映了济南盐业的发展变迁，同时，因食盐的发展，泺口也衍生出一批重要盐商，在较大程度上推动了济南社会的经济文化发展。如今，泺口的航运盛景不再，但其悠久的航运历史和丰富的航运文化都已成为济南历史上灿烂的记忆之一，并为济南的"拥河"规划和国家级新旧动能转换先行区建设提供历史参考和依据。

参考文献

[1] 安作璋，党明德. 济南通史：近代卷 [M]. 济南：齐鲁书社，2008.

[2] 北园镇志编纂委员会办公室. 北园镇志 [M]. 济南：山东科学技术出版社，1991.

[3] 黄河水利委员会山东河务局. 山东黄河志 [M]. 1988.

[4] 纪丽真. 明清山东盐业研究 [M]. 济南：齐鲁书社，2009.

[5] 荣新. 济南民间艺术 [M]. 济南：济南出版社，2010.

[6] 山东航运史编委会编. 山东航运史 [M]. 北京：人民交通出版社，1993.

［7］（清）崇福，宋湘. 山东盐法志［M］. 北京：国家图书馆出版社，2009.

［8］（清）王守基. 盐法议略［M］. 北京：中华书局，1991.

［9］（日）冈伊太郎，小西元藏. 山东经济事情［M］. 济南：济南经济报社，1919.

［10］陈仁锡. 皇明世法录；卷二十八：盐法［M］. 台北：台湾学生书局，1965.

［11］陈衍德. 唐代盐政［M］. 西安：三秦出版社，1990.

［12］高慎强等. 先秦海盐生产及消费区域初探［J］. 宜春学院学报，2011（11）：78-81.

［13］郭正忠. 中国盐业史（古代编）［M］. 北京：人民出版社，1997.

［14］韩明祥. 济南历代墓志铭［M］. 济南：黄河出版社，2002.

［15］黄鸿河. 济南盐业历史觅踪［N］. 济南日报，2019-02-24（A3版）.

［16］（清）蒋作锦. 东原考古录［M］. 孙聚奎堂木刻本，清光绪十八年. 1892.

［17］山东省地方史志编纂委员会. 山东省志：交通志［M］. 济南：山东人民出版社，1996.

［18］山东省地方史志编纂委员会. 山东省志：盐业志［M］. 济南：山东人民出版社，1996.

［19］实业部国际贸易局. 中国实业志：山东省［M］. 上海：实业部国际贸易局，1934.

［20］史念海. 春秋以前的交通道路［J］. 中国历史地理论丛，1991.

［21］宋濂. 元史：卷九十四 食货二：盐法［M］. 北京：中华书局，1976.

［22］宋良曦，等. 中国盐业史辞典［M］. 上海：上海辞书出版社，2010.

［23］陶孝武，刘敏. 济南盐业史话［M］. 济南：济南出版社，2013.

［24］严强，等. 济南旧影［M］. 北京：人民美术出版社，2001.

[25] 佚名. 济南老照片征集活动评选结果揭晓 一等奖照片精选 [EB/OL]. （2016-08-29）. http://www.sohu.com/a/112609417115512.

[26] 佚名. 泉边 历史没大桥的年代 古代济南人是怎样过黄河的 [EB/OL]. （2017-04-24）. http://news.iqilu.com/shandong/Shan donggedi/20170424/3514445.shtml.

[27] 允裪. 大清会典：卷十五：户部·盐法 [M]. 南京：凤凰出版社，2018.

[28] 张廷玉. 明史：卷八十：食货志四 [M]. 北京：中华书局，1974.

[29] 庄维民. 近代山东市场经济的变迁 [M]. 济南：中华书局，2007.

第八章

洑口古镇的水工遗产资源挖掘

黄河是世界第五大长河，中国第二大长河，全长5464公里。她虽然是中华民族的母亲河，是中华文明最主要的发源地，但也由于多沙善淤，变迁无常，下游改道十分频繁。据史料记载，自周定王五年（公元前602年）至1938年的2540年间，黄河下游决口达1500多次，大型改道多达26次，平均三年两决口、百年一改道。随着历史的推移和地貌的变迁，黄河曾多次流经济南地区，黄河济南段现行的河道就是在清咸丰五年（1855年），黄河在铜瓦厢决口改道夺大清河入海而逐渐形成的。

济南段黄河治理的历史就是济南人民群众同洪水斗争去害兴利的历史。1855年黄河改道后，从任其泛滥到民间自发修建，再到官府统一组织，成立专门治理机构，堤坝、险工等水利工程陆续上马，虽然逐渐形成了稳定的治理机制，但是由于战乱频发和政府能力弱小，济南段黄河的治理效果并不理想。直到解放后，黄河才进入全面开发综合治理的新篇章。除防洪治理的工程之外，伴随着引黄虹吸、引黄水闸等黄河水利工程不断兴建，济南段黄河还开启了水闸自流灌溉的新征程，引黄兴利达到了黄河治理史上的鼎盛时期，获得了农业生产发展和人民生活改善的良好效益。

在一个半世纪与黄河的斗争的历程中，济南黄河泺口段产生了诸多具有代表性的水工遗产资源。从构成上来说，这些遗产资源主要分为防灾类、水利类、展示平台类和管理类。所谓水工类主要是指防洪的堤坝、险工等设施，水利类指虹吸、水利枢纽等工程设施，展示平台类指展览馆、主题公园等设施，而管理类则是以上设施包括黄河在内的管理设施，如水文观测站、黄河水利机构旧址等。另外，与该河段治理相关的文物也应纳入防灾遗产的范畴内，如泺口险工坝基附近出土的石兽（**图8-1**），虽为元朝大清河旧物，但被命名为黄河神兽，更表达出人

图8-1 黄河神兽石雕

民对黄河久治和生活安定的美好愿望，所以仍属于黄河水工遗产资源的范围。

注：黄河神兽是在2005年5月建设标准化堤防拆改坝时，在泺口险工坝基下发现的，整只石兽长约1.2米，宽0.6米，由青石雕刻而成，重约300公斤。经文物主管部门鉴定，是元末明初时期的石刻镇水神兽，已被认定为国家二级文物。神兽身上的"火纹"图案寓意黄河防汛十万火急。相传当时镇河神兽是一对，分公兽和母兽，目前发现的只有公神兽。

一、黄河河道济南段的历史变迁情况

黄河自济宁梁山县进入济南境内，在济南市境内流经平阴县、长清县、郊区、历城县、章丘县四县一区，长度172.9公里。济南市地处山东省黄河中部咽喉河段，河道弯曲且窄狭，两岸堤距一般为1000米左右。最窄处位于曹家圈，堤距仅为460米，是防洪的重点河段。并且，由于黄河下游泥沙大量淤积，河床平均每年以8~10厘米的速度不断抬高，形成"地上悬河"（**图8-2**）。济南段河道内建有铁路公路桥梁共4座，汛期易受壅高水位和阻水卡凌的威胁，增加了防洪负担。

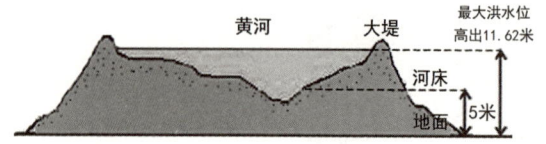

图8-2 地上悬河示意图

治理好黄河并保证防洪安全，充分开发黄河水利资源，对促进黄河沿岸区域工农业生产发展，拉动济南经济增长至关重要。1855年至1911年间，济南黄河河段共有22次决口，给沿黄人民带来了沉重的灾难。到了民国时期，随着先进水利技术的引进，黄河治理工程技术有所发展。抗日战争胜利后，1946年中国共产党在山东解放区带领人民，在黄河回归故道前，修复境内堤防迁移居民，粉碎了国民党水淹解放区的阴谋。中华人民共和国成立以后，党中央、国务院对黄河治理非常关注，在多项治黄方针指导下，黄河治理取得重大成就，揭开了全面开发综合治理的新篇章。

1855—1976 年济南段黄河河道主要治理情况一览表　　表 8-1

时间段	具体时间	主要治理概况
1855年至清末	1855年	黄河在改道之初，清朝政府无力堵口，任其泛滥，其间沿河百姓曾筑埝自卫
	1884年	两岸始筑成较为完整但标准较低的官堤，黄河仍经常泛滥为害
民国时期	1919年	黄河干流设立泺口水文站，采用新技术进行水文测验
	1933年	水利专家李仪祉，提出上、中、下游和河口治理方案，推广实验成果，对治黄作出积极贡献
抗日战争	1937年秋汛	郊区（原长清县）宋家桥民埝漫决，淹及济南张庄飞机场、商埠一带，历城、章丘、齐东等县数百村庄受灾
	1938年	南京国民政府为阻止日军西侵掘堤放水，使豫、皖、苏广大地区成为黄泛区，黄河改道夺淮入黄海

续表

时间段	具体时间	主要治理概况
解放战争	1945年	南京国民政府违反与中国共产党的协议，不顾百姓安危，提前强行堵复花园口口口门，阴谋水淹解放区
	1946年	在中国共产党的领导下，长清、章丘解放区人民初步修复残破的堤防
	1947年3月	花园口堵口合龙，黄河水回归济南故道
	1948年9月	济南解放后，市、县治黄机构相继建立，发动沿河人民进一步抢修堤防、险工，战胜了1948年秋汛大水和1949年9月的洪水
	1949年6月	黄河水利委员会在济南成立
中华人民共和国成立以来	1950年	黄河水利委员会制定了"依靠群众，保证不决口、不改道，以保障人民生命财产安全和国家建设"的方针，并确定以防御陕县站洪水为目标，艾山以下按泺口站标准设防的策略
	1952年10月	毛泽东主席视察黄河时发出"要把黄河的事情办好"的伟大号召
	1955年	《关于根治黄河水害和开发黄河水利的综合规划》中提出"根治黄河水害，开发黄河水利"的战略方针
	1976年5月	国务院批准黄河治理领导小组关于"上拦下排，两岸分滞"的方针

二、泺口段黄河抗洪事迹整理

济南河段是典型的地上悬河，历史上屡遭水患，泺口作为济南重点防洪站点，更是遭受了4次特大洪水的侵袭，如泺口一旦出现险情，势必波及津浦铁路的咽喉——泺口黄河铁路大桥，后果不堪设想。在中国共产党的领导下，党政军民万众一心相继在1949年、1958年、1976年、1982年取得济南段黄河抗洪抢险的全面胜利。

（一）泺口段黄河洪峰

泺口水文站（**图8-3**）是黄河干流上建成的第一座水文站，也是黄河上唯一拥有百年历史的老站。1919年3月设立，由于政局不稳、社会动荡、战争爆发、黄河改道等多重因素，直到1947年5月，才恢复观测并逐步进入稳定发展的轨道。如今的泺口水文站，是全国基本水文站和重点报汛站，开展有降水、水位、流量、泥沙、水质、水温、气温和冰情等多项观测项目，为黄河下游防洪、防凌及水资源调度提供了多项水文资料，对黄河下游的治理开发及经济发展具有重要作用。

从泺口水文站监测的历年汛期最大洪峰流量和最高水位数据可以看出，自1948年到1985年，随着时间的推移，每年汛期最大洪峰流量基本相同且有稍下降趋势，而最高水位却逐年抬高。1985年设防水位泺口站34.00米（大沽标高），而济泺路和济南车站一带地面只有10米左右，每逢汛期洪水水位上涨且持续时间较长，大量泥沙流入黄河，下游河床淤积加快，河道泄洪能力下降，一旦出现险情，后果不堪设想（**图8-4**）。

图8-3 泺口水文站

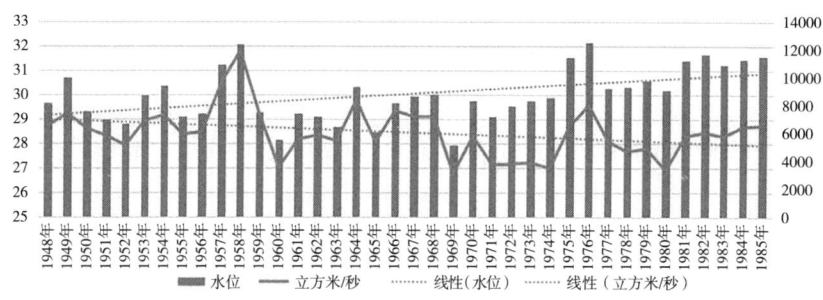

图8-4 泺口水文站历年（1948—1985）最高水位、流量统计图

（二）泺口段抗洪事迹

1. 1949年抗洪事迹

1949年9月中旬，黄河中游连降暴雨，黄河干流、支流同时涨水，先后7次洪峰接踵而来。9月22日，洪峰到达泺口站，流量为7410立方米/秒，相应水位30.70米。此次洪水流量大，来势猛，持续时间长，对堤防、险工等防洪工程构成严重威胁。

为迎战洪水，济南市相继组建4个防汛大队，其中第三、四总队以泺口黄河铁路大桥为中心进行防守，第三总队防守老徐庄至泺口黄河铁路大桥堤段，第四总队防守泺口黄河铁路大桥至历城交界堤段。9月14日16时，泺口水位涨至31.05米，时任济南市市长姚仲明等7名政府领导奔赴泺口视察洪水防御情况，部署防汛措施。9月15日洪水继续上涨至31.35米，持续5天，并出现局部坍塌和吊塘子等险情，政府领导下达破除民埝的命令，全堤线处于紧张状态。第三总队由队长纪纲带领省府机关2500人率先到达泺口进行抢险防汛，加固坝岸工作，第四总队亦按时开进防守责任段。山东省政府副主席郭子化及各厅、局负责人亲临泺口上下指挥布防，40余名技术干部吃住在黄河第一线指导抗洪斗争，最终取得抗洪全面胜利。

2. 1958年抗洪事迹

1958年7月中旬黄河中游普降大雨，17、19日两次洪峰先后在山东省汇合，进入济南窄狭河段后，洪峰水位表现较高，干支流相继出现洪峰，是济南解放后首次大洪水。7月23日，洪峰到达泺口站流量11900立方米/秒，相应水位32.09米。洪水全部漫滩假堤，不少堤岸出现漫顶，堤防渗水等险情，汛情极为严重。

自7月15日泺口水位开始上涨，至23日17时水位达到32.09米持续6小时，32.0米以上持续16小时，31.0米以上水位持续63小时，汛情万分紧张。山东省和济南市政府领导亲赴泺口视察水清，坐镇指挥。21日时任市长刘乃殿召开"紧急动员起来，战胜特大洪水，保证河防安全"的广播大会，号召全党全民动员，全力以赴，以防洪为压倒一切的中心任务。在"水涨一寸，堤高一尺"的口号下，广大防汛员工至23日清晨完成1~2米子埝加高任务。7月23日晨3时许，泺口黄河铁路大桥北端路基发现漏洞，羊头峪水库修建队400余人，纷纷跳入水中抢堵，第一个漏洞即将堵住，附近又出现两个漏洞。为确保路基安全，山东省第一书记舒同亲临泺口进行防洪指挥，与解放军战士共同战斗近8小时，使险情转危为安（**图8-5**）。

图8-5 济南人民加高堤坝战胜1958年洪水

3. 1976年抗洪事迹

1976年8月下旬、9月上旬花园口站先后出现洪峰，进入山东境内汇合成一个较大洪峰，持续时间长，水位表现高。8月23日上午，于泺口前线召开防汛指挥扩大会议，传达省防汛指挥部关于加强防守工作的指示。9月5日洪峰到达泺口站流量8000立方米/秒，相应水位32.14米，流量虽较1958年少近一半，相应水位却高5厘米。山东省委、省军区、济南军区和市委相关负责同志相继赶赴黄河抗洪第一线，检查防洪工程和指挥防洪斗争。防汛大军团结奋斗，连续拼搏近20天，济南段化险为夷，取得防汛的全面胜利。

4. 1982年抗洪事迹

1982年7月末8月初，黄河三门峡至花园口干支流区间大面积普降大到暴雨，黄河干流及伊、洛、沁河洪水并涨，来势迅急，8月4日晚洪峰进入山东境内。此次洪水是继1958年后的又一次大水，正值党的十二次代表大会召开前夕，党中央、国务院十分重视。万里副总理紧急召集水电部、河南、山东两省负责人，共同研究确定利用东平湖老湖区分洪，控制泺口站流量不超过8000立方米/秒，以确保津浦铁路泺口大桥能安全通过。分洪后，艾山下泄流量最大7430立方米每秒，8日泺口站流量6010立方米/秒，相应水位31.69米。东平湖分洪减轻了济南以下河段防洪负担，水情、工情得到缓和，确保了泺口黄河铁路大桥的正常运行。

三、泺口段黄河水工的建设历史

因为最初济南的黄河堤防是在清末民埝的基础上修建而成的，所以堤身存在大量隐患。1953年，在黄河水利委员会和山东河务局的统一部署下，对黄河堤防进行了三次大规模的培修。1959年"大跃进"期间，济南黄河段也迎来一项重大水利工程——黄河泺口水利枢纽，该工程于1960年2月25日破土动工，但未建成就停工了。1965年，在泺口黄河铁路大桥南端以西的临黄大堤低洼地段，进行山东省黄河首例利用水力冲填沉沙固堤的试验并取得成功。相继修建形成的稳固的防洪工程体系，在防洪防汛、保护沿黄百姓的生产生活中发挥了重大作用。与此同时，引黄兴利工程不断兴建，促使泺口沿黄地区农业生产得以迅速发展（**图8-6**）。

（一）堤防建设

黄河夺大清河之初，由于原河道窄狭弯曲，每遇洪水泛滥沿河地区屡遭水患，百姓深受其害。清咸丰五年（1855年），沿河百姓筑埝自卫

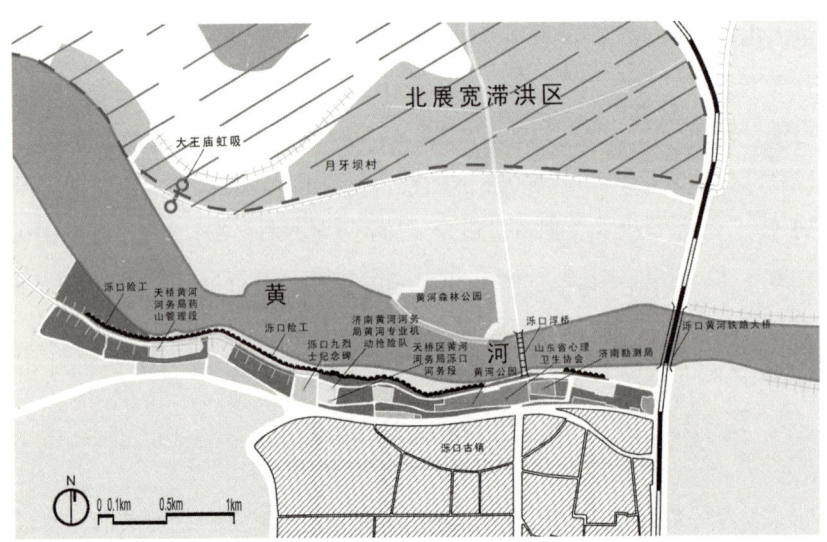

图8-6 泺口段黄河水工设施示意图

以防洪水，被称作"民埝"。其间，济南河段两岸民埝断断续续，多与码头、渡口相接。至同治六年（1867年），济南段民埝基本连接成一体。同治末年又在原民埝的基础上陆续培修发展成为现在的临黄大堤。光绪七年（1881年），山东巡抚陈士杰等奏准修筑张秋镇以下官堤。自光绪九年（1883年）开始，到第二年五月告竣，南岸官堤自长清宋家桥起至利津三里庄止，计长165公里，北岸官堤自东阿经平阴、肥城至利津三里庄止，计长200余公里，官堤底宽八丈，顶宽二丈，高八尺。此时，济南段黄河的堤坝呈现民堤和官堤并存的局面。通常情况下，官堤距离黄河2、3公里或者4、5公里不等，而民埝距离黄河仅1公里左右。每当河水盛涨，堤埝之间夹河滩区居民为身家田产所系，极力据守临河民埝，从不守官堤，年复一年渐有弃堤守埝之势。后期因官堤距河较远，又无常设机构和人员管理，日渐荒芜失修，而临黄大堤（民堤）则越修越强（**图8-7**）。

1917年三游河防局裁撤，成立山东河务局，并将清末时的官堤、民埝调整为民埝和官堤、遥堤三类堤防，其中民埝即为临黄大堤位置，当时济南段黄河官堤自长清县宋家桥至齐东县田家拐子止长86.6公里，由官修官守。当时的遥堤上起宋家桥、下至章丘姜庄，长53公里为第二道防线，民国后期不再修守。1938年国民党在河南花园口扒堤决口后黄河南迁，山东河道干涸近9年，堤防、坝岸无人管理，破坏严重。1946年6月南京国民政府黄河水利委员会山东修防处，为配合花园口堵口黄河复归山东河道，从开封迁到济南并负责对临黄大堤进行培修。1947年3月黄河复归黄河故道，为了确保堤防安全，解放区章历治河办事处共产党人带领工作人员，发动并组织群众抢修河堤。1947—1949年，泺口临黄大堤进行整修加固，堤顶高达31.96米。整修后的防洪工程，虽然通过1949年洪水的考验，但仍出现不少险情。新中国成立后，济南黄河段遵循"宽河固堤"的治黄指导方针，对济南防洪工程开始系统的规划治理，具

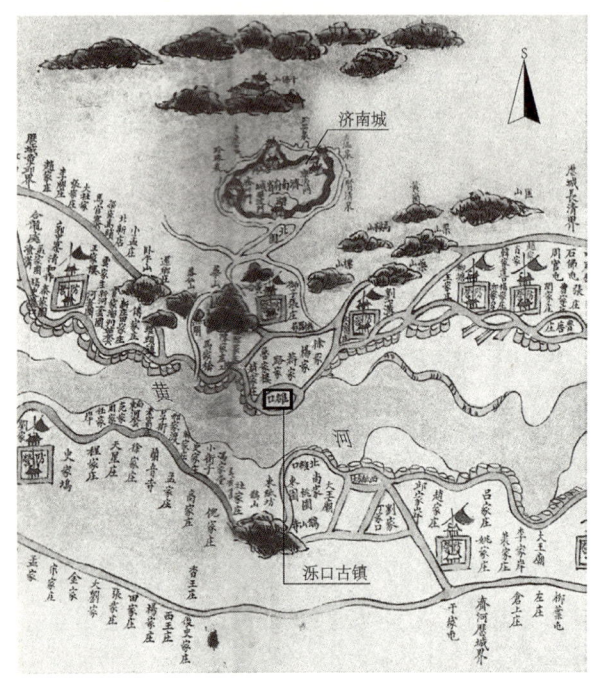

图8-7 清光绪年间
山东黄河图历城县段

体可以分为工程恢复时期、第一次大修堤、第二次大修堤、第三次大修堤、济南黄河标准化堤防工程五个阶段。

1. 工程恢复时期

1950年至1951年期间，按照山东河务局提出的防泺口站流量8500立方米/秒，相应水位30.70米，堤顶超出1949年洪水位1.5米，堤顶宽6~7米的修堤标准进行堤坝修复维护。主要任务是：大力消灭隐患，整修加固堤防和险工坝岸，提高抗洪能力。

2. 第一次大修堤

自1952年施工，至1958年完成，历时7年。遵照山东河务局转发黄委会1951年开封会议的指示，提出："山东堤防以保证泺口站流量9000立方米/秒（后改为8500立方米/秒）不生溃决的标准"。按照征工办法组织劳力施工，同时市搬运工会、市区闲散劳力和部分青年学生等也参与积极修堤。施工之初，由于运输工具和夯实工具较为落后，依靠车推人抬，效率很低。而后大力宣传改良工具，由国家扶持推行胶轮化，减轻体力劳动，提高工效（表8-2）。

第一次大修堤——泺口站黄河堤防修堤标准　　表 8-2

位置	设计堤顶超高（1949年洪水位）	设计堤顶宽度	临河边坡	背河边坡	险工及渗水严重堤防
泺口	2.0米（后改为2.5米）	7~10米	1：2.5	1：3.0	顶宽4~6米，边坡1：5

3. 第二次大修堤

鉴于1958年泺口站出现洪峰流量11900立方米/秒，水位32.09米，超出保证水位1米左右的危险情形。为确保防洪安全，1962年黄委会确定："黄河下游近期防洪标准，以防花园口站22000立方米/秒洪水为标准"。以征工包做的办法，征集沿河农业社员、市区闲散劳力及外地自由包工劳力，运输工具多采用胶轮车，并有部分拖拉机和载重汽车参加施工。自1962年开始第二次大修堤，于1965年全部完成（表8-3）。

第二次大修堤——泺口站黄河堤防修堤标准　　表 8-3

位置	1962年设防水位	设计堤顶超高	设计堤顶宽度	临河边坡	背河边坡
泺口	32.76米	2.1米	平工9米，险工11米	1：2.5	1：3.0

4. 第三次大修堤

黄委会确定仍以防御花园口站22000立方米/秒洪水为设计标准，确保洪峰经过不决口。1974年下半年，山东河务局对近期防洪标准作部分调整，原考虑泺口枢纽回水影响，提高标准，但随着泺口枢纽工程的停建，将该段堤顶宽减为平工8米，险工10米，超高边坡不变（表8-4）。第三次大修堤分为三期工程，除济南郊区、历城、章丘三县区劳力外，还请外地县市支援，施工工具基本上实现了机械化和半机械化，速度质量均好于之前。到1985年全部完成，达到了十年治理规划目标（**图8-8**）。

第三次大修堤——泺口站黄河堤防修堤标准　　　　表 8-4

位置	桩号	1983年设防水位	设计堤顶超高	1983年设计堤顶高程	1973年实测堤顶高程	加高尺度
泺口	29+800	35.52	2.10	37.62	34.70	2.92

5. 济南黄河标准化堤防工程

2001年水利部提出"堤防不决口、河道不断流、污染不超标、河床不抬高"的新世纪治黄目标，为确保"堤防不决口"，黄委会决定在下游建设"防洪保障线、抢险交通线、生态景观线"功能于一体的黄河标准化堤防，济南黄河标准化堤防工程开始实施。该工程横跨槐荫、天桥、历城三区，堤防全长66.55公里，2004年该工程按照设计标准于建设完成后，堤防顶部加宽至12米，放淤固堤工程淤背区达到标准宽度100米，险工加高改建达到2000年设防标准，同时，背河10米护堤地种植树

图8-8　黄河大堤

株，堤顶还修建了6米宽的沥青路。2007年时，济南黄河标准化堤防工程获得水利部大禹奖，2008年12月又获得了中国建设工程鲁班奖（国家优质工程）。这项工程从设计到管理，都体现了精益求精和勇于创新的时代精神，是治黄60年来取得的伟大成就之一。

2010年后，济南继续展开黄河下游近期防洪工程。该工程以继续建设黄河下游标准化堤防和开展游荡性河段河道整治为重点，包括黄河干流堤防帮宽、堤防加固、防汛道路建设等内容。2012年11月主体工程开工，2015年10月主体工程完工，2016年9月工程全面完工，2017年8月，工程通过了水利部黄河水利委员会主持的竣工验收。黄河下游近期防洪工程的建成，完善黄河下游防洪工程体系，进一步提高了黄河下游的防洪能力。

（二）险工建设

大堤平时经常受水流冲击，容易贴溜出险的堤段，或历史上往往发生冲刷险情的堤段，习惯称为险点或险段。黄河险工是专指针对黄河大堤上的险点或险段而修建的丁坝、垛、护岸工程。黄河下游险工有悠久的历史，据记载：西汉成帝时（公元前32年—公元前6年）就有险工。过去的险工多为秸料埽，1950年代开始用石料砌筑。在清光绪七年（1881年），济南河段即修建了杨庄险工。光绪十六年（1890年），鉴于泺口险工为山东省城济南之门户，山东巡抚张曜首先将泺口险工全部建成石坝。而后为控制河势变化，对险工坝岸进行加高改建，进一步增强了抗洪强度。"守堤不如守滩，滩存而堤固。"1949年黄河洪汛后，为控导河势固滩保堤，在泺口以下河段采用透水桩柳坝和石堆柳坝两种方法试办护滩控导工程，并取得一定成果。后因石堆柳坝成本低、效果好、易维护的特点而一直沿用（**图8-9**）。

图8-9 泺口险工

泺口险工，原由小鲁庄险工和泺口险工分别防守，1952年合并为泺口险工。险工共设坝岸87岸，70~74坝间为泺口渡口，当泺口站流量5000立方米/秒以上，14、23、44、45、52、54、56、60、66、67号坝岸为着溜主坝，后因险工主溜日趋下延，1951年、1954年新建86、87号乱石护岸。1985年11月16日深夜泺口险工坝岸发生塌坝，10、11、12号3段坝全部滑塌入水，这3段坝都是1930年修建的，1950年改建为砌石坝岸，后经过几次加高培修，至1985年坝高均在10米左右，根石少而坡陡。经过分析总结，主要出险原因一是管理不善疏于检查，二是坝前河床常年急剧冲刷，导致根石坍塌，坝基变形，坝体失去平衡。出险后，经山东河务局批准，为防御洪水和凌汛，以黏土整补坝胎，坝体全部改为乱石坝并增补了根石，以确保安全（表8-5）。

截至1985年泺口险工坝岸修建情况统计表　　　　表8-5

险工	始建年份	险工长度	起止桩号	坝岸段数	其中:			使用工、料、投资		
					砌石坝	扣石坝	乱石坝	人工（万工日）	石料（万立方米）	投资（万元）
泺口	1890	3530	27+070~30+600	87	66	11	10	45.37	18.36	380.75

（三）防凌防汛

黄河改行大清河后，至清光绪十年（1884年）两岸民埝、官堤基本形成。每逢汛期由各州县派汛兵和民夫驻守官堤，民埝为民修民守。1903年随着临黄大堤民埝的不断增加和增设险工，渐渐由官府修守。民国前期，黄河分省治理，各自为政。1917年山东成立河务局，济南段黄河防汛工作由河务局统辖。解放战争期间，初步确立了依靠群众修堤防汛的群众路线。中华人民共和国成立后，制定了"依靠群众，保证不决口、不改道"的方针，每年汛期，在沿河地区进行防汛教育，组织群众防汛队伍，济南逐步完善了防汛系统。群众防汛队伍分为一、二、三线建制，根据泺口水位高低，采取相应的防汛措施。党政军民团结一心，在多次防洪防汛工作中，化险为夷，取得防洪防汛全面胜利（表8-6）。

1984年山东省防汛指挥部规定的四级水位标准　　表8-6

泺口水位	水位等级	群众防汛队伍采取措施
31米	警戒水位	大水局部漫滩偎堤，一线基干班开始上堤，重点堤段、险工和涵闸虹吸工程酌情增加
31~32米	紧张状态	洪水大部漫滩偎堤，二线防汛队伍上堤，对重点险工、薄弱堤段及引黄工程加强防守，人民解放军同时进入防区驻守
32~34米	严重状态	大水全部漫滩，临河堤根水深达2米以上，三线防汛队伍开始上堤防守
34米以上	危险状态	全市党政军民总动员，全力以赴迎战洪水

自1855年到1938年，济南河段凌汛决口高达17次。1949年凌汛时，曾采用人工打冰和打冰沟撒土等方法破冰，但效果不如预期，后停用。1970年代，开始利用爆破冰凌的方法进行防凌，多在开河前的3~5天突

击进行，趁冰凌插而未稳之机，组织爆破队利用炸药、炮击、飞机投弹等进行爆破。利用爆破冰凌已成为防凌的重要措施之一。在1969年3月6日，泺口黄河铁路大桥突然卡冰壅水，水位骤涨，严重威胁着济南市和泺口大桥的安全。当即利用炮击将千米长的卡冰炸碎，解除了危机。

图8-10　黄河凌汛

（四）引黄兴利

黄河蕴藏着丰富的水沙资源，在很长一段时间内，黄河下游决溢频繁，沿黄人民深受其害，毫无水利而言。新中国成立后，在党和国家领导"根治黄河水害，开发黄河水利"总方针指引下，为开发利用黄河水沙资源，改变沿黄地区农业生产面貌，开始试行虹吸引黄工程，灌溉增产效益显著。1958年在"大跃进"的影响下，为解决沿黄和小清河两岸农业灌溉及工业用水，在泺口枢纽工程总体规划中兴建盖家沟引黄闸，次年竣工放水。由于当时缺乏科学灌溉管理经验，片面强调"大引、大蓄、大灌"，造成地下水位上升，时值雨季连降大雨，导致积涝成灾、土地反碱和农业减产等问题。1962年总结引黄经验教训，停止引黄灌溉工程。1964年经省市领导决定，在盖家沟闸前100米处加修了长130米的防洪隔堤。引黄复灌后，汲取历史教训，改为小灌区进行。在沿黄低洼地引黄放淤、改造盐碱地、改种水稻，水稻连年丰收，效益逐渐突显，1976年实施临黄大堤标准。引黄兴利工程的建成运用，促进了泺口沿黄地区农业生产的迅速发展，对工农业生产发展作出了突出贡献。

（五）河务管理

　　清光绪十年（1884年），山东巡抚陈士杰为方便居中调度，奏请设河防总局于山东济南，将黄河两岸划分上、中、下游，各设分局，济南河段归中游下段泺口分局管辖。光绪十七年（1891年），山东巡抚张曜奏请委派三游总办办理河务。1904年，山东巡抚周馥奏请沿河22州县各自兼管河务，并归三游总办管制。1912年中华民国官制改革，山东河防总局及三游总办裁撤，改为"河防局"，上、下游各设分局，中游河务由河防局长统辖。1917年撤销"河防局"，改为"山东河务总局"，次年改称"山东河务局"。日本投降后，1946年6月国民政府黄河水利委员会山东修防处迁来济南，建立修防管理机构。中国共产党管理的河防机构源起于1946年5月，渤海解放区组建的山东河务局及各县治河办事处。济南解放后，1948年10月济南治河办事处成立，下设北店子、杨庄、泺口和盖家沟分段。1949年6月，华北、中原、华东三大解放区成立三大区统一的治河机构——"黄河水利委员会"，此时济南形成了黄河水利委员会——山东河务局——济南治河办事处三级机构。1950年7月济南分局按山东河务局规定改称为"济南修防处"，济南、历城、章丘治河办事处改称"修防段"，泺口分段有6人在编管理修防段。1952年4月山东河务局决定撤销济南修防段建制，人员调整充实加强北店子、杨庄、泺口、盖家沟、遥堤5个分段。

　　1958年10月，山东黄河河务局与山东省水利厅合并，开始归山东省管辖。1960年6月济南修防处调整直属各分段名称，泺口分段改称"北园分段"。1961年，将北园分段划归历城修防段管理。1962年8月，山东黄河河务局回归黄河水利委员会。1964年1月济南修防处与历城修防段合并办公，保留修防段建制。1972年3月，黄河水利委员会将山东黄河河务局及其下属各修防处、段下放给山东省，实行以地方为主的双重领导。1978年2月，山东黄河河务局及其所属修防处、段仍改属黄河水利委员会建制。1980年4月，山东河务局报经"黄委会"批准，增建郊区修防段，下设西郊、吴家堡、北园、华山分段。1989年6月，黄河水利委员会升为副部级机构，8月，黄河水利委员会调整机构，山东黄河河务局为正局级机构。同年10月，山东黄河河务局所属的修防处、修防段更名为河务局，泺口所属济南河务局天桥区河务局泺口河务段。

（六）泺口水利枢纽建设

1954年，黄河水利规划委员会编制《黄河流域综合利用规划技术经济报告》，提出了46个梯级开发方案，泺口枢纽作为解决山东境内灌溉用水的最后一个梯级，1959年12月，中共山东省委向国务院、黄委会、水电部提出报告要求兴建泺口水利枢纽工程。1960年1月该工程得到批准，1960年2月25日便破土动工（**图8-11**）。

工程在1960年年底便停工了。据熟悉情况的人介绍，停工的直接原因有三点：第一，当时工程采取边勘测、边设计、边施工的方式，在一定程度上准备不足；第二，工程由苏联专家设计，后来由于中苏关系恶化，他们也撤走了，工程处在无人指导的状态；第三，当时国民经济正处于暂时困难时期，数万名民工的食宿和工程所需物料等都不能保证按时供应（**图8-12**）。

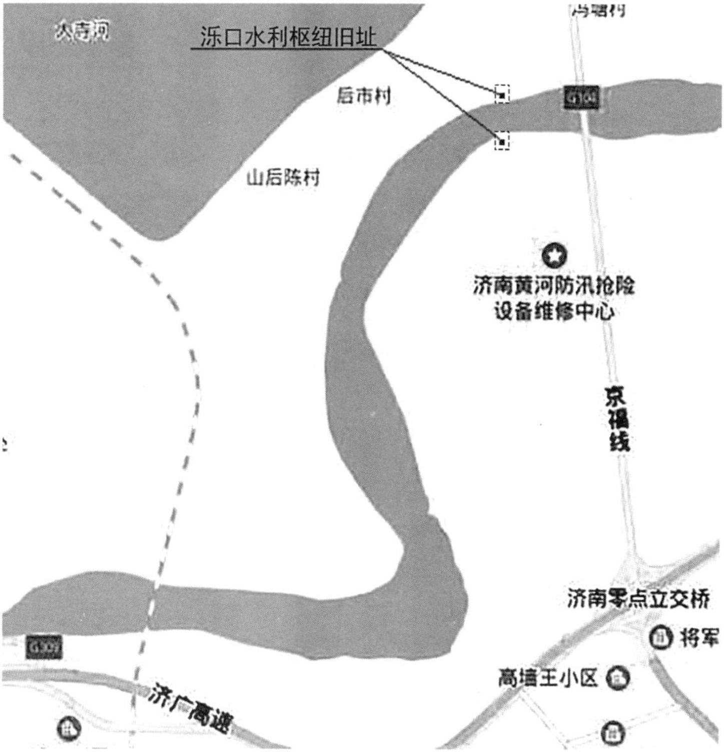

图8-11 泺口水利工程枢纽旧址空间位置图

图8-12 黄河大桥西侧的水利工程建设遗留航拍

图8-13 1960年泺口水利枢纽工程建设者工地合影

泺口水利枢纽建设工程位于今天济南黄河公路大桥的西侧，当时计划横跨黄河修建大型拦河闸，其中南岸位于历城区亓家村，北岸位于天桥区倪家村。距离泺口黄河铁路大桥直线距离约4公里，河道距离约6公里。

据参加过这一工程建设的金都先生介绍，至今他还珍藏着一幅他与水利枢纽工程建设者们在工地上的合影，时间是1960年9月22日（**图8-13**）。从其中一张发黄的老照片中可以看出"废墟"前身的模样：几组混凝土立柱间是密密麻麻的脚手架，墙上的立柱之上则是混凝土桥面。

四、党和国家领导人视察泺口段黄河

党和国家领导人都十分关心黄河济南段的情况。新中国成立后，曾多次到访济南泺口视察黄河。自1952年起，毛主席曾三次亲临泺口黄河大堤，在视察黄河过程中，作出了确保大堤安全和充分利用黄河的重要指示。而后周恩来、刘少奇、邓小平、江泽民、朱镕基等党和国家领导人先后来到这片土地上视察，激励着泺口乃至济南百姓建设美好家园的决心。

（一）毛主席考察黄河

1952年10月，毛主席十分挂念黄河水情，关心黄河沿岸百姓的生活，决定亲赴黄河下游考察黄河水情。10月27日，在当地领导的陪同下，毛主席视察了历史上决口频繁、灾害严重的泺口险工处。毛主席顺着大堤前行边走边嘱托："雨季大水，要发动群众上堤防守，必要时军队要上去坚决死守，一定要把这段大堤修牢固，千万不要出事。在修牢大坝的同时，也要考虑变害为利，可以考虑引黄河水灌溉，造水田、疏通小清河排水，让群众吃上大米，少吃地瓜。"毛主席时而驻足，时而前行。他神情肃穆地注视着黄河，严肃地对山东省委的领导说："黄河有你们严防死守，人民就放心了，我也就放心了！"

1959年，毛主席两次视察济南黄河泺口段。1959年3月，毛主席视察了济南黄河泺口渡口。同年9月，毛主席再次来到泺口视察黄河，在泺口险工的石坝上，听了随行人员汇报的险工作用和黄河情况后，作出"黄河水还可以充分利用"的重要指示。一代伟人毛泽东视察黄河，在山东济南人民心中，留下了不可磨灭的印记。

（二）刘少奇视察黄河渡口

1958年7月12日，时任中共中央副主席、全国人大常委会委员长的刘少奇乘火车来到山东，在白如冰等人的陪同下先后来到济南机床二厂、济南机床一厂进行视察，对改进产品制作工艺、提高生产效率提出了要求。7月14日刘少奇来到了当时成功研制出小麦脱皮机、生产技术处于先进水平的济南成记面粉厂，亲切会见了技术工人，察看了小麦脱皮机的构造。与此同时，刘少奇亦心系济南黄河水情，在地方领导和专业人员的陪同下视察了黄河泺口渡口。

（三）周恩来视察黄河险情

1958年7月，黄河发生历史上罕见的特大洪峰。7月23日，泺口大桥黄河铁路出现险情，津浦铁路的通行受到威胁，当时正在郑州视察的周恩来总理得知后，指示总理办公室电话通知山东省委，要党政军民全力以赴，加强防守，确保安全。

8月6日下午，周恩来乘飞机赶赴济南视察黄河险情和黄河铁路大桥。傍晚，周恩来在舒同和李震的陪同下，视察泺口黄河铁路大桥。周恩来边走边看，边看边询问。走到大桥北岸，指着被洪水冲下来的漂浮物，说这些容易让桥底梁挡住，影响大桥安全，应建造防浪坝，确保洪水通畅。走到大桥中央，询问了桥墩的基础和桥梁的结构情况，陪同的专业人员都详细作了回答。到了桥南端，望着黄河水，伸手指着大桥说："你们要千方百计保住它，该加固的加固，该维修的维修。"周恩来心系黄河铁路大桥安危，又说："要发动群众，抢修加固好大堤，保证万无一失，夺取抗洪的胜利！"

在周恩来亲临黄河铁路大桥视察的激励下，济南迅速掀起了一个落实总理指示，抢修黄河铁路大桥，与洪水灾害作斗争的高潮。不到一个月的时间，就把黄河铁路大桥加固维修了一遍，从而保证了黄河铁路大桥的畅通。

（四）江泽民来黄河济南段考察

1999年6月17日至24日，江泽民总书记在温家宝等领导同志的陪同下，决定沿黄河两岸进行深入考察，并将视察山东黄河的治理与开发定为最后一站。

6月23日，在黄河二桥和泺口险工处，江泽民仔细观察其黄河河道和险工地段大堤的加固情况。省市领导详细介绍了黄河山东段流经情况及防汛现状："黄河流经山东9市（地）25个县（市）区，境内河道长628公里，具有河悬、道窄、险多、滩低等特点，仅泺口险工段防洪水位就高出济南市城区地面11.62米，对济南市的安全构成严重威胁。目前，山东省已组织140万人的黄河防汛队伍，准备了大量防汛料物，制订了各项防洪预案和抢护措施，确保黄河安全度汛。"听到这里，江泽民点点头，严峻的面容露出了些许笑容。

考察中，江泽民反复强调，黄河安危事关重大，一定要立足于防大汛、抢大险，确保黄河大堤和人民生命安全。要从战略的角度，进一步把黄河的事情办好。把黄河水害治理好，把黄河水资源利用好，把黄河生态环境建设好，对实现我国现代化建设的宏伟蓝图，具有十分重大的战略意义。

（五）朱镕基视察黄河防汛

2002年7月，时任中共中央政治局常委、国务院总理朱镕基视察山东黄河防汛工作，亲临黄河泺口大堤，在省市领导的陪同下先后考察了济南黄河泺口险工、天桥防汛抢险物资储备仓库等地。

上午10时许，朱镕基一行驱车来到了天桥黄河老徐庄险工处，泺口险工的4号坝和天桥防汛物资储备驻地就在这里，朱镕基一行与防汛抢险队员们一一握手。朱镕基亲切地对大家说："你们辛苦了！黄河防汛抢险责任重大、意义重要，希望你们保持高度的警戒。"

随后，山东省黄河水利委员会领导向朱镕基总理汇报了山东黄河防汛抢险工作的进展情况以及加强黄河标准化堤防建设。朱镕基充分肯定了"抽沙降河、淤背固堤"的做法，要求加快施工进度，早日建成黄河下游标准化堤防。他告诫身边的领导，治理黄河历来是安民兴邦的大事，必须站在战略和全局的高度，加强黄河流域的水土保持，改善生态环境，进一步把黄河的事情办好。

五、泺口段黄河百里公园建设情况

济南黄河百里公园以黄河济南段南岸堤防为主线，上起济南市槐荫区段店镇宋庄，下至历城区华山镇霍家溜村，涉及槐荫、天桥、历城的7个镇、办事处，全长51.98公里，规划面积约为990公顷。济南黄河百里公园是一处以景观旅游、生态旅游、文化旅游、运动健身旅游为主体，集工程景观、水域景观、生态景观、自然景观、人文景观于一体的生态型文化主题公园。在这里，不但可以欣赏被誉为中国"水上长城"的黄河堤防、险工、水闸等工程景观，更可体会凌"悬河"之上奇伟之感。2018年，在中国黄河旅游大会上，济南黄河百里公园景区被评为"中国黄河50景"（**图8-14、图8-15**）。

济南泺口段是黄河的窗口堤段，毛泽东、周恩来、邓小平、江泽民等多位党和国家领导人曾亲临这里视察黄河。同时，这里又是向世人展示新中国成立以来黄河堤防形象工程的窗口。黄河百里公园景区内建有黄河神兽、四渎唯宗、龙泽海内、九烈士纪念碑、山东济南黄河标准化堤防工程荣获鲁班奖记事碑、中日友好林、解放军青年林等景点，临河建成生态防护林，形成济南市防洪固沙的天然氧吧。其中，泺口九烈士纪念碑长8.2米、高6米，占地面积1500平方米。纪念碑采用花岗岩雕刻而成，正面为九位烈士的浮雕像，右下侧刻有碑铭。1933年8月18日，国民党反动派在济南泺口刑场枪杀了中共济南市委书记李春亭、中共青岛

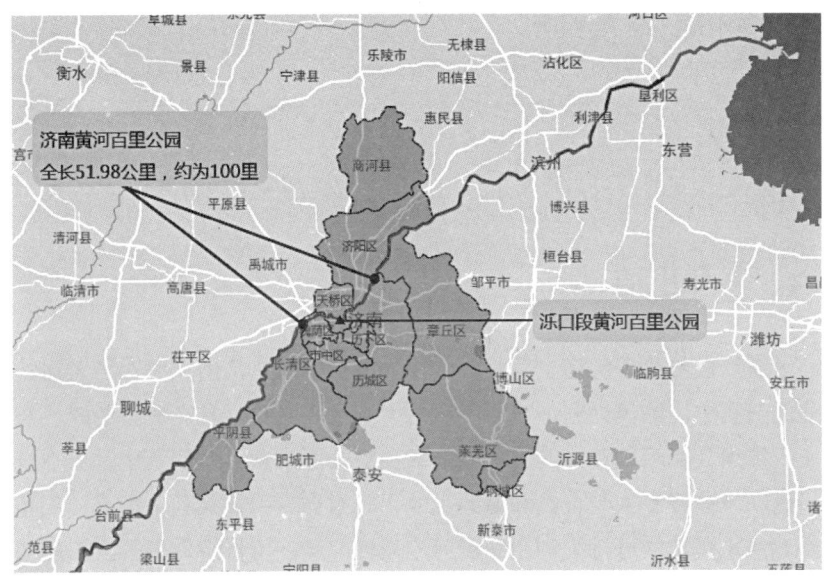

图8-14 济南黄河百里公园区位示意图

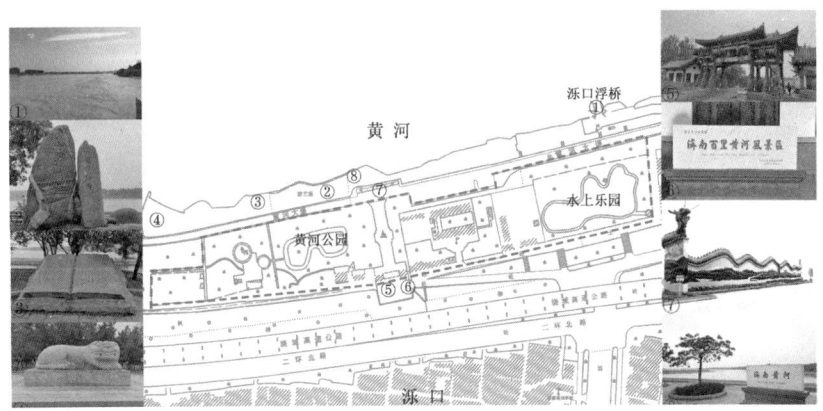

图8-15 泺口段黄河百里公园平面图

市委书记李伟仁、共青团山东特委代理书记孙善帅等9名中共党员干部，史称"泺口九烈士"。李春亭、孙善帅等9人被捕后，不畏敌人严刑拷打，始终严守党的机密。在泺口刑场，他们视死如归，高呼"打倒国民党反动派！""中国共产党万岁！"，在嘹亮的口号声中，惨遭杀害，英勇就义。纪念碑的落成为济南市又增加了一处爱国主义教育基地。

六、本章小结

黄河虽然改道济南也就是百余年的历史，但是济南人民在与黄河相处的过程中，治黄兴利形成了丰富的水利水工文化，具有典型的时代意义。济南人民治理黄河的历史就是人民群众同洪水斗争的历史，人与黄河的斗争诠释了人与自然和谐共生的生态格局。引黄兴利工程直接关系到黄河水资源的可持续利用和黄河流域社会经济可持续发展，百年经典水利水工工程不仅是人类对黄河水资源和生态资源的开发利用，更是寻求人与水、与自然和谐相处的平衡之道。

参考文献

[1] 黄河水利委员会山东河务局. 山东黄河志（1855-1985）[M]. 1988.

[2] 济南市黄河河务局. 济南市黄河志（1855-1985）[M]. 1993.

[3] 济南市史志编纂委员会. 济南市志 [M]. 北京：中华书局，1997.

[4] 济南市天桥区文史委. 党和国家领导人在天桥 [M]. 2013.

[5] 钱欢青. 泺口黄河铁路大桥见证百年历史风云 [N]. 济南日报，2019-05-29（A02）.

[6] 王彦斌. 黄河边这片废墟不是残桥是拦河闸 [N]. 山东商报，2017-04-17（P02）.

[7] 吴军，崔健. 济南泺口水文站建站百年 [N]. 济南日报，2019-03-12（A02）.

[8] 中共山东省济南市天桥区党史办. 泺口英烈 永芳千古 [M]. 北京：中共党史出版社，1993.

第九章

泺口古镇的铁路文化遗产资源整理

　　济南段铁路建设至今已经走过百余年的历程，形成独具特色的铁路文化。随着岁月的流逝，遗留下许多珍贵的文化遗产，蕴藏着大量的历史信息，真实记录了济南铁路从无到有的发展轨迹。济南段铁路文化遗产的历史是从1904年东西向胶济铁路的第一声鸣笛中开始的，胶济铁路的建设大力推动济南自开商埠的步伐，由此济南步入现代化城市发展行列。对于泺口而言的最早铁路是1906年通车的清泺小铁路，虽然当时铺设的并不是标准轨道，但这不影响泺口成为国内铁路时代的先锋。1912年，随着南北向津浦铁路通车，铁路主线也从泺口古镇东侧穿过，并设置了泺口站，而清泺小铁路也随后升级为泺黄支线，将胶济铁路与津浦铁路在泺口衔接到一起。一时间，来自全国各地的货物纷纷通过泺口涌进济南，泺口由此成为济南当时较为繁华的铁路水路转换节点。

　　铁路文化遗产是一种特殊的遗产类型，它既是工业遗产，也是一种线性文化遗产。铁路文化遗产的构成要素更是纷繁复杂，本章对泺口铁路遗产资源的整理从铁路、站点、铁桥等物质遗产入手，同时也关注了与之相关的铁路人文史话，作为非物质类文化遗存进行了整理。

一、济南铁路建造历史概述

　　1904年6月胶济铁路全线通车，济南胶济铁路火车站开始启用，是推动济南商埠的兴起与繁荣的重要因素之一（**图9-1**）。由于技术条件的限制，当时的火车采用热效率低的饱和蒸汽机车牵引，在火车行驶途中经常要停车烧汽，车厢用油灯照明，列车内异常昏暗。就是这种现在看来相当落后的火车，使得西风东渐，加速济南自开商埠的步伐，给济南这座古城注入了动力。1912年，津浦铁路通车的同时，新

图9-1 1904年启用的胶济铁路济南站　　**图9-2** 1912年启用的津浦铁路济南站

建成的济南站也投入使用（**图9-2**）。津浦铁路济南站与原有的胶济铁路济南站各行其道，互不干扰。到了1940年4月，为了便于日常管理和铁路运营，侵华日军将胶济铁路济南站并入津浦铁路济南站，津浦铁路济南站成为了两大铁路干线共同使用的大型车站。而胶济铁路济南站被改为济南铁路局机关，后作为济南铁路分局，铁路分局撤销后又改为济南铁路办事处。

济南人们习惯上称津浦铁路济南站为"老火车站"。老火车站一建成便受到了国内外专家和百姓的广泛赞誉，成为一处享誉世界的著名地标。当时的清华大学、同济大学建筑系均把老火车站作为教科书上的范例。在投入使用之后，老火车站迅速成为人流密集的繁华地带，成为外地人进入济南商埠的门户。来自全国各地的商人从这里涌入商埠，演绎着说不完的故事。无论是华人还是洋人，都是先认识了老火车站，然后才认识了商埠，认识了整个济南。在长达近一个世纪的岁月中，老火车站一直是济南的象征，它见证了商埠百年兴衰，目睹了整个济南的变迁。

二、泺口相关铁路线路遗产整理

历史上与泺口直接相关的铁路线路有三条，分别是津浦铁路线、泺黄铁路支线和清泺小铁路线。

（一）津浦铁路

津浦铁路是英、德两国帝国主义为巩固在中国的势力范围、继续扩大侵略而修建的。1899年5月清政府与英德两银团签订"津镇铁路借款草合同"，规定自天津至德州，济南至峄县为北段，北段的建造行车一切事宜由德华银行代为经理，自峄县至镇江为南段，南段的建造行车一切事宜由中英公司代为代理，借款740万镑。但是因为中间战乱，1908年清政府与英德两国才正式签订合同，该铁路遂于1908年开工修建，1912年12月建成通车。

津浦铁路原名"津镇铁路"，由于修建时将铁路终点由"镇江"改为"浦口"，因而改名为"津浦铁路"。津浦铁路北起天津，南到南京浦口，在济南与胶济铁路接轨，全长1009.48公里。1908年10月济南黄河南岸至枣庄韩庄运河桥间的线路动工，1912年11月完工，泺口段津浦铁路也在这一时段内建成。另外，为了方便运输原材料、煤矿、盐和连接济宁德运河码头，1908至1913年间先后建成良王庄至陈唐桩、临城至枣庄、泺口至黄台桥、兖州至济宁四条支线，共长96.26公里（**图9-3**）。

该铁路从泺口古镇东侧通过，并在泺口古镇东南位置设置泺口车站，对泺口在民国时期成为水铁联运的枢纽具有极大的推动作用，也为泺口商贸经济的大力发展起到了助推作用。

（二）泺黄支线

泺黄支线本应属于津浦铁路线的一条支线，位于济南市北郊小清河与黄河之间，该线西起津浦铁路泺口站，东止小清河黄台板桥码头，与胶济铁路黄台桥支线接轨。

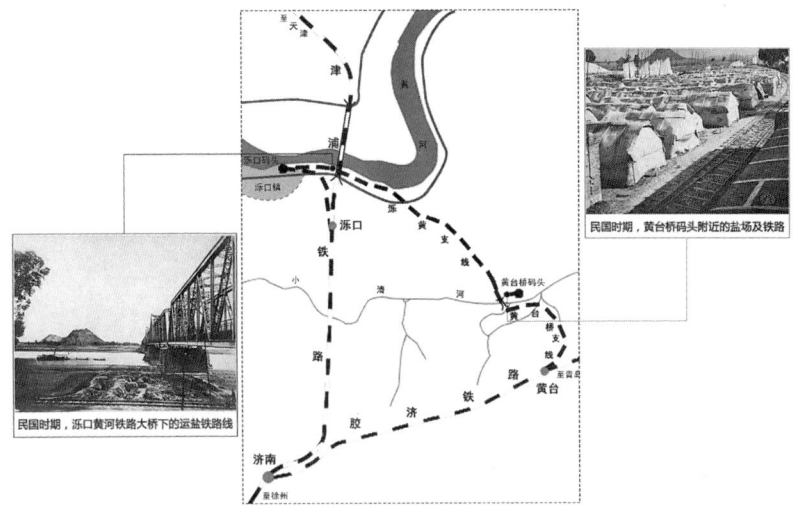

图9-3 民国时期泺口相关铁路线示意图

  泺黄支线是在清泺轻便小铁路的基础上建设而来的。据资料显示，1894年，黄河淹没了永阜盐场，次年改用王官盐场，由小清河运至黄台板桥，改用车运至泺口，再经水运至各州县。据《续修历城县志·盐法》记载，盐"自1895年起，由小清河运至黄台桥，设垣囤积，改用车运至泺口，再发水运。"1905年春，应盐商请求，山东盐运使张莲芬建议，鲁抚奏准，由鲁盐项下提银十万两，由德工程司包造黄台板桥码头至泺口码头的轻便铁路，1906年4月建成通车，计长12华里。1912年津浦铁路全线通车后，山东盐运使张莲芬经与津浦铁路办协商，拆掉清泺小铁轨，改建津浦铁路黄台板桥码头支线。1913年1月开工，同年6月竣工，全长7.8公里。

  张莲芬（1851—1915年）又名张毓菉，官僚资本家，商办山东峄县中兴煤矿股份有限公司总理，浙江余杭人。历任办理津榆铁轨公司直隶候补道、永定河道、天津道、山东兖沂曹济道兼运河道、山东盐运使。

（资料来源：中国人民政治协商会议枣庄市委员会文史资料委员会. 枣庄市文史资料. 第十九辑：中兴风雨. 山东新闻出版局准印证（1992）2—211. 枣庄：枣庄新华印刷厂，1993.）

泺黄支线则由津浦铁路泺口站出岔向西北方向行驶至泺口码头，再由泺口码头向东行驶穿过泺口黄河铁路大桥后，循黄河依堤傍水一直向东南行驶，到达小清河黄台桥码头，经小清河钢桥与胶济铁路黄台桥支线接轨。其中，泺口站至泺口码头段与津浦铁路的线路路基呈水平，过黄河堤后，路基逐渐降低，道床为碎石道碴，铁瓦轨枕，线路跨越小清河建有钢桥一座。全线设泺口码头站和黄台板桥码头站，泺口码头站位于黄河南岸，紧邻泺口镇，站线3股，全长900米，道岔4组，站台1座，长40米，黄台板桥码头站位于小清河黄河板桥，站线2股，站房建于小清河北岸。

泺黄支线的完工实现了胶济铁路泺口站与胶济铁路黄台站的无缝衔接，胶济铁路与津浦铁路之间达到了铁路标准轨道的连接。泺黄支线建成后，主要职能是运盐，以英美洋行的石油和其他货物为辅。1938年，日本侵略者为集中转运黄台板桥码头的盐，将泺黄支线泺口码头至黄台板桥码头段之线路和小清河钢桥全部拆除，仅保留泺口车站至泺口码头一段，后改为治理黄河专用线，直到1980年代才被拆除。

三、泺口相关铁路站点遗产整理

1912年，伴随着津浦铁路的建成通车，全线建成初期共设81个车站，其中北段51站，南段30站，区间距离一般均在10公里以上。除较大站场外，一般的中间站仅铺设到发线1股及200米长的货物线1股。黄河以北站台及墙多用砖砌，或为混凝土灌筑，黄河以南皆用石砌，外观各不相同。

津浦铁路在泺口设站（**图9-4**），进一步加强泺口铁路运输的能力。根据1927年成书的《1927济南快览》记载，当时以自天津之南下车为标

图9-4　如今的泺口站

准，火车一般是在星期一、三、五南下，星期二、四、六北上。根据速
度和方向的差异，南下的特快列车为第一次通车，北上的特快列车为第
二次通车，南下的普通列车为第三次通车，北上的普快列车为第四次通
车。泺口站经停的火车通常为第三次和第四次普快列车通车，每日火车
停靠的时间有所不同，其中南下的车次到站为五点五十一分，北上车次
到站为六点五十二分，详见表9-1。

津浦铁路泺口站及前后站三、四次通车行车时间及其各站点距离表　表 9-1

站名	第四次普快通车	第三次普快通车	距天津站距离（英里）
鹊山	7:03	5:45	211.42
泺口	6:52	5:51	213.56
济南府	6:40	6:01	217.78

　　泺口站的设立不仅加强了泺口站与泺口码头、泺口镇、济南市等内
部之间的联系，还加强了济南与山东甚至全国之间的联系。自此，泺口
成为水路、公路、铁路货运的中转站，使原本就是重要码头的泺口更加

繁忙，黄河沿岸多个省涉及90多个市县所需要的原盐由此集散，粮食和农副产品几乎全在泺口卸载，再由泺口直接发送至济南，或沿津浦、胶济铁路运往各地。济南及外地由铁路运来的煤炭和工业产品、日用百货等亦由泺口装船水路转运至沿黄各地。

清末民初以泺口为中转站转运货物一览表　　表 9-2

时间	进口地	进口运输方式	货物	中转站	出口地	出口运输方式
1906年	—	小清河、烟威商路或胶济铁路	盐、砂糖、煤油、火柴、棉纱、布、纸类、海产品及各类杂货	泺口	河南	—
	山西、河南、鲁西	—	铁货、茶叶、木材、煤、瓷器等	泺口	山东内地或沿海城镇	—
1907年	河南、山西	黄河水运	草辫	泺口	青岛	胶济铁路
	河南	—	茧绸	泺口	烟台	—
1909年	河南	黄河水运	豆子	泺口	胶济铁路沿线，如潍坊坊子、蛤蟆屯	胶济铁路
1918年	—	—	棉纱、棉布、煤油、火柴、砂糖、煤炭、陶瓷、杂货、纸	泺口	—	—
1920年代后	—	黄河水运	粮食土产	泺口	济南或分销各处	改装津浦车
	—	—	煤油、煤炭、杂货、棉纱、布匹、济南面粉、大宗烟	泺口	分销各处	黄河水运

四、泺口黄河铁路大桥史话整理

泺口黄河铁路大桥区域位置优越，是北达京津，南接沪宁的重要交通枢纽，是津浦铁路上的咽喉要道。泺口黄河铁路大桥的经济地位更为凸显，它与津浦铁路济南站紧紧连为一体，加速商埠区的兴起与济南经济繁荣。泺口黄河铁路大桥的正式投入使用，标志着津浦铁路的全线贯通，自此结束了黄河南北两岸交通制约的局面。

（一）修建史话

泺口黄河铁路大桥是济南开埠后兴建的，全长1265.91米，宽9.4米，共有11个桥墩，为12孔双线钢梁桥。其中有9个孔径均为91.5米，2个孔径稍大为128.1米，另有1个孔径最大为164.7米，跨度为亚洲之最，被誉为"亚洲第一跨度大桥"。自1901年起，德国孟阿恩桥梁公司就在济南段黄河上、下游90公里的流域内反复考察，最终将桥址确定在泺口镇东侧，并提出黄河铁路大桥的设计方案。1908年10月15日，举行开工典礼。即将开工之际，地方官绅担心建桥影响河堤安全，河防出现险情，危及济南市民安全，要求德国桥梁公司加大桥孔宽度、减少桥墩，双方经过多次磋商无结果。次年，詹天佑受命来到济南参与考察论证，实地勘察。在了解历年水文变化情况下，经过双方反复会商修改图纸，至1909年才就桥梁采用样式最终达成一致。泺口黄河铁路大桥于1909年下半年正式开工，历时3年多，于1912年11月16日举行了竣工典礼（**图9-5**）。

图9-5　1912年泺口黄河铁路大桥建成留影

詹天佑（1861年4月26日—1919年4月24日），祖籍徽州婺源，生于广东省广州府南海县。12岁留学美国，1878年考入耶鲁大学土木工程系，主修铁路工程。他是中国近代铁路工程专家，被誉为中国首位铁路总工程师。1905—1909年主持修建中国自主设计并建造的第一条铁路——"京张铁路"，创设"竖井开凿法"和"人"字形线路，震惊中外，有"中国铁路之父"、"中国近代工程之父"之称。

资料来源：成晓. 中国铁路之父——詹天佑［J］. 人民交通, 2017: 66-73.

（二）破坏与修复

泺口黄河铁路大桥北依鹊山，南靠大坝，形成一道强有力的屏障，由于地理位置特殊，军事地位凸显，历来都是兵家必争之地。曾因战争而遭受了四次破坏，无论是炮弹还是炸药，均未能把它彻底摧垮。

第一次破坏是在1928年北伐战争中，据守山东的奉系军阀张宗昌溃逃时，炸毁第8号桥墩，造成泺口黄河铁路大桥被迫中断通车8个月，津浦铁路实行分段通车对策，后于1929年耗资2.01万元修复（**图9-6**）。第二次破坏是在1930年，蒋介石军队与冯玉祥、阎锡联军隔河炮战击伤钢梁多处，1931年投资2.67万元进行大修加固。第三次破坏是1937年日军侵犯济南，韩复榘率部溃退时，组织铁路工程队将大桥炸毁，全桥遭到严重破坏，钢梁杆件被炸伤87处之多（**图9-7**）。日军占领济南后，于1938年1月予以修复，更换成同样外形尺寸的新梁，同年7月竣工，共投资376万元，钢材4000余吨。在修复过程中，由于军事需要，未待钢梁铆合就强行通车，导致第10孔钢梁下挠240毫米，给大桥留下隐患。第四次破坏是在济南解放后的1949年2月，国民党军队派飞机轰炸大桥，炸伤了三孔钢梁桥部分杆件，当时用电焊的方法进行修补，后又于1959年进行了大修加固，以确保安全。

图9-6　1928年张宗昌炸毁黄河铁路大桥

图9-7　1937年日军侵犯济南韩复榘炸毁大桥

（三）存废之争

由于黄河泥沙大量沉积，河床逐渐升高形成地上河，不能满足汛期洪峰通过要求，对黄河堤岸安全造成威胁，为此山东水利、黄河河务部门向国务院请示拆除大桥，国务院同意拆旧建新并要求于1989年6月底前拆完。与此同时，铁路桥运量被核减了400万吨，煤炭和其他物资运输的压力使山东相关部门请求缓拆大桥。

1991年8月，11名专家认为大桥仍具有使用价值，以个人名义向省政府递交保留老桥的建议书。同时，铁路局基建专家楼方均教授更以民主党派身份写信给九三学社中央，要求尽快向国务院领导转达建议。半月后，国务院办公厅把建议批转山东省政府，批示中写道："泺口铁路老桥拆除问题，已是国务院和省政府早已确定的事，不能因个别人的来信而改变决策。"

然而，看似已经板上钉钉，没有任何转机的文件，到了山东省副省长马世忠那里又峰回路转。马省长对此批示："这位专家谈的有一定道理。如时间允许论证一下最好，比简单答复要好一些。"为此，山东铁道学会紧急召开了改变泺口黄河铁路大桥命运的专家论证会。经过专家全面检测鉴定，泺口黄河铁路大桥基础坚固、埋深合理，可继续使用大桥，至少30年没问题。于是，投资7400万元对大桥进行了全面整修。据估算，经过整修以后的泺口大桥，在未来的50年间可节省、创造35亿元的价值。

（四）现代保护和维修

泺口黄河铁路大桥至今已经有100多年的历史，每天有28趟火车在大桥上飞驰而过，是目前唯一一座在黄河上仍承担铁路运输工作的百年老桥，它参与并见证了济南铁路运输的飞速发展。早在1977年，泺口黄河铁路大桥就被列为省级重点文物保护单位，2013年3月5日，被列为国家级重点文物保护单位，2018年入选第一批中国工业遗产保护名录。

这座大桥的背后，是一代代铁路护桥人的默默奉献。由于大桥历史悠久，加之复杂的结构和特殊的构造，至今一直沿用着最原始的检修方式：通过老式手摇检修车，对钢桥桁梁底部进行眼观、锤敲等最直观最有效的检修。检修车在检查时六人一组，四人摇车，其余两人通过手电筒照明观察，用检查锤检查连接这座老桥的35000多颗螺栓以及梁底的梁体状态。据了解，泺口黄河铁路特大桥属于悬臂梁式下承式钢桁梁桥结构，梁体间没有连接板，透过空隙能看到脚下波涛汹涌的黄河水，时常还会有列车从头顶疾驰而过，一般人行走在上面有强烈的恐惧感。再加之河面上风大，过桥的风更大，经常吹得只有两个支点的检查小车来回摇晃，幅度可达30度。而就是在这种危险的工作环境下，护桥人不仅要在这上面作业，还要到梁顶和梁底工作，十分不易。正是因为一代代护桥人默默无闻的坚守和无私的奉献，才确保了火车一趟又一趟安全驶过，确保了这座铁路大桥百年不倒，依然屹立在黄河边上（**图9-8**）。

图9-8 泺口黄河铁路大桥的近景

（五）红色纪念地

1. 周恩来总理视察泺口黄河铁路桥纪念地

1958年8月，黄河上出现了罕见的洪峰，持续10多天的特大洪峰威胁着大桥安全。8月6日，周恩来总理由郑州乘飞机抵达济南，亲临黄河铁桥视察，历时1个多小时，做了既要洪峰通过，又要确保黄河铁路桥安全的指示。为了铭记总理的关怀，把泺口黄河铁路大桥的防洪工作做好，1977年12月23日，山东省政府在泺口黄河铁路大桥南端修建了一座高1.7米、宽1.4米的"周总理视察泺口黄河铁桥纪念地"大理石石碑，并将其列为山东省省级文物保护单位（**图9-9**）。

图9-9 周恩来总理视察泺口黄河铁路大桥纪念地

2. 王士栋烈士纪念地

1967年5月31日晚8时突降暴雨，堆集在泺口黄河铁路大桥北桥头上的圆木被大风掀起，散落在道轨上，如不及时排除，就会发生翻车毁桥的严重后果。王士栋冒着狂风暴雨，不顾个人安危排除了铁路线上的障碍，确保了铁路大桥及列车的安全，而他自己却英勇地献出了生命。

1967年11月11日，为表彰王士栋烈士英勇事迹，在泺口黄河铁路大桥北端建造高1.9米、长3.8米以条石砌成的石座，上塑王士栋英勇抢险的塑像并命名该地为"王士栋烈士纪念地"（**图9-10**）。1979年被列为市级重点文物保护单位。

图9-10　王士栋烈士纪念地

王士栋烈士简介

　　王士栋（1947-1967）男，山东省泰安县季家庄人，1947年出生于贫农家庭，父亲早逝，养父母抚养长大。1962年高小毕业后在乡劳动，1964年任民兵连长。1966年3月入伍，在山东省军区独立一师一团二营当战士，负责保卫津浦铁路济南泺口黄河大桥，被评为"五好战士"、"学习毛泽东著作积极分子"。1967年5月31日晚8时，为排除路障，保卫列车和大桥安全，英勇地献出了生命。

资料来源：济南铁路分局史志编纂办公室编. 济南铁路分局志（1899-1985）[M]. 北京：中国铁道出版社，1994.

五、本章小结

　　铁路文化遗产作为传承城市历史文脉和记录人类精神生活的载体，

是一个时代的典型印记。铁路文化遗产作为一种重要的遗产类型，兼顾了工业遗存和文化景观的双重身份，体现了人类技术进步和文化的繁荣。济南铁路文化既是铁路工业文明的缩影，也是老济南人生活中的记忆：从胶济铁路的开通，到推动济南商埠区兴起与繁荣；从津浦铁路投入使用，到泺黄支线应运而生，泺口成为货物中转站；从泺口黄河铁路大桥屡遭破坏仍屹立不倒，到一代一代护桥人撑起泺口大桥脊梁；这些光鲜的铁路文化记忆就铭刻在大量的铁路文化遗产之中并不断传承，历久弥新。

参考文献

［1］ 北园镇志编纂委员会办公室. 北园镇志［M］. 济南：山东科学技术出版社，1991.

［2］ 成晓. 中国铁路之父—詹天佑［J］. 人民交通，2017（02）：66-73.

［3］ 济南铁路分局史志编纂办公室. 济南铁路分局志（1899-1985）［M］. 北京：中国铁道出版社，1994.

［4］ 济南铁路局史志编纂办公室. 济南铁路局史志资料选编：第一辑［M］. 1985.

［5］ 刘祺. 还在跑火车的百年黄河大桥背后守护者是这样一群"摇篮哥"［N］. 人民日报，2019-01-28.

［6］ 苗尔澜，管萍. 老济南商埠琐记［M］. 济南：济南出版社，2009.

［7］ 严强等. 济南旧影［M］. 北京：人民美术出版社，2001.

［8］ 佚名. 铁路之殇！济南泺口黄河铁路大桥104年的沧桑与荣辱［EB/OL］2016-12-02. http://www.sohu.com/a/120496444_395939.

［9］ 庄维民. 近代山东市场经济的变迁［M］. 北京：中国社会科学出版社，2015.

第十章 ————————————

洑口古镇的建筑风貌
寻踪

　　建筑是凝固的历史，是诸多历史遗存中典型的物质载体之一。无论其外在的旧有形制，还是内生的历史事件，都能将信息综合地传递给今天的人们。泺口作为历史上几度兴盛的河运古镇，既有过文人雅士的园林别墅，又有过盐商巨贾的深宅大院，还有过贩夫走卒的柴门陋舍。同时，因为人口的稠密、贸易的兴旺，刺激了人们精神生活的需求，也诞生过各种各样的宗教建筑，如兴隆寺、娘娘庙等。解放后，单位大院和新居建设工程先后进行，这给泺口当地留下了鲜明的时代痕迹。但是近年来，这些建筑，特别是历史建筑却呈现出日渐泯灭的态势。以二七集9号院的民居院落为例，原是盐商旧居，建筑形态和规制均属于济南典型民居，在牛国栋先生的《济水之南》一书中曾有过明确记载，网络上也能发现有关的文字图片资料，但是现在已经看不到了，原址上新建了一幢钢筋水泥的怪物。究其缘由，与城市规划及管理工作的不力有着一定关联。泺口古镇的拆迁安置消息已经在当地流传了很多年，但是一直没有落实，当地百姓在漫长的等待时期，不断对原有建筑进行着自我改造，有的目的是为了改善居住环境，有的则是为了增加建筑面积进而在拆迁补偿中获利。并且，这些改造又缺乏相关的设计导则予以指导，导致居民的改造变成了对旧有建筑的严重破坏，带来的损失不可弥补，令人叹息！近日，课题组到泺口古镇的现场去认真搜寻，仍能发现一些建筑的旧日痕迹，笔者欲借助典籍文献的梳理，对泺口古镇的建筑进行基本论述，以期在未来发展规划中能提供些许地域性参考。

一、历史文献中的别墅

　　魏晋南北朝时期，济南北部地区就有别墅建设的踪迹，这在唐人的《酉阳杂俎》一书中有过记载，其建筑式样见**图10-1**。提到别墅，在今天是豪宅的代名词，多建设在城郊或风景区，而在古代通常被称作别业、别馆。我国历史上记载的第一个庄园式别墅园林是西晋石崇的洛阳金谷别墅。据《晋书·石苞传》载："崇有别馆在河阳之金谷，一名梓泽，送者倾都，帐饮于此焉"。南北朝时期，居住在历城的房豹，曾拿自己的房家园别墅与石崇的金谷别墅做过比较。据《酉阳杂俎》载："历城房家园，齐博陵君豹之山池。其中杂树森竦，泉石崇邃，历中被禊之胜也。曾有人折其桐枝者，公曰：'何谓伤吾凤条'，自后人不复敢折。公语参军尹孝逸曰：'昔季伦金谷山泉何必逾此'，孝逸对曰：'曾诣洛西，游其故所。彼此相方，诚如明教。'孝逸常欲还邺，词人饯宿于此。逸为诗曰：'风沦历城水，月倚华山树'，时人以此两句，比谢灵运'池塘'十字焉。"另外，《酉阳杂俎》中还记载了位于历城北面的另一座园林——北魏郑悫避暑的园林使君林。虽然今天，我们从现场很难发现这些园林别墅的建筑痕迹，但是从历史文献的记载不难发现，魏晋南北朝时期，官员士绅多喜欢历城北部地区建置别墅。虽然该时期泺口古镇建筑的形态确实难寻其踪迹，但是该区域自然环境非常优美，山水景色融为一体，为别墅园林的建设提供了天然的环境基础，别墅也应该会呈现出与山水环境良好结合的态势（图10-1）。

图10-1 魏晋南北朝时期的房屋示意图

二、《鹊华秋色图》中的茅屋

元人赵孟頫是当时著名画家，曾做过济南路总管府事，自该职位南返后，为友人周密描绘其祖籍地貌景色之作——《鹊华秋色图》。描绘的是济南北部华不注山和鹊山一带的秋景，画境清旷恬淡，表现出恬静而悠闲的田园风味。作品采用平远构图，再以多种色彩调合渲染，虚实相生，笔法潇洒，富有节奏感（**图10-2**）。

该画作并不是现场写生完成，而是若干年后，由作者根据记忆而作。画中文字虽然对两座山的位置交代与实际情况有所出入，但是根据现场踏勘选点的情况来看，泺口古镇的位置是能同时看到这两座山的极佳位置（**图10-3**）。如果根据画作和照片的对应关系，鹊山前面几座房

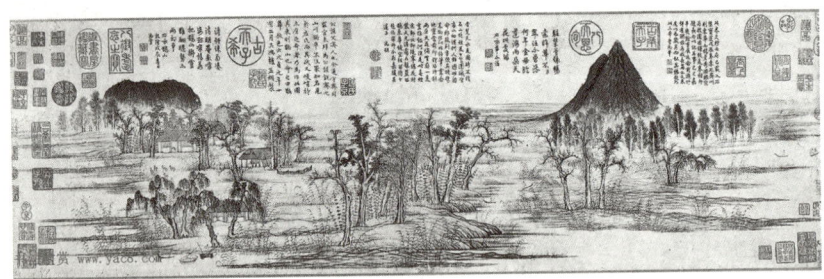

图10-2 鹊华秋色图

图10-3 从泺口黄河大堤看鹊华二山

图10-4 鹊华秋色图中的茅屋示意图

屋建筑的位置就应该是泺口古镇的位置。因此，我们可以将此作为泺口古镇元朝时的建筑面貌予以认定。同时，需要注意的是，赵孟頫当时的住宅——砚溪村别墅就坐落在泺口古镇附近。纵观画作，鹊山前有木结构梁架式房屋三处，一处傍山、一处近水，一处在崖石之旁，屋顶覆盖以茅草、形式好似卷棚歇山顶，屋檐下的柱子窗户清晰可见，均掩映在树木之中，其中前面两间略小。颜色上面，屋顶、柱子和窗格均用淡赭黄色，墙体为灰白色，笔者根据以上描述对茅屋建筑进行复原，其示意图如**图10-4**所示。

三、明清时代的私家园林

明清时期泺口古镇以盐运码头而闻名，产于海边的鲁盐由大小清河运送到此处，进行登记转运。为什么要汇聚于此？这是因为此处有盐运使衙门设置的泺口批验所，要对海盐进行称重评定，并能按盐引给汇聚于此的盐商分发海盐。当时的山东、河南和安徽的部分州县都是食用从泺口批验所运出的食盐，兴盛的盐运造就了泺口旧日的繁华。明代崇祯年间的《历乘》中曾记载："雒镇……亭阁飞甍，诚一巨镇。"泺口古镇的建筑多有楼台亭阁，并且屋顶多采用飞檐形式，房脊由中间向两端慢慢抬升翘起，好似要展翅飞翔，建筑样式丰富多样（**图10-5**），形态轻盈灵巧，体现了泺口古镇的繁华。

同时，盐运的兴盛也使得众多盐商在泺口古镇建房居住，相关建造记录在清朝频繁出现。清顺治初年，秦、关、范三姓盐商取得泺口盐业行商特权，他们效仿"桃园三结义"结拜为兄弟，在泺口三义街建立三义阁，在义和巷建造三义庙。乾隆年间大盐商格秀在泺口镇格家胡同修建了"敬表格秀之妻刘氏节孝坊"。清嘉庆年间，刘氏洪茂、洪绪、洪玉三兄弟经营盐务，定名家族居住街道为"洪字街"。当时此街旁均系四合院建筑，形似官府，内有藏书楼。嘉庆年间大盐商关伯岚，则居住在玉振街，其后人关友声为我国现代著名书画家。

明清时期直至黄河改道大清河前，泺口镇周边的生态自然环境依然良好，有较为广阔的水面与鹊山、华山、药山、标山相互映衬，景色秀美，为官宦大员退休后的居家优选，他们具有文人情怀，追求天人合一，在宅院之中打造园林胜境，其中以乾隆年间刘叔枚（曾任广平知府）的"亦园"和李士琛（曾任工部员外郎）的"基园"声名远播。据《续修历城县志》记载，两园均由当时建造名匠陈雨人监造，皆叠石为山，

图10-5　明清时期的亭子与房屋建筑示意图

亦园山峻拔，基园山坦迤，各有逸致，清时名士谢仟、钟廷瑛等人还曾为之赋诗。亦园在泺口镇的北部，双泉绕水，假山石洞，小亭翼然，登上假山，则可眺鹊华二峰，清人周乐《游刘氏园作》一诗中的"绝顶一凭眺，鹊华见悠然"正是其写照。基园在亦园南面的泉字街上，也建于乾隆年间，规模更为宏大。据李士琛好友申士秀在《梦游基园记》中记载："园内有十二胜景，分别是拜石山房、亦舫斋、尔室、鉴方塘、函青书屋、二酉草亭、青藤石室、勺泉、虚谷、面壁轩、槐亭和又一村"，水色山光，令人流连忘返。从记载中不难发现，乾隆时期，泺口古镇还有勺泉等泉眼存在，形成了人泉和谐共生的美好场景。

另外，明清时泺口镇还有多处宗教建筑，其中两处在今天仍能发现看到其部分遗存。一处是位于泺口镇大寺集街的兴隆寺（**图10-6**），建于清初，道光、光绪年间均有重修，立有重修石碑。原寺内有泥塑大佛一尊，寺前是北郊地区的主要集市，商业兴隆，故名兴隆寺，后因年久失修，留存有大殿一座，直到2001年才又重建寺庙。另一处是位于泺口渡口北岸的北泺口清真寺，始建于清代咸丰五年（1855年），毁于黄河水灾。同治三年（1864年），在原址复建，民国二十一年整修扩建。如

图10-6 泺口兴隆寺现状

今仅存西寺，坐北朝南，砖木结构，气势宏伟，庄严的礼拜殿后，还有一座二层望月楼，结构小巧奇特。

四、清末及民国的青砖瓦房

黄河于1848年在河南改道走原大清河河道，因为黄河泛滥频繁和巨大的携沙能力，从而大大改变了济南北部的生态环境，以往山清水秀、园林别墅云集的环境开始蜕变，遍布的河湖湖面逐渐被黄河泥沙淤塞，地势抬高，风大沙尘多，潇洒胜江南的优越环境逐步丧失了。

此时，园林别墅建设的记载开始减少，泺口古镇在1858年建起了高大的圩子墙。据统计，当时圩子为青砖筑墙，墙内约有民房6500间，中部多是青砖瓦房，两侧是简陋的土房茅屋。其中，青砖瓦房有1260间，通常是地主、豪绅的住房，建筑为条石基础、青砖墙、小瓦顶、砖铺地面、前后出厦、雕梁画栋、客厅式的公馆。东面两侧的土房茅屋包括石灰抹顶3930间、土坯泥顶房1210间、篱笆墙房100间，并且圩子墙内西侧多于东侧。**图10-7**是原载于《亚细亚大观》上的一张照片，由日本间谍

图10-7 民国时自北向南眺望泺口古镇

拍摄于1929年，取名为"寂静的泺口"。从这张照片可以发现，远处泺口的圩子墙垛口和高大的青砖建筑兴隆阁，位于泺利街一侧，中间白花花的应该是一片水洼，近处是一个普通人家的院落，其中墙是土坯的，屋顶为石灰抹顶，门楼右侧的房子顶上长满了荒草。

从现存的青砖建筑和二七集9号院的照片资料来看，泺口的青砖建筑与济南城区的传统民居类型特征相似，整体色调以灰色调为主，青砖灰瓦，特别是房屋和门楼结构、屋脊、瓦檐、砖雕等细节差别不大（**图10-8**）。房屋墙体构成三段式明显，墙基是石头，中段是青砖，上面是灰瓦，目前，奎文街10号院内有一东房，墙体还是遵循旧制，据说是清代建造（**图10-9**）。

图10-8 二七集9号院

由于泺口附近生态环境质量的下降，"悠然见南山"与"白云一片去悠悠"的情怀难以再现，清末及民国时，住进青砖瓦房的多为商人（表10-1），除去以往旧居于此的盐商家族，如位于二七集9号院的马姓盐商后人和玉振街的关氏盐商后人，还有许多事业发端于泺口的新生民族资

图10-9 奎文街10号院内泺口仅存的青砖建筑

本家，如来自淄博桓台的张采丞、穆伯仁、刘振清、大苗家族（苗杏村和苗兰亭叔侄）、小苗家族（苗星垣和苗海南）等人，还有刘会岭、梁汉卿及在周村开银号赚钱来此定居的张介臣等。

泺口古镇历史人物及街巷位置统计表　　　　表10-1

序号	人物	年代	营生	事迹	所处街巷
1	彭庆和郑凤田	清光绪年间（1875—1908年）	借地发财	清光绪年间（1875—1908年）黄河分上、中、下三关，各关都有渡口。彭庆和、郑凤田等为借地发财，买了上关地段	上关街
2	刘会岭	清宣统年间（1909—1911年）	酱菜	清宣统年间（1909—1911年）刘会岭在此街西端，开了一座酱菜店，号为"汇源"，故该街取名"汇源街"	汇源街
3	梁汉卿	民国十八年（1929年）	行商	民国十八年（1929年）行商梁汉卿等户，为少纳杂税，迁至龙湾庄西边落居	汇津门
4	刘元志	清道光年间（1821—1850年）	行商	清道光年间（1821—1850年），商人刘元志在章丘做买卖，来此盖了许多房子，以他的字号"永祥号"取街名"永祥街"	永祥街

续表

序号	人物	年代	营生	事迹	所处街巷
5	张介臣	1931年	行商	1931年，张介臣在周村开银号发财，来此买地落居，取街名"丰年街"	丰年街
6	格秀修	清乾隆二十六年（1762年）	盐商	清乾隆二十六年（1762年），有一大盐商格秀修建一牌（1966年拆除）记载："敬表格秀之妻刘氏节孝坊"	格家胡同
7	李姓人士	清宣统年间（1909—1911年）	—	清宣统年间（1909—1911年）有一姓李的在此种花（惯称"李家花园"）	泺口花园街
8	李姓盐商	清顺治年间（1644—1661年）	盐商	清顺治年间（1644—1661年）有一李姓大盐商院内有泉水	泉字街
9	刘姓盐商	清乾隆年间至清嘉庆年间	盐商	乾隆年间，山西洪洞县人刘姓，系翰林出身，来山东经营盐业，定居泺口镇，至清嘉庆年间，传至后代洪茂、洪绪、洪玉仍经营盐务，其所住街皆刘姓一族	洪字街
10	关伯岚	清嘉庆年间（1796—1820年）	盐商	清嘉庆年间（1796—1820年），盐商关伯岚，以"金声玉振"吉祥嘉言，取街名"玉振街"	玉振街
11	杨恕棋张明朝	清道光年间（1821—1850年）	举人	清道光年间（1821—1850年）该街有杨恕棋、张明朝文武两举人，杨曾任浙江宁波县知县3年，以功名吉祥，取街名"泺口魁盛街"	泺口魁盛街
12	沈姓进士	清顺治年间（1644—1661年）	进士	清顺治年间（1644—1661年），有一沈姓进士住在该街	进士街

此外，泺口有一处基督教集会点，位于南大沟与二七集交叉口附近的民居中，为一青砖建筑，该处建筑自民国使用至2018年柴火市泺口教堂建成，后被房主拆除重建为水泥房屋。

五、中华人民共和国成立后的红砖建筑

中华人民共和国成立后，泺口镇的航运功能得到了恢复，同时由于党和国家领导人对黄河防汛的重视，山东黄河航运局和济南黄河河务局均把驻地设置在泺口镇，由此带来了相比以往的建筑更大尺度的公关设施建设。如位于济泺路附近的山东黄河航运局建设了大礼堂和住宅楼（**图10-10**），黄河河务局则在泺口镇北侧，结合黄河河段防灾的需求建设了相关的生产和生活设施。相对于公共建筑和单位大院的建设，普通民居的改造建设进度则相对较慢，它们的大幅度建设是在改革开放之后的10年内。这个时候相对富裕起来的人们，为了改善居住生活条件，把以往的青砖和土墙房子变成了红砖红瓦的小院（**图10-11**）。到今天来

图10-10　航运局的宿舍和河务局礼堂

图10-11　泺口永祥街东红砖小院

看，这种红砖红瓦的院落遵循了较多传统的建筑制式，院墙大门也较为精致，在这泺口的水泥森林之中倒也显得别有兴致。

六、本章小结

泺口古镇有着辉煌的历史，不同时期的建筑在这里汇集，能体现不同时代人们的生活，它们是未来古镇保护和发展不可忽略的珍稀资源，在今后的政府工作中要重视起来。虽然，泺口古镇中现存有级别的历史文物较少，但是其建筑蕴含的历史信息却十分丰富，当前正值携河发展战略和国家新旧动能试验先行区实施的关键时期，应该积极引入以泺口为代表的历史文化类型和要素，从而给新型空间的发展建设提供文化支撑和历史内涵，进而打造济南范的国家级新区。

参考文献

[1] 北园镇志编纂委员会办公室编. 北园镇志 [M]. 济南：山东科学技术出版社，1991.

[2] 刘思铎. 沈阳近代建筑技术的传播与发展研究 [D]. 西安建筑科技大学，2015.

[3] 毛承霖修，赵文运等纂. 续修历城县志 [M]. 上海：上海古籍出版社，1926.

[4] （明）贵养性修，刘敕纂. 历乘 [M]. 济南：济南出版社，2016.

[5] 牛国栋. 济水之南 [M]. 济南：山东画报出版社，2014.

[6] 任保忠. 赵孟頫《鹊华秋色图》浅析 [D]. 中央美术学院，2008.

［7］（唐）段成式著，曹中孚译. 酉阳杂俎［M］. 上海：上海古籍出版社，2012.

［8］（唐）房玄龄，等. 晋书·石苞传［M］. 北京：中华书局，2015.

［9］亚细亚写真大观社. 亚细亚大观［M］. 长春：亚细亚写真大观社，1929.

洣口古镇近代民族商人企业家史话

泺口自古就是商贸重镇，镇上集中过大量的商人，有些是土生土长的，有些是外地来此经商，也有许多商人虽然最后生意场所不在泺口，但是最初学艺发端在此，这些人都属于本章关注的对象。近代中国是民族资本家诞生的时期，在泺口经商的商人中，有一部分借助在泺口累计的资本开设工厂、兴办企业成为企业家。他们不仅对近、现代企业的形成和发展有着积极的引领作用，更是对近代济南及至山东经济的发展起到了巨大地推动作用。在近代波云诡谲的社会大潮下，济南也不断陷入时局动乱之中，战争、乱政，帝国主义和军阀势力的双重掠夺使得这些民族商人举步维艰，有的人始终秉持民族大义，解放后成为工商界的代表，而有的人则随波逐流，为了保住自己的财产变节，成为侵略者服务的工具。本章首先回顾了近代泺口商贸业发展的概况，在此基础上主要阐述了行栈业的发展，列出了具有代表性的民族商人企业家信息，并对他们表现出来的地缘特征、家族特征和行业特征进行归纳总结。本章在这里对泺口古镇近代民族企业家的情况进行整理，其意义在于提升本书内容的人文内涵，因为本书前面的章节主要关注的是环境、城镇和建筑等要素，缺少了一些活生生的"人"的活动，而本章的内容恰能弥补这一短板，对人们全面认识泺口古镇和济南商埠区的历史大有裨益。

一、泺口商贸业近代发展史话

历史上济南城关以北的商业主要集中在泺口。20世纪以前，泺口是水陆交通枢纽，是山东盐业的集散中心之一，商业服务业的繁荣盛况甚至超过济南城关。20世纪初，津浦、胶济铁路建成通商后，济南又新开商埠区，泺口的一些巨商迁往济南，商业地位逐渐让位于济南，但由于资本主义因素的增长，民国时的泺口依然相当繁荣。当地老百姓的营生

多从事商业、手工作坊和运输户。其中，酱菜业始终是泺口的主要行业
之一，据1926年的《历城乡土调查实录》统计，泺口当地有生产醋和酱
菜的作坊40余家。在1934年《济南大观》等资料的统计中，泺口镇当时
有商业店铺百余家，书中记录下有电话号码的公司店铺信息35家，其中
行栈类店铺约占到一半。同时，据该书记载，泺口西圩子门外有妓馆30
余家，也从侧面反映了泺口商业的繁华。

《济南大观》中泺口古镇机构及公司商号一览表　　表 11-1

类别	机构名称	位置	电话
政府机构	公安分局	火神庙街	二五
	泺口斗管营业税局	泺口镇	一
	河务局	封神街	一六
交通通讯机构	电话分公司	永阜街	四五
	泺口电话领班	永阜街	五〇
	东临汽车站	进德街	五三
	津浦铁路泺口站	泺口东南	三四
商业组织机构	泺口商会	永阜街	三八
	泺口镇码头搬运业职业工会	下关	崔占江—负责人
	济南市码头工会	泺口镇	崔占江—负责人
	济南市民船员工会	泺口镇	陈少立—负责人
公司商号	德盛昌牛栈	公胜街	二一五九
	德兴和粮栈	永阜街	二四
	福聚号（醋）	花园街	三九

类别	机构名称	位置	电话
	福祥昌	永阜街	二八
	公聚和粮栈	泉字街	一七
	广盛号（醋）	二七集	——
	鸿昌号	公店街	五一
	华通粮栈	建兴街	六
	集成行	丁字街	一四九一
	妓馆	西圩子门外	30余家
	聚泰成	晋字胡同	五六
	聚泰栈	建兴街	五九
	聊丰公司	丰涌街	三
公司商号	乾祥永	永阜街	五二
	庆源栈	赵家庄	七一
	三义栈	三八街	——
	双和栈	赵家庄	二七
	泰源粮栈	公胜街	六〇
	同和城公记	石头市街	五
	同聚和粮栈	泉字街	一九
	协泰福	三八集	四四
	信成东银号	丰年街	二一
	信成号（醋）	石头市街	一
	兴顺福粮栈	泉字街	四〇

续表

类别	机构名称	位置	电话
公司商号	亚细亚油栈	下关	二二
	义丰栈	泉字街	二三
	义兴栈牛栈	泉字街	五一二
	永利粮栈	永阜街	六三
	裕丰德粮栈	三八集	三五
	裕祥昌牛栈	公胜街	三八
	裕祥昌粮栈	公胜街	九
	悦来公司	昌洛门	一七
	振兴粮栈	太平街	三三
	志兴成粮栈	晋字胡同	六七
	中立店	赵家庄里	七四

通过对泺口的商业管理机构进行梳理，可以发现当时的管理机构分为两类：第一类主要是税务机构，负责从泺口商户中收税；第二类是商人组建的组织，包括商会和行业公会两种，用来维护同业利益、矫正营业弊害、促进行业发展。泺口在1913年正式成立泺口商会，穆伯仁担任第一任会长，后续还成了泺口镇码头搬运业职业工会、济南市码头工会和济南市民船员工会三个工会组织，它们的负责人是崔占江和陈少立。此外，还有对泺口商业形成有力支撑的交通和通信行业机构，包括铁路、公路站点和驻扎在泺口的电话分公司。

1937年后，黄河改道入海，泺口失去了水运交通枢纽的优势，从此衰落下来。这个时段内，泺口的商业向商埠区转移，泺口的行栈业，特别是粮栈纷纷破产或者搬迁至商埠区，而运输户则多数向黄台桥码头转移。抗日战争胜利后，黄河复归故道，泺口的市场有所复苏。在1946年，泺口肉行业公会由全香斋的邓文林在泺口柴火市成立。据1952年的统计资料，泺口镇辖区内共有私营商业、服务业163户、其中酱菜业23户、杂货业25户、旅店22户、面食饭店24户、理发店13户、中药店11户、猪肉店8户、货栈7户、茶叶店5户、西药房3户、照相1户、刻字1户、灯轿铺1户、事物店1户、其他18户。这个时候政府成立了工商联泺口分会，对商业店面进行日常管理。

二、泺口行栈业的兴衰

通过对泺口镇商业发展历程的回顾，可以发现近代历史上，行栈业商人对泺口的发展具有重要意义。在这里看一下行栈商的由来，在第一次鸦片战争后，随着通商口岸的开放，内地华商直接与洋商打交道成为一种趋势，这其中绝大多数交易都须由买办居中介绍，牵线代理。实际上，与买办打交道的华商并非一般意义上的行商、号庄或散商，而是具备特殊商业功能的行栈商人资本。20世纪后，行栈商在许多领域逐步取代了买办，行栈商与行栈业成为中外贸易新的桥梁。与此同时，行栈商也同样活跃于国内贸易领域，起着连接不同地区大宗商品远程贸易的纽带作用，并在工业化进程中扮演着重要的角色。

济南的行栈业发端于清末民初时期，1904年济南市开埠以后。就整体而言，行栈商人资本具有三项基本的商业功能，即贸易中介功能、信托代理功能、商品批发功能。民国时期，济南地区的行栈业发展迅速，但是受到政治经济环境变化影响显著。以粮栈业为例，据1918年的数据显示，济南登记在册商家总数2000余家，其中粮栈行业50余家，进入20

世纪30年代，由于济南市社会秩序较为稳定，工商业发展更为繁荣，1932年增加到83家，1933年在中美"麦棉借款"的冲击下，粮食销路大减，粮行停业者众。济南在抗日战争中沦陷后，不少粮栈歇业，1938年仅有13家营业。日伪统治时期，粮食紧张，物价上涨，有利可图，许多商人开始从事粮业生意，1942年粮栈达到285家。到1946年，国民政府接管济南后对商业情况进行调查，粮业商户有214家。但是国民政府随之而来名目繁多的募捐、摊派、借贷等无赖手段使得粮业商户不堪其负，相继破产歇业，到1947年7月粮业商户仅剩31家。

这个阶段粮栈行业也成立了自己的行业公会，并加入济南的商会组织。据调查，最早的粮业公会成立于1918年，是在济南商埠商会下成立的工会组织，1927年时济南商埠粮业公会会长为穆伯仁，但是由于1928年日占济南时期，济南商埠商会会长有通敌行为，国民政府遂在1929年济南收复后，开始取缔济南商埠商会，1929年5月统一成立济南商会粮业公会，至1950年，苗杏村、苗兰亭、许宗远等人曾先后担任会长或理事长。

1931—1950年济南粮业公会相关信息表　　表 11-2

年份	所在地	会长姓名	会员数量
1931	官扎营成丰	苗杏村	80
1934	官扎营成丰	苗杏村	—
1938	官扎营成丰	苗兰亭	331
1943	官扎营成丰	苗兰亭	331
1946	津浦车站北	许宗远	149
1947	津浦车站北	许宗远	49
1950	——	任德和、田良民	44

　　这一时期行栈业和行栈商人也成为泺口发展的重要因素，给泺口的经济注入活力。据1934年的《济南大观》一书中泺口镇商业店铺名录的整理，该镇当时有行栈经营主要以粮栈为主，有德兴和粮栈、公聚和粮栈、华通粮栈、泰源粮栈、同聚和粮栈、兴顺福粮栈、永利粮栈、裕丰德粮栈、裕祥昌粮栈、振兴粮栈、志兴成粮栈等10家左右，另外还有牛栈、棉栈等类型。通常山东境内的沿黄地区、小清河流域和鲁南地区的粮商通过铁路、水路条件将粮食运至济南，特别是泺口，存于粮栈中，委托粮行代售，粮行随时派遣粮行伙计或者委托经纪人寻揽买客，或者等到买客来栈内订购粮食，一旦交易完成后，粮行则从货款中提取1%的"手续费"。据1934年《中国实业志》记载，当时泺口的华通粮栈、永利粮栈、裕丰德粮栈和振兴粮栈在全省的粮栈中也有一定的影响力。同样，以德盛昌、裕祥昌为代表性的牛栈，则是牛买卖交易的场所，牛栈商通过促成牲畜之间的交易，从中提取费用获取收益。泺口的行栈主要分布在泉字街、公胜街、三八集和永阜街（**图11-1**），主要是因为这些街巷距离黄河码头和铁路站点较近，方便于货物的运输。

　　这一时期穆伯仁、苗杏村、张采丞、王冠东等知名粮商，是本章重点关注的人物。他们均有过在泺口古镇粮栈经商或者学徒的经历，他们在1918年共同成立了粮业公所，之后的大部分粮食交易都在公所内进行。这些大商人中，后续大多数都投身到开设工厂企业的事业中，依靠自身经营粮栈累积的资本和自身粮食运输的便利条件，开办工厂，成为近代民族企业家，例如苗杏村开办的成丰面粉厂、成记面粉厂，穆伯仁开办的惠丰面粉厂、晋丰面粉厂。

　　1948年济南解放后，泺口货栈业营业萧条，国营商业逐渐掌握了批发阵地，控制了货源，各种经济逐步纳入了国家计划轨道，商品的价格

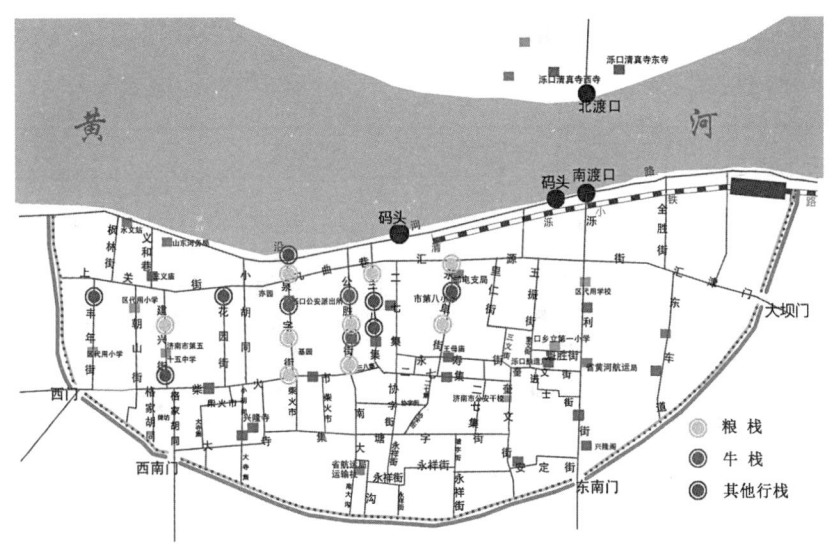

图11-1 泺口行栈分布图

由国家制定，货栈业的经营受到限制，很多货栈业主也逐渐转营他业，剩下的一些由国家统一组织进行登记，确定经营范围，根据业务性质加入行业公会。1952年时统计泺口货栈业店铺数量仅剩6~7家。到1955年，私人资本主义工商业进行社会主义改造，人民政府对批发商进行分批安排，实行了公私合营，私人行栈业也告别了历史的舞台。

三、泺口代表性商人企业家简介

张采丞、穆伯仁、苗氏兄弟等人是泺口古镇近代的豪商巨贾，他们中间的多人都是济南近代民族企业家的代表。泺口的民族企业家大多是依靠行栈业开始积累资本，并逐渐开设工厂，扩大产业（表11-3）。本节对其中代表性的商人企业家生平进行简要介绍。

泺口民族企业家产业信息 表 11-3

人物	商铺企业名	开设时间	开设地点	备注
张采丞	兴顺福粮栈	1900年	泺口	分号
	兴顺福机器油坊	1909年	经二纬三路	—
	兴顺福铁工厂	1913年	经二纬三路	—
	兴顺福酱园	1926年	经二纬三路	—
穆伯仁	同聚和	1901年	泺口	刘振清在此学徒
	德兴和	1911年	商埠	—
	通惠银行	1917年	商埠	—
	惠丰面粉厂	1918年	商埠三里庄	—
	晋丰面粉厂	1919年	山西太原	—
	仁丰纱厂	1933年	北商埠后陈家楼北侧	—
苗德卿	恭聚和	1899年	泺口	合资
	恒聚和	1906年	泺口	合资
	恒聚成	1911年	济南西站	—
苗杏村	公聚和	1910年	泺口	独资
	成丰面粉厂	1921年	官扎营后街	合资
	成记面粉厂	1932年	铜元局后街6号	—
	成通纱厂	1932年	北商埠义和街	合资
	成大纱厂	1937年	林家桥1号	前身为鲁丰纱厂
苗星垣	公聚祥	1910—1911年	泺口	苗在此打工2年
	同聚长	1920年	经三路纬二路	合资
	德馨斋	1930年	经三路纬七路	为岳父周学山开办
刘振清	大通棉栈	1936年	北坦	—

（一）张采丞

张采丞（1868—1934年）原名张克亮，山东寿光人。其父（**图 11-2**）原在寿光羊角沟经商，清光绪十年（1884年）继承父业，将其父开设的"兴顺盛栈行"改为"兴顺福粮栈"。光绪二十六年（1900年）携银3000两，举家迁至济南。济南开埠初期，他租借商埠地区大片土地，相继建立兴顺福粮栈、兴顺福机器面粉厂、兴顺福机器榨油厂等，后又开办兴顺福机器铁工厂。1921年又创办华庆面粉厂，1926年增设酱园，一户兼营数业，并在泺口、羊角沟设立分号，专营粮业货栈。因其善于经营，注重商号信誉，不过数年已成为济南工商界的富翁。

1916年担任济南总商会特别会董，后任首届济南商业研究会会长兼红十字会会长。他集中力量，向机械制造业发展，扩大了原有铁工厂的生产规模，雇用工人达400多人。除制造锅炉、水泵、吊车和矿山用的机件外，还曾研究试制小型轮船，在小清河试航。又仿制汽车，在市内试用，还制造过蒸汽引擎等（**图11-3**）。1934年病逝于济南。

图11-2　张采丞与他父亲

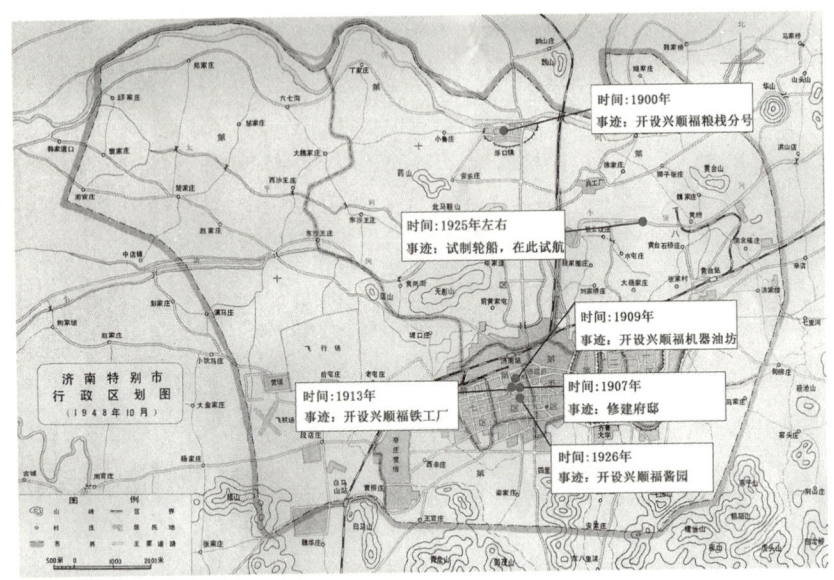

图11-3 张采丞济南商号企业开办时空分布图

图11-4 张采丞故居

　　位于经三路上中山公园东侧的张采丞故居，建于1907年左右，为中西合璧建筑风格，2016年已经进行修缮（**图11-4**）。

（二）穆伯仁

穆伯仁（1867—1935）名德荣，字伯仁（**图11-5**）。桓台县索镇雅和庄人，实业家。1901年在济南泺口创办同聚和粮栈，开业不到3年即获利2万两白银，成为泺口商界的头面人物，并担任泺口商会首任会长。1911年，在商埠创办德兴和粮栈，修建了可容粮十几万吨的大仓库。1914年他被选为济南商埠商会副会长，1916年被选为会长并担任济南总商会副会长。1917年集资60万元，在济南创办通惠银行。1918年集资30万元，创办惠丰面粉股份有限公司，1919年8月建成投产，任公司董事长兼总经理。随后，又集资在山西太原创办晋丰面粉厂，任董事长兼总经理。1933年，与崔景三、辛铸九等在济南筹资创办仁丰纱厂（**图11-6**），并被选为董事长。1934年6月该厂开工投产。由于资金不足，生产经营陷于被动，开工不到一年，辞去董事长职务。不久，穆伯仁受独子和二弟先后早逝的打击，伤心过度，于1935年12月病逝，享年68岁。

穆伯仁先后在济南、桓台、太原、博山等地创办工商企业10余家，总资本达200余万元，成为当时济南和全省的巨富之一（**图11-7**）。他也

图11-5 穆伯仁

图11-6 仁丰纱厂"蜘蛛美人"品牌商标

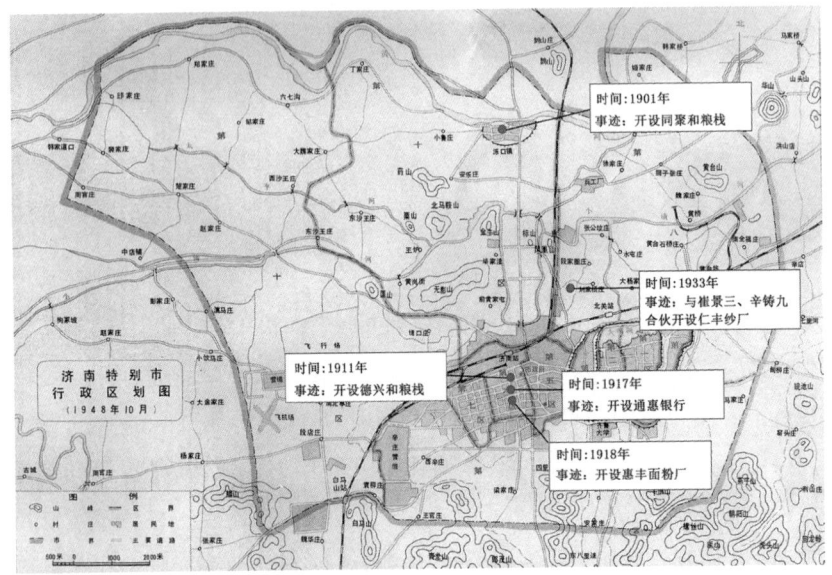

图11-7 穆伯仁济南商号企业开办时空分布图

地图中的标注内容：

- 时间：1901年　事迹：开设同聚和粮栈
- 时间：1933年　事迹：与崔景三、辛铸九合伙开设仁丰纱厂
- 时间：1911年　事迹：开设德兴和粮栈
- 时间：1917年　事迹：开设通惠银行
- 时间：1918年　事迹：开设惠丰面粉厂
- 济南特别市行政区划图（1948年10月）

做过一些慈善，如1918年利津黄河决口，他组织赈灾会，发动同业捐款赈灾，自己首捐3000元，1921年捐款在原籍桓台县索镇建立德兴小学。

（三）苗氏家族

苗氏民族资本集团分为两支，其中，"大苗家族"中以苗德卿（世厚）、苗杏村（世远）、苗兰亭（苗世厚次子）为代表，"小苗家族"中以苗星垣（世德）、苗海南（世循）为代表。他们在济南创办商号企业达50余年，相互之间既有合作，又有竞争，在济南近代工商业历史中留下了浓重的一笔。

1. 大苗家族
（1）苗德卿

苗德卿（1855—1919年）名世厚，山东省桓台县人，苗氏集团的

"开创者"。苗氏家族祖籍桓台县索镇，世代务农，人多地少，所以苗家人除了务农外，还经常往返与周村、索镇之间推小车贩煤，或者推着小推车接送来往的商客。靠着不断付出的努力，苗家人完成了最原始的资本积累，1894年与他人合伙在索镇开设恒聚油坊，苗氏家族自此起步。1899年苗德卿、苗杏村与其他两人合伙出资，到济南泺口开设恭聚和粮栈。1906年，苗德卿和荣仲森在泺口再开一家恒聚和粮栈，由苗德卿任经理，苗杏村任副经理。1910年，又以5000两白银作底金，在泺口开设了苗家独资企业公聚合粮栈，由苗杏村任经理。1911年苗家与其他合伙人分割了资本和店面，泺口的粮栈都划归了苗家所有，当年苗杏村关闭了恭聚和和恒聚和粮栈。同年，苗德卿与苗杏村又在济南西站（今纬六路货场）附近开设恒聚成碳栈，1912年因泺口铁路大桥建成通车，胶济、津浦两大铁路干线贯通，粮食交易日渐频繁，遂把碳栈改成粮栈，此时苗德卿已近六旬且积劳成疾。1919年苗德卿逝世，但在病危之际仍不忘开面粉厂的愿望。

（2）苗杏村

苗杏村（1871—1941年）名世远，字杏村，山东桓台人。可以说，大苗家的商业企业经营是在苗杏村手中发扬光大的。他幼时家贫，无缘上学，在索镇街做面食生意。15岁时，买一头毛驴外出赶脚送客。清光绪二十五年（1899年），跟二哥苗世厚来到济南泺口，开办恭聚和粮栈，开始当伙计，后任恒聚和粮栈副经理。苗家第一个独资企业公聚和粮栈开业时任经理。1912年进入济南商埠，创办恒聚成粮栈，成为苗氏企业主角。此后他创办成丰面粉公司（**图11-8**）、成记面粉公司、成通和成大纱厂，均任董事长（**图11-9**）。1916年他担任济南总商会会董，1924年任山东省督办公署咨议，1930年任国民议会代表。1932年担任济南商会粮业同业公会主席，1934年任中华工业总联合会济南分会会长，翌年

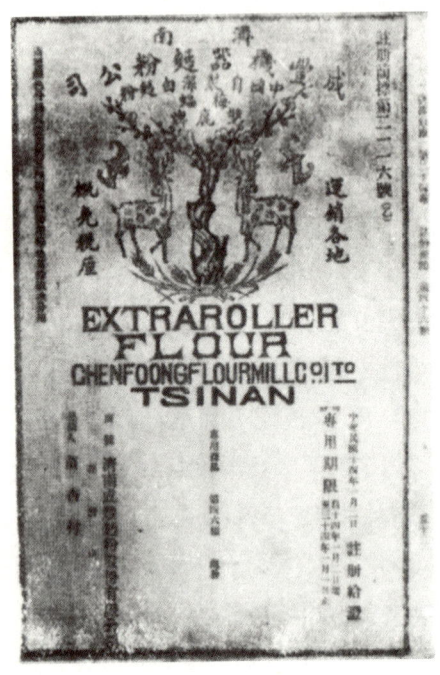

图11-8 成丰面粉公司"梅蝠双鹿牌"面粉商标图案

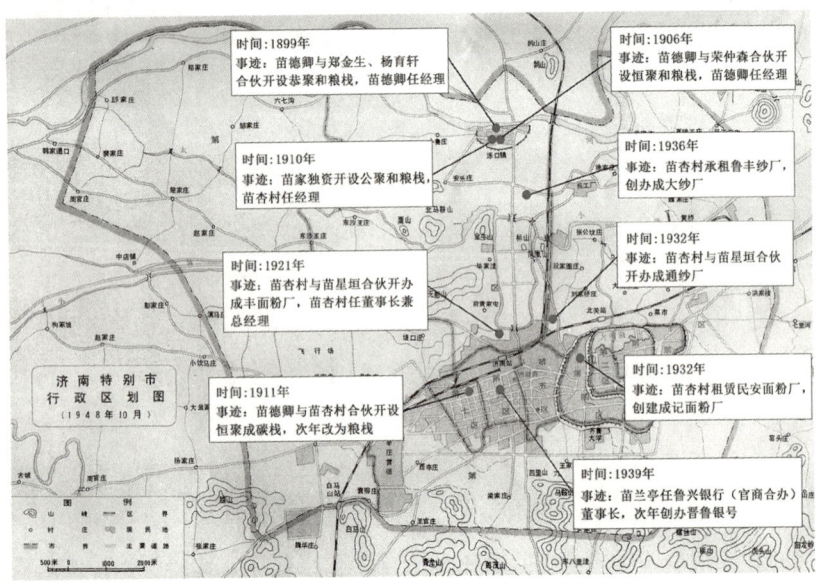

时间:1899年
事迹:苗德卿与郑金生、杨育轩合伙开设恭聚和粮栈,苗德卿任经理

时间:1906年
事迹:苗德卿与栾仲森合伙开设恒聚和粮栈,苗德卿任经理

时间:1910年
事迹:苗家独资开设公聚和粮栈,苗杏村任经理

时间:1936年
事迹:苗杏村承租鲁丰纱厂,创办成大纱厂

时间:1921年
事迹:苗杏村与苗星垣合伙开办成丰面粉厂,苗杏村任董事长兼总经理

时间:1932年
事迹:苗杏村与苗星垣合伙开办成通纱厂

时间:1911年
事迹:苗德卿与苗杏村合伙开设恒聚成碳栈,次年改为粮栈

时间:1932年
事迹:苗杏村租赁民安面粉厂,创建成记面粉厂

时间:1939年
事迹:苗兰亭任鲁兴银行(官商合办)董事长,次年创办晋鲁银号

济南特别市
行政区划图
(1948年10月)

图11-9 大苗家族济南商号企业开办时空分布图

任省政府参议。1937年2月，购买鲁丰纱厂改名为成大纱厂，任董事长。1937年12月济南沦陷，成大纱厂被日军管制，成记、成丰面粉厂被日军接管。苗杏村在恐怖中积愤成疾，于1941年12月在济南病故。

（3）苗兰亭

苗兰亭（生卒年不详）名永芝，字兰亭，以字行，山东桓台人。苗兰亭是苗德卿的次子，与苗杏村为叔侄关系。青年时期来济南助其五叔苗杏村经营粮栈，一直跟随父亲苗德卿、叔叔苗杏村经营粮栈与面粉厂生意，到辛亥革命前夕，苗家生意主要由苗杏村打理，苗兰亭在旁相助。1932年成记面粉厂开业，苗兰亭任经理。1933年成通纱厂开业，苗兰亭任常务董事。1937年底济南沦陷后，苗兰亭为了保住自家的企业和资本，担任了伪商会会长，在政治上甘愿做日伪政府的宣传工具，在经济上维护日寇的封锁掠夺政策。日本投降后，于1945年12月5日被山东省高等法院逮捕，家产及其股份被查封。1946年8月被山东省高等法院依据国民政府颁布的《惩治汉奸条例》，以"通谋敌国，图谋反抗本国"罪，判处有期徒刑10年，褫夺公权10年。1947年12月南京最高法院改判为有期徒刑7年，褫夺公权7年。1948年9月解放战争济南战役期间，出狱回家。济南解放后，曾经营货栈。

2. 小苗家族

（1）苗星垣

苗星垣（1891—1958）名世德，字星垣，桓台县索镇人，工商实业家。10岁读私塾，14岁辍学，以打短工为生。1910年经堂兄苗世厚介绍，到济南泺口公聚祥粮栈当伙计。次年，转到利成粮栈当练习生。一年后升职员，专跑外勤，1915年被泰华粮栈聘为副经理。1919年泰华粮栈发生股东私吞利润事件，宣告分伙。苗星垣任协理4年，分得红利2000

元。1920年春，苗星垣与王冠东等集资2万元，在济南开设同聚长粮栈。1932年，苗星垣与苗杏村等集资创办成通纱厂，1933年5月建成，苗杏村任董事长，苗星垣任常务董事，苗海南任经理兼总工程师。

1940年，苗星垣、苗海南与表弟孟冠美等在南京创办普丰面粉厂，在济南创办文德铁工厂。抗日战争胜利后，苗星垣收回成丰、成通两厂。但在国统区恶性通货膨胀的环境下，未能进行正常生产。1948年9月济南解放前夕，成丰面粉厂被国民党军的铁甲车击毁，成通纱厂也濒于停产。济南解放时，成通、成丰董事会散伙，其他股东携款逃走。苗星垣、苗海南兄弟留在济南，在人民政府的支持下，恢复了成丰、成通两厂的生产。1954年，苗星垣代表资方申请成丰、成通两厂实行公私合营，得到人民政府批准，苗星垣任公私合营济南成丰面粉厂经理。1955年当选为济南市第一届人民代表大会代表。1956年，任济南粮食工业公司副经理（**图11-10**），1958年病故。

图11-10　苗星垣全家合影（前排中间老人为苗星垣）

（2）苗海南

苗海南（1904—1967）名世循（**图11-11**、**图11-12**），索镇人。9岁入塾，13岁入索镇高等小学。16岁升入省立第一中学，1924年考入南通纺织学院学习纺织专业。1931年毕业于英国皇家第六纺织学院，在英国各大纺织中心考察纺织业的生产经营，并到纺织机械厂实习。1932年春，回到祖国。当时国内工业凋敝，技术落后，封建军阀混战，帝国主义分子到处横行。为振兴民族经济，抵制帝国主义经济侵略，苗海南决心利用自己学到的理论和技术，创办纺织实业。当年7月，苗海南与其族兄苗杏村、胞兄苗星垣在济南共同发起与创办成通纱厂。海南自任经理兼总工程师，亲自设计细纱机并带领技工建筑厂房，安装机器。1933年，成通纱厂建成投产，计有纱锭14800枚。此后，他与胞兄等研究实施"大西北计划"，拟从西安到兰州每一主要城市都设面粉厂或纺纱厂。

1935年，他与胞兄苗星垣筹资100万元，创办成丰面粉厂西安分厂，8个月建成投产，其速度为海内人士所叹服。后因日军入侵，"大西北计划"未能实施到底。1938年，日军派员进入成通，强迫其与日商合资。

图11-11　1950年6月苗海南赴上海参加华东军政委员会第二次全体委员会会议合影（后排左数第三人为苗海南）

图11-12　苗海南

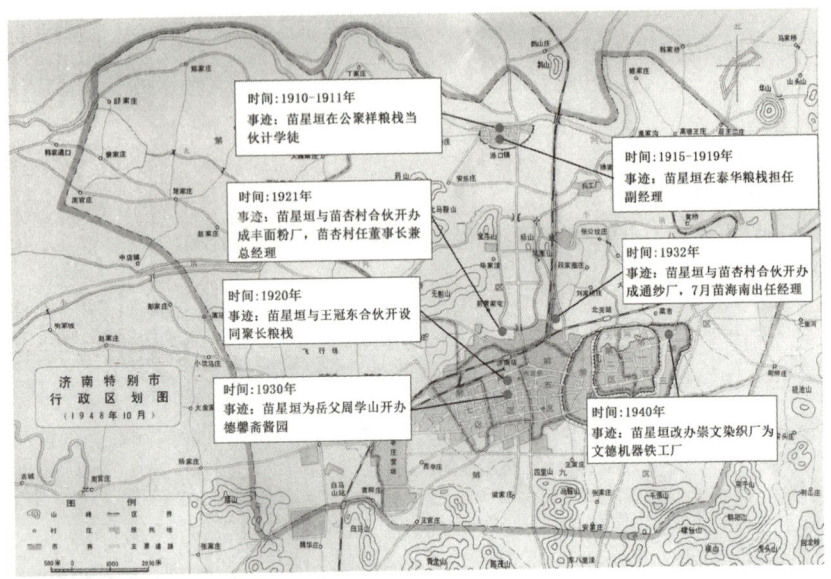

图11-13　小苗家族济南商号企业开办时空分布图

苗海南极力反对，被日军强行逐出厂外。1939年，苗海南集资在南京筹建普丰面粉厂，到1944年，又被日军强行征作军用，直到日军无条件投降，才收回自营。1947年，他将遭到破坏的成通纱厂以70万元法币收回自营。同期主办职工食堂、澡堂；创办职工子弟小学，并亲自担任校长。到1948年，成通纱厂增至纱锭3万枚，布机240台，职工2000余人。1948年10月，济南解放，苗海南响应人民政府号召，努力发展生产、支援解放战争和国家建设。解放后，他一次认购国家胜利折实公债400万份，支援新中国的经济建设。他听说家乡索镇办学经费困难，当即拨给"北海币"（注：北海币为抗日战争期间，中国共产党为建立独立自主的货币市场，在山东抗日根据地发行的主币种。）一万元。1952年初，主动捐款15亿元，购买战斗机"成通号"支援抗美援朝战争。1959年又出资5万元，倡建济南市民办中医学校。1949年12月，苗海南被中央人民政府委任为华东军政委员会委员，1950年3月被选为山东省人民政府副省长，1951年1月被中央人民政府任命为华东行政委员会委员，1953年被选为山东科协主任，1954年9月被选为全国人大代表、山东省副省长，1955年被选为山东工商联主委、全国工商联常委，1956年被选为山东省政协副主席，1967年病故。

（四）刘振清

刘振清，又名刘尽卿（1907—1972），山东桓台县邢家乡波扎店人，早年在原籍读书。1925年至1935年在济南同聚和粮栈、德兴银号、同义公粮栈、大亨花行做学徒，后逐步任职员、行商、营业主任。1936年至1945年在北坦开设大通棉栈。刘振清早年在泺口同聚和粮栈当学徒，积累了经商经验，早期仅以经商为业，谋利养家，不问政治，1940年与中共地委房向山结识，从此接受爱国主义教育，支持中国共产党领导下的抗日战争，思想上有很大进步，对新中国的解放事业作出了重要贡献。

1940年，济南大通棉栈经理刘振清接待了一位主动上门做生意的特殊人物房向山（原名"房众夫"），特许他在棉栈内设立"福盛恒"商号。房向山之所以身份特殊，是因为他是中共泰山地委贸易局副局长，当时，日寇的封锁使根据地进入缺衣少食的物资匮乏期，在济南设立福盛恒，是为了以合法生意为掩护，将根据地短缺的违禁物资偷偷运出去。

通过这条物资供给渠道，大量紧缺物资从济南运往根据地，可谓泰山地委的"生命线"。刘振清从一开始就知道房向山的真实身份，在1941年根据地战士穿不上冬衣时，刘振清毅然赊销了价值三十万元的棉、布给根据地。这条物资供给线维持了三年，后来由于叛徒告密，日本特务彻底搜查大通棉栈，因房向山不在（当时恰好回根据地），遂将刘振清逮捕后严刑拷打，甚至还拉到刑场上陪绑。不管日寇软硬兼施，刘振清始终没有供认房向山是八路军、共产党。后来，刘家倾家荡产凑了巨额保证金，才将奄奄一息的刘振清赎回。

据房向山回忆，刘振清出狱后，中共泰山地委曾秘密派人去慰问，刘振清未提任何要求，只让人捎话给房向山，千万不要再来济南，敌人正张贴布告悬赏三万元通缉他。

资料来源：济南市天桥区政协学习文史委员会编.天桥区文史资料［M］.济南：济南市天桥区政协学习文史委员会，1997.

反面典型——张介臣

张介臣曾任山东分银行经理。1931年，张从周村搬迁至泺口镇，在此买地落居，取街名"丰年街"。民国时期，淄博周村为山东开埠地区之一，商业很发达，银号钱庄开设的很多。在商学各界抵制日货期间，张介臣为了自己的一己私欲，仍然替日本人收买商品，进行贸易。商学各界得知此事后，召集众人商量对张介臣的惩罚措施，不料张介臣仍然只身到会，大闹会场，因而激起众怒，众人商讨准备重罚张介臣，张介臣并没有因此臣服，反而继续谩骂，各会员认为此等奸商难以理喻，一定要严惩不可，于是全体会员跪求各商业界同仁与张介臣断绝交易，后来又将副经理刘凤五和张介臣的外甥拉出门外，令他们手持卖国贼小白旗，游街一周，大快人心，最后该银行因为此事受影响而关闭。

资料来源：吴虞公.民国奇闻［M］.上海：中西书局，1933.

四、泺口民族商人企业家特征分析

通过对泺口近代民族商人企业家个人信息和生平事迹整理不难发现，他们之间存在着很多的联系，主要表现在以下几个方面的特征：

（一）地缘特征

通过对几位民族企业家的籍贯信息整理（表11-4），可以发现，泺口古镇近代民族企业家的籍贯地主要是沿着小清河及其支流分布。据研究，济南近代历史上山东本邦商人的比重较大，尤其以"桓台帮"和"章丘帮"为代表。本章多位民族商人属于"桓台帮"，以淄博桓台人最多，穆伯仁和苗氏家族的多位商人企业家均出自桓台的索镇，而索镇正是小清河支流乌河的主要码头所在。另一位寿光的商人张采丞，从父辈开始在寿光羊角沟经商，而羊角沟正是小清河的入海口处，海陆转运便利，有着巨大的商机。所以，在清末及民国时期，虽然铁路公路已经开始修建运行，但是传统的河运经济还是一股经济发展的中间力量，发达的航运不仅带动了沿线流域经济的发展，也催生了一大批成功的商人。这些民族企业家早些年间受河运的影响，大多数从事运输及相关行业，这为他们早期的资本积累提供了必要的条件。早期的苗家资本集团正是依靠小清河的支流乌河从事粮食运输生意，乌河从索镇穿过，向北汇入小清河脉络，向西到达济南境内。

泺口民族企业家家乡所在地 表 11-4

姓　名	籍　贯
张采丞	山东省寿光羊角沟
穆伯仁	山东省桓台县索镇雅和庄
苗氏家族	山东省桓台县索镇
刘振清	山东省桓台县邢家乡波扎店

另一个地缘上类似的特征是这些商人进入济南后，多是在济南泺口

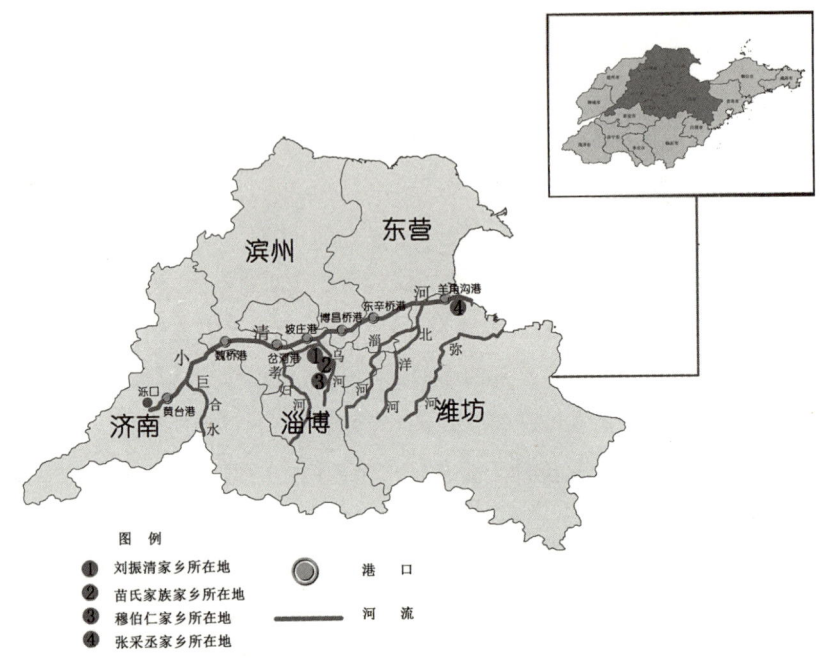

图11-14　泺口民族企业家家乡所在地

立足，获得一定的资本积累后，然后在济南商埠区新开店铺或者企业发展壮大。如张采丞、穆伯仁、苗德卿和苗杏村在泺口均开有粮栈，苗星垣和刘振清二人年轻时则在泺口的粮栈做工学习，为今后发展积蓄能量。后续，随着商埠区的发展，铁路运行能力的上升，这些人纷纷在商埠区开设粮栈、煤栈、油坊、铁工厂、酱园、面粉厂、纱厂等商铺或企业。这不仅大大增加了他们的财富，还提升了他们的地域影响力。

（二）血缘特征

提到血缘关系，首先要提的是"苗氏家族"。苗氏家族在清朝咸丰年间分为6支，长支与次支的第二代人先后在济南兴办工商业，逐渐形成了苗氏民族资本集团。因他们出自两支，故有"大苗家"、"小苗家"之说。苗世厚（德卿）、苗杏村（世远）、苗兰亭（永芝）是次支中的代表人物。"小苗家"的代表人物是苗星垣与苗海南兄弟俩，二人与"大苗家"的代表人物苗世厚、苗杏村均为"世"字辈，苗杏村名为"世远"，苗星垣名为"世德"、苗海南名为"世循"。正是由于同属一个大家族的原因，苗氏企业家在创业过程中更能相互扶持，不论是在技术上还是资金方面，互相帮助。但不可否认的是，大苗与小苗家族有时也免不了为利益相互争斗，例如1931年，苗杏村与苗星垣分道扬镳，苗杏村从合伙开办的成丰面粉厂分出来，自己创办了成记面粉厂。

　　除了同宗同族之外，这几名企业家之间还有姻亲关系。例如苗世远与穆伯仁既是桓台索镇老乡，又是儿女亲家。穆伯仁创办惠丰时，苗世远鼎力相助，投资15000元并任董事。组建山西晋丰时，苗又入股4000元，此外，在穆伯仁的通惠银行、晋泰公司，苗世远都有投资。本来两家的亲近关系使得他们在商业上能够互相帮扶，但在1920年，因为惠丰的一个协理（副经理）位置而争执不下，最终，苗世远撤走了在穆氏企业的全部投资，两人的关系也因此而决裂。

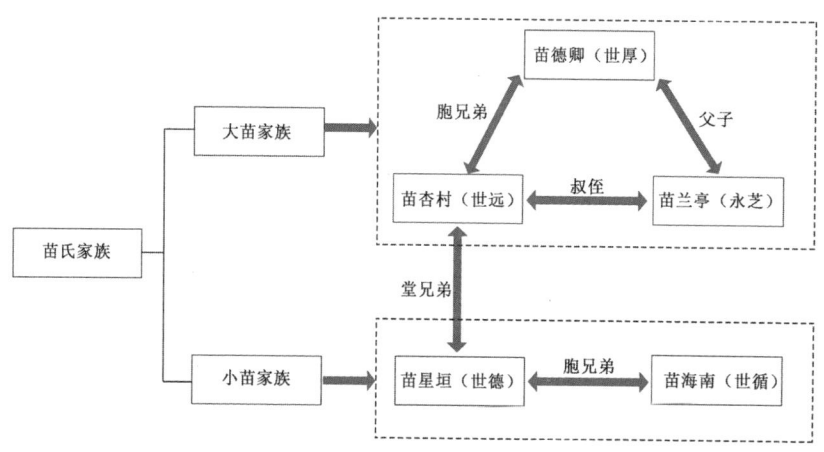

图11-15　苗氏家族人物关系

（三）业缘特征

这些人除了具有地缘和血缘关系之外，还有着相近的业缘关系。纵观他们所从事的行业，可以发现，这些人从事的基本上都是行栈业、面粉业、纺纱业。因为行业相同，市场有限，在发展的过程中分分合合也是必然的。另外，一个业缘关系的体现，是这些商人或企业家多在济南商会和行业公会中担任过职务，在其所经营的行业中发挥了巨大的作用，也从另一个视角体现出他们在行业中的社会认同度。

在1916年的济南总商会职员一览表中，本章中的穆伯仁、张采丞和苗杏村三人分别在济南总商会中担任副会长、特别会董和会董的职务。同时，穆伯仁更是担任了济南泺口商会首任会长，第四届商埠商会会长，第三届和第五届的商埠商会副会长。苗杏村1932年担任济南商会粮业同业公会主席，1934年任中华工业总联合会济南分会会长。苗杏村的侄子苗兰亭，在1938年和1943年在日伪政府济南商会担任两届会长，并担任商会下的粮食公会会长。苗海南在纺织业界声名显赫，在1947年成为济南商会常务理事，并担任纺织业同业公会长，此时担任粮食行业公会会长的许宗远也来自桓台县。

五、本章小结

本章在梳理了近代泺口古镇商贸业整体发展和行栈业发展的情况下，从泺口当时的商业店铺责任人出发，对在泺口从事过经营或者学徒的张采丞、穆伯仁、苗氏家族等人信息进行整理，并且归纳其在地缘、血缘和业缘上的特征。本章从中可以发现几个结论：第一，行栈业，特别是粮栈行业在近代泺口古镇的发展中起到了重要作用，并且从中走出了在济南市甚至山东省，都颇具影响力的商人和企业家；第二，这些企业家从行栈业发家，但是又不故步自封，继续拓展面粉业、纺纱业等行业，积极开办企业，从商人向企业家积极转变；第三，这些企业家在地缘、血缘和业缘上具有一定的关联，但是他们为了各自的利益，在发展中分分合合，关系并不稳定。

综上，在泺口古镇发展的历史长河中，有许多行业都是匆匆过客，但是每个时代都有自己的行业成功者，在近代风云变幻的时代背景中，这些人对济南经济社会的发展都起到了助推作用，对于泺口古镇人文文化的丰富具有十分重要的意义。

参考文献

[1] 纪丽真. 明清山东盐业研究 [M]. 济南：齐鲁书社，2009.

[2] 济南市天桥区政协学习文史委员会. 天桥区文史资料 [M]. 1997.

[3] 李耀曦. 品读济南 [M]. 济南：济南出版社. 2014.

[4] 罗腾霄，济南市图书馆整理. 济南大观 [M]. 济南：齐鲁书社，2011.

[5] 马德坤. 民国时期济南的商人与商人组织研究 [M]. 北京：人民出版社，2016.

[6] 马德坤. 民国时期济南同业公会研究 [M]. 北京：人民出版社，2014.

[7] 苗尔澜，管萍. 老济南商埠琐忆 [M]. 济南：济南出版社，2009.

[8] 全国政协文史和学习委员会. 回忆苗氏家族企业 [M]. 北京：中国文史出版社，2018.

[9] 山东省地方史志编纂委员会. 山东省志·粮食志 [M]. 济南：山东人民出版社，1996.

［10］山东省政协文史资料委员会，等. 苗氏民族资本的兴起［M］. 济南：山东人民出版社，1988.

［11］孙宝生. 历城乡土调查实录［M］. 济南：济南出版社，2016.

［12］吴虞公. 民国奇闻［M］. 上海：中西书局，1933.

［13］于明效. 张采丞：济南老商埠与羊口老码头剪不断的渊源［EB/OL］. 2019-07-08. http://sd.dzwww.com/sdnews/201907/t20190708_18919872.htm.

［14］朱晔. 草根实业家曾叱咤济南 且看穆伯仁的商海生涯［N］. 生活日报，2012-12-24（A21）.

第十二章

洑口古镇的鲁菜文化资源介绍

　　五千年的华夏文明造就了中国饮食文化的博大精深，在源远流长的饮食历史中，鲁菜以精湛的技艺，出众的口味闻名于世。济南菜作为鲁菜菜系中最为重要的一支，具有很高的地位，济南菜以清、鲜、脆、嫩著称，口味多以鲜咸为主，擅长以甜面酱调味，并以此变化出酱香、酱汁、葱酱、糖酱、酱焖等味型。以糖醋黄河鲤鱼、清汤鲫鱼、瓦罐鱼为代表性的"泺口风味"，与"历下风味"一起组成了济南菜系的大家庭，为鲁菜的饮食文化增添了很多亮点。本章节将对泺口的饭庄、代表性菜品、酿醋、糕点等几个方面进行研究，全面展现泺口的饮食文化特色，这对于不断丰富鲁菜饮食文化具有重要意义。

一、泺口的饭庄

　　清末民初时期，泺口作为重要的货物中转基地，商贾云集，当时泺口镇有商号百余家，涉及酱菜、杂货、饭庄和旅店等多个行业。泺口经营的饭庄有继镇园、松竹楼、四季春等30余家，尤以继镇园饭庄规模最为宏大。传说乾隆皇帝下江南时，该饭庄就已经存在，并因应办皇差受到嘉奖而名声大振，该饭庄有名的厨师要数郑祥和彭珂，他们推出了被评为山东名菜之首的糖醋黄河鲤鱼。今天闻名济南的草包包子其创始人张文汉也是在继镇园学徒，从师名厨李安。但是泺口的饭庄在日伪统治济南时遭遇到重大打击。由于黄河断流和战争破坏，泺口的商业和运输业萎靡，大部分向济南市区和商埠区转移，许多饭庄纷纷停业或者改作它行，多位知名厨师改投济南其他饭庄。

　　在1947年黄河复归泺口后，航运业得到一定的恢复，泺口古镇相应的商业服务业才又得到复原。据1952年统计，解放后泺口镇内有面食饭店24户，其中以海源居饭庄为最大。1956年，泺口的餐饮业以海源居为

图12-1 海源酒店（宾馆）　　　　　　　　**图12-2**　济南海源包子铺

主体进行公私合营，把当时的大多数饭庄包含在内整合成海源居饭店，由区供销社直接领导。1958年，郊区与历城县合并，供销社也随之归历城县领导，同年8月，并入凤凰山供销社。1960年至1983年，供销社的性质在集体商业和国营商业之间来回变化。1984年后，供销社从机构设置上陆续退出政府序列，经费转为自筹，海源居饭店开始进入市场化经营。1987年北园供销社直属济南市供销社领导，当时有泺口海源居饭店、泺口回民饭店、泺口小吃部和泺口回民旅馆饭店4家饭店位于泺口。

　　昔日的海源居饭店在2000年后，变成今天的济南海源酒店（宾馆），企业性质为集体所有制，从事餐饮、住宿、娱乐项目的经营，地址在济南天桥区济泺路25号，还有海源包子铺，它的灌汤包与济南草包包子齐名，味道纯正，品种丰富，颇受济南人的喜爱。

二、糖醋黄河鲤鱼

　　济南有道名菜，叫做"糖醋黄河鲤鱼"（**图12-3**），被誉为山东名菜之首。这道菜是由泺口继镇园饭庄的知名厨师郑祥发明的，他曾是清宫御厨，通过借鉴开封糖醋熘鱼的做法，创出了这一道糖醋黄河鲤鱼。后续继镇园饭庄的大厨彭珂为郑祥手艺的传承者，他利用泺口产的醋和黄

图12-3 糖醋黄河鲤鱼

河中的鲤鱼做糖醋鲤鱼，取得了公认的成功。《中国名菜谱》记载："彭珂原在济南市泺口镇继镇园饭庄任厨师，有五十余年的烹调经验，特别对烹制黄河鲤鱼有专长。"糖醋黄河鲤鱼这一鲁菜头牌就是由他流传下来的，此菜一炮打响，传入济南各大饭庄，城里汇泉楼的糖醋黄河鲤鱼，早在20世纪30年代就已誉满全城。

说到糖醋黄河鲤鱼的历史可追溯到北宋时期的糖醋熘鱼，那时已出现在北宋都城开封的餐桌上，明代时称糖醋鱼，但并无多大名气。清朝时，这道菜经过泺口继镇园名厨彭珂的改良，将黄河鲜活河鲤与泺口所产的三伏老醋结合，又改开封糖醋熘鱼的直接油炸为挂糊油炸，定作元宝形后再浇糖醋汁，从而打造出一道脍炙人口的百年佳肴。其特点为鲤鱼生于黄河深渊，头尾金黄，全身鳞亮，此菜味香酸甜，微咸，鱼肉嫩美，鲜醇适口。

糖醋黄河鲤鱼制作

一、原　料

　　主料：黄河活鲤鱼一条（一斤半）

　　配料：植物油三斤、洛口醋一两、料酒五钱、面粉四两、酱油一两、

湿团粉二钱、白糖四两、水发木耳一钱、　水发笋尖一钱、荸荠一钱、葱姜蒜丝一钱、精髓五分、清汤六两

二、制　法

1. 将鱼刮去鱼鳞，开膛取出五脏，挖去两腮，每隔八分远锲一刀，先直锲五分深时，再斜锲六分深。然后提提鱼尾使刀口张开，将精盐撒入刀口内稍腌，再将干面粉向各刀口撒匀，两手分别拿住鱼头和鱼尾向面粉上反复沾匀。

2. 将植物油倒入锅内，用旺火将油煮沸，手提鱼尾放入油内（必须掌握油的热度，凉则不易上色，鱼尾不能翘起，过热则外糊焦而内肉不熟），其刀口立即张开。此时用锅铲将鱼托住（以免粘锅有碍鱼的完整），二分钟后用铲把鱼推向锅边，鱼身即成弓形，鱼脊朝下，炸二分钟，翻过来使鱼腹朝下再炸两分钟。然后把鱼身放平，用铲将鱼头按入油内，鱼尾翘起再炸两分钟。共需八分钟炸透，呈现金黄色时，取出摆在盘内。

3. 将植物油二两烧热，放入葱、姜、蒜末，再烹入洛口醋，同时加入调好的混合配料、水发木耳、笋尖、荸荠（入开水焯过，把笋尖、荸荠切成薄片）、高汤、料酒、白糖、湿团粉等，煮沸成芡，快速出勺，浇到鱼上，其汁冒泡有吱啦声即成。

附　注

按照济南的习惯，鱼肉吃完后，留下鱼的头尾，可以做一碗味美适口的"砸鱼汤"。其做法是：将盘内剩汁及头尾放入勺内，用铁勺将鱼头杂碎（大鱼骨挑出不用），再放清汤一斤。把醋一两、芫菜、青蒜末各一钱，胡椒面五分均放入空碗内。至汤煮沸后倒入即成。此汤香气扑鼻，有酸甜香辣咸五味调和之美。

资料来源：根据商业部饮食服务局编. 中国名菜谱（第六辑）[M]. 北京：轻工业出版社. 1959，相关内容整理

三、草包包子

草包包子是灌汤包的一种，与今天海源居包子铺的灌汤包应该同源，其创始人在做法上遵循了以前的经验，并有所创新。总体归纳起来草包包子有四个特色：第一，开发出"三鲜"和"猪肉灌汤"两种包子馅。三鲜馅是用刀切肉馅，配以笋丁、蛋糕丁、老渍酱油、小磨香油，精心调制成馅；猪肉灌汤馅以新鲜猪肉为原料，配以章丘大葱等特制佐料精制成馅；第二，新"面肥"（一般称为"老面"、"老肥"、"老酵母"、"引子"等。过去没有鲜酵母，家里做发面制品，通常采用这种面肥发酵法）发二等粉，新出笼的包子，白白的薄皮透出粉粉的肉馅，不变形，不塌架；第三，外卖的包子都用鲜绿荷叶包裹，使热包子别有一种清香；第四，在吃包子时，可以辅以当地的洛口醋，更添济南风味。

草包包子创始人名叫张文汉，泺口镇人。小时进入泺口继镇园饭庄学艺，因其生性憨厚、笨拙，周围伙计都戏称他为"草包"，他却并不在意。1937年，日军侵略济南，张文汉一家从泺口逃进济南城，在中医张书斋先生和其他亲戚朋友的帮助下，在济南大观园开办了草包包子铺。

日伪时期，因受到地痞恶霸的欺凌，草包包子铺被迫搬迁到普利街附近，增添了酒和炒菜，但生意不如以前。1948年9月，国民党飞机狂轰滥炸，张文汉及家人多人殒命，仅其怀有身孕的妻子幸存。1956年公私合营后，草包包子铺归入济南饮食公司。改革开放以后，草包包子铺的主管部门济南全益公司（原济南饮食公司）董事长王福全与总经理董馥生认识到改革的迫切性，草包包子铺开始实行承包经营。董馥生将草包包子铺进行扩大规模和更新改造，不断挖掘推出新菜品，提升档次，开

图12-4 普利街上的草包包子铺与草包包子

发出以猪肉灌汤包等十余种风味，推出了御膳包、虾仁包、大素包等多个品种，并在炒菜的制作上突出了鲁菜的特色。目前，在济南草包包子铺多达数十家之多，其中位于普利街上的草包包子铺总店每天依然是人流不断、门庭若市（**图12-4**）。

草包包子（三鲜馅）制作

一、原　料

主料：猪肉、笋丁、蛋糕丁、面粉；

配料：老渍酱油、小磨香油等。

二、制　作

1. 将猪肉剁成茸，放入盆中，加入笋丁、蛋糕丁，倒入老渍酱油、小磨香油等拌匀成馅。

2. 面粉倒在案板上，加入老肥、温水，和成发酵面团，稍醒。

3. 将面团搓成六分粗细的长条，揪成面剂，用面杖将剂擀成面皮，然后左手托皮，右手打馅，再用右手拇指和食指边包边捏褶，捏18个褶成菊花状包好。

4. 把生坯摆入屉内，用旺火蒸约15分钟，熄火即成。

资料来源：根据济南市政协文史资料委员会编.品读济南非遗［M］. 北京：中国文史出版社，2018，相关内容整理

四、洛口醋

泺口菜的独特风味与泺口的酱菜制作与洛口醋密不可分。洛口醋因其选料精致，工艺独具，陈酿老道，气味清香，酸味柔美，故销路甚广，声誉远播，历久不衰。1914年，在山东省第一届物品展览会上，泺口吴氏信诚醋坊的洛口醋获金牌奖章；1915年，巴拿马国际物品博览会，信诚醋坊的洛口醋获金质奖章；1984年，洛口醋获省优部优称号；1985年起连续三届荣获国内行业最高奖——国优银质奖；2010年，洛口醋酿造技艺被济南市人民政府公布为第三批市级非物质文化遗产项目，2013年，被山东省人民政府公布为第三批省级非物质文化遗产项目；2015年洛口醋入选山东省非遗名录，并荣获"山东省老字号"称号。

有关洛口醋的记载可追溯到清代，距今已有300余年的手工作坊生产史。据考证，泺口过去有一条名为"汇源街"的街巷，这条街巷形成于清代，得名于汇源醋坊（刘会岭创办）。清咸丰五年（1855年），永成醋

图12-5 洛口醋商标

图12-6 洛口醋所获称号及奖项证书

坊（北泺口）、信诚醋坊（南泺口）也有一定的知名度，南北泺口有醋坊十余家。据1928年《历城县乡土调查录》记载："醋出于泺口镇，四十余家，行销于北京、天津、上海等处。"

1952年，泺口的酿造和酱菜业有23户（表12-1），大多以酿醋为主，其中信诚、玉兴、汇源、福聚较为著名。1956年，泺口信诚等19家老字号醋坊合并，组建公私合营玉兴酱园，厂址在泺口魁盛街3号，有职工64人。1966年，公私合营玉兴酱园更名为历城县泺口酿造厂，1980年，更名为济南市泺口酿造厂，隶属济南市供销合作社。1987年，因为泺口段黄河南大堤展宽，济南市泺口酿造厂厂址迁至泺口东村10区367号，2000年，改制为济南市泺口酿造有限责任公司。2009年4月因为泺口片区拆迁，该公司暂停酿造生产。2012年5月，泺口酿造有限责任公司搬迁至吴家堡济齐路153号，新的厂区已经建设完成，并恢复试生产。2012年年底，新厂址的首批洛口醋陆续出缸上市。

1952年泺口酿造业与酱菜业商户统计　　表12-1

商户名称
信诚、玉兴、福聚、汇泉醋店、汇源醋店、复盛醋店、信丰醋店、俊峰酱园、复兴昶酱园、增源和、袁志超、正谊、济生、旧兴、袁享泰、广盛、义得、元泰、义祥昶、汇东、益兴、协泰、文盛号

洛口醋的原料主要是高粱、瓜干、麸皮、麸曲等，其中主料高粱一

图12-7 泺口酿造有限责任公司

图12-8 泺口酿造有限责任公司
所产洛口醋及该厂所获奖杯

定是东北红高粱。同时，制作洛口醋还需要济南的泉水作料，得天独厚
的水资源条件使得洛口醋有了明显区别于其他醋的特点。

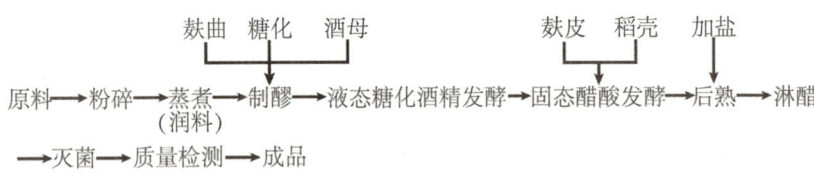

图12-9 洛口醋的制作酿造工艺流程

今天洛口醋的制造主要分为原料配比、原料粉碎、原料蒸煮、稀醪
双边发酵（即制醪和液态糖化酒精）、后期固态醋酸发酵、淋醋、灭菌、
检验等工艺流程，见上图。洛口醋的制作由于一直采用纯粮酿造、天然
晾晒醋等传统工艺，因此保持了酸、甜、清、亮、香的五大特点。洛口
醋味道香醇，色如琥珀，稠浓能够"挂碗"，若放置二、三十年，会浓

缩成"醋膏"。在制作上，洛口醋延续了传统的三个工艺特色：

第一，是稀醪酿酒。该特点体现在制造工艺流程的"稀醪双边发酵"环节，制造原料精挑细选后，再经清洗、粉碎、烘干、蒸煮后，加水拌料酿成酒醪，其中用的水是济南特有的泉水。第二，是手工扒缸。该特点体现在制造工艺流程的"后期固体醋酸发酵"环节，酒醪加糠拌麸，入缸，每日不停人工搅拌，就是扒缸。扒缸是最辛苦的环节。工人们手上套着铁指套，每天不停地弯腰低头翻捣缸里的醋料。扒缸的时候，既不能过热，也不能完全散热，要经历半个月左右，原醋才能淋出。如果翻搅不均或者漏扒，就会严重影响醋的产量和品质。第三，是陈酿增香。原醋贮入瓷缸陈酿，冬天捞冰，夏天晾晒，要历经数月甚至一年，最后滤清，装瓶出售。就晾晒环节来说，100吨原始醋，晾晒之后一般只能产出40吨。

五、桂花枣果

泺口有名的糕点当属桂花枣果，桂花枣果又名"枣旮沓"，是以枣泥为馅，吃起来焦酥崩脆，是泺口奎盛号的传统特产。桂花枣果在明清两代都是宫廷食品，据记载，（明）永乐二十二年（1424年），成祖到济南出巡，正值寒冬腊月，午夜时分进食桂花枣果，成祖赞曰："寒天之夜，食餐之果，真佳品也"。（清）乾隆四十年（1775年），高宗巡视江南回京，路过济南的时候，进食枣果，称赞为旅途最佳食品，临行时带走部分，回京后与王侯大臣分食，都赞曰"奇品也"。民国时期，泺口杨家的德和顺食品店和洪顺点心铺依靠香甜可口的桂花枣果闻名全市，成为济南著名小吃。1956年，泺口德和顺食品店完成了公私合营，改名泺口综合商店，由区供销社直接领导，后归北园供销社管理。

图12-10 桂花枣果

桂花枣果用桂花酱、红枣、青梅、核桃仁、花生油以及面粉精制而成，枣果的制作特点是全部工艺流程不用铁器，仅采用木制、竹制、铜制工具，成型后在鹅卵石上烘焙而成，由于鹅卵石高低参差，焙出的饼凹凸焦黄，但口感并不硬，枣泥细腻甜滑，经久而味不变，并具有健脾、益胃、润肺、化痰、补气、养血的功能。

六、本章小结

本章节通过对泺口饭庄、代表性菜肴、食醋酿造和糕点等方面对泺口的鲁菜文化进行了研究，可以看出历史上的泺口还是有着丰富多彩的饮食文化。从继镇园饭庄到糖醋黄河鲤鱼，从泺口食醋到桂花枣糕，泺口人的勤劳和智慧在饮食文化中体现得淋漓尽致！整体上看，无论是家喻户晓的黄河糖醋鲤鱼，还是口味独特的泺口食醋，泺口的鲁菜在食材的选取上体现出很强的地域性特点。泺口北临黄河，鲜美的黄河鲤鱼为糖醋黄河鲤鱼的制作提供了新鲜的食材，泺水为食醋制作提供了优质的水源。同时，泺口作为省内粮食中转的主要市场，高粱、大米等原材料的便利运输，为食醋、酱菜的制作提供了便利条件。除此之外，泺口商业的繁荣也是泺口鲁菜发展的外部原因之一。清末民初时期的泺口，迅速发展的行栈业使得各地商人聚集于此，各种饮食文化在此碰撞交汇，共同形成了泺口丰富的饮食文化。然而不可否认，如今对于泺口鲁菜重视程度还很不足，对泺口饮食文化的研究还远远不能满足现实要求，如何深入挖掘和开发泺口鲁菜文化还需要进一步做出思考与探索。

参考文献

[1] 北园镇志编纂委员会办公室. 北园镇志 [M]. 济南：山东科学技术出版社，1991.

[2] 边良，侯波. 这新出的洛口醋还是老味道 [N/OL]. 生活日报，2013-01-28（A10）.

[3] 黑伟钰. 标准鲁菜 [M]. 济南：山东教育出版社，2013.

[4] 济南市政协文史资料委员会. 20世纪济南文史资料文库 [M]. 济南：黄河出版社，2004.

[5] 济南市政协文史资料委员会. 品读济南非遗 [M]. 北京：中国文史出版社，2018.

[6] 济南市志编纂委员会. 济南市志 [M]. 北京：中华书局. 1997.

[7] 牛国栋. 济水之南 [M]. 济南：山东画报出版社，2013.

[8] 商业部饮食服务局. 中国名菜谱（第六辑）[M]. 北京：中国轻工业出版社，1959.

[9] 魏敬群. 脆熘糖醋鲤鱼和软熘糖醋鱼片 [N]. 齐鲁晚报，2018-07-21（B08）.

[10] 张秀利. 谈传统洛口醋的酿造技术 [J]. 中国调味品，1998.

[11] 中国菜谱编写组. 中国菜谱：山东 [M]. 北京：中国财政经济出版社，1978.

附录

泺口大事记（1848—2018年）

1848年，泺口修半环形圩子墙，高约6米，底宽8米，顶2米，为青砖结构建筑，墙外有圩子沟。

1855年，黄河夺大清河河道入海，北泺口衰退为村庄，泺口的商业重心完全移到南泺口。

1864年，清政府设立泺口厘金局，开始征收厘金。

1864年，建北泺口清真寺。

1884年，山东河务设置山东河防总局，后增设中游下段泺口分局。

1891年，山东巡抚张曜指令对小清河全线进行治理，泺口及北郊的生态环境都得到一定改善。

1900年，张采丞在泺口创办了兴顺福粮栈。

1903年，在泺口设河工电报总局，及时报告泺口河务。

1903年，增设泺口斗捐局和泺口船捐局，征收粮食交易税和过往船只税。

1904年，济南自开商埠，泺口镇内商铺开始向商埠区迁移。

1904年，引玉符河水入小清河，小清河成为鲁北地区的重要运盐河道，泺口海盐转运更加便利。

1905年，泺口义学（1822年建）改为学堂。

1905年，穆伯仁在泺口镇创办同聚和粮栈。

1906年，连接小清河黄台码头和黄河泺口码头的盐运轻便铁路支线"清泺小铁路"正式建成通车。

1906年，苗世厚在泺口创办了恭聚和粮栈。

1907年，清政府在泺口洪字街设立三等邮电支局。

1909年，苗世厚在泺口创办了恒聚成粮栈。

1910年，苗世厚在泺口创办了恒聚和粮栈。

1912年，信诚酱园生产的食醋，获巴拿马国际物品博览会银质奖章。

1912年，泺口黄河铁路大桥建成，津浦铁路全线通车，并设泺口站。

1913年，地方政区确定为省、道、县三级，济南撤府改道，泺口由岱北道历城县洛口乡管辖。

1913年，应盐商要求，黄台桥至泺口码头铁路盐运专用线（清泺小铁路）改建标准轨距工程开工，同年6月完工，并与津浦铁路泺口站相接，全长7.8公里，改称为津浦铁路"泺黄支线"。

1913年，泺口镇商会成立。

1914年，岱北道改为济南道，治历城县。

1914年，泺口吴氏信诚醋坊生产的洛口醋获得山东省第一届物品展览的金牌奖章。

1915年，信诚酱园生产的洛口醋获得巴拿马国际物品博览会金牌奖章。

1917年，设山东黄河三游河防总局，总办驻泺口。

1917年，建泺口乡立第一小学。

1918年，泺口成立山东河务局。

1918年，邮局三等局设在泺口洪字街（现名永阜街）。

1919年，泺口设立水文站，记载黄河水位，并测量黄河流量及含沙量。

1923年，杨谦斋、李仲侯等人在济南泺口镇开办药山森林股份有限公司。

1923年，济南电话局泺口领班汝仲文在共产党组织的推动下，筹资创办《晨钟报》。

1924年，张宗昌在泺口和成丰桥之间，修了一条长4500米，宽6米的土路，称义威路。

1925年，张宗昌修建了"U"形河道的工商河，缓解了城内积水问题，也使泺口的水陆联运更为便利。

1926年，商人梁子善等集资10万元，在济南成立大昌汽车公司，同时开辟济南至泺口的短途客运线路。

1927年，废止济南道，改为行省、县二级制，历城县直辖于省政府。

1928年，张宗昌为阻止北伐军的攻打，将泺口黄河铁路大桥炸毁。

1929年，为纪念"五三惨案"，泺口义威路改称五三路。

1929年，设立济南市，全市分为十个区，泺口位于城外三区内。

1929年，被炸毁的泺口黄河铁路大桥，由津浦铁路管理局发包给南京裕庆公司修复通行。

1931年，济南在军阀韩复榘统治下，重新调整区划，泺口由济南市第九自治区泺口镇管辖。

1933年，李春亭、李伟仁等九名中共党员，在泺口刑场惨遭杀害，史称"泺口九烈士"。

1934年，泺口镇设有（市）第八小学，而后又在泺口建第九区第一小学，北泺口建第九区第二小学。

1935年，泺口镇的丰年街、乐利街、建黄街、朝山街和坝南街建成五所区代用小学。

1937年，韩复榘为阻止日军过河，将泺口黄河铁路大桥炸毁，桥体损毁严重。

1937年，日本侵略军占领济南后，将济南划分为十一个区，泺口划入北乡区。

1938年，国民党在花园口炸坝决口，黄河夺淮入海，使山东境内黄河成为干河，泺口开始衰落。

1938年，五三路改称济泺路，并以沥青铺设。

1938年，日军占领济南后，派出黄河桥工程事务所对泺口黄河铁路大桥进行重修，同年7月修复通车。

1940年，济南全市被分为十一个区，泺口划归北乡区管辖。

1945年，抗日战争胜利后，国民党政府重现调整区划，泺口隶属于济南市第十一区泺口镇。

1947年，黄河花园口堵口合龙，黄河流归故道，水头到泺口，决口改流近9年的黄河重新流经济南。

1947年，黄河航务管理办事处成立，并在泺口设立管理站。

1948年，济南解放，中国人民解放军设济南特别市，设济南泺口镇公所。

1948年，泺口设镇公所，由济南市政府直接领导。

1948年，设泺口派出所于泉字街上。

1948年，成立济南特别市税务局，泺口设税务组。

1949年，洪峰到达泺口站，流量为7410立方米/秒，相应水位30.70米，堤防、险工面临严重威胁。

1950年，成立泺口税务所，隶属于济南市税务稽征处第四稽征所。

1950年，济南全市进行行政区划调整，泺口镇为直属镇，由济南市郊区办事处直接领导。

1951年，拆除泺口圩子墙改造为环城路，圩子沟填平，泺口归北郊统一管理建设。

1951年，于泺口建泺口镇联合诊所。

1952年，毛泽东主席到黄河泺口视察并参观了黄河泺口大桥。

1952年，在泺口泺南街设立省交通厅黄河航务办事处（后改为航运局）。

1954年，在泺口成立摊贩管理委员会。

1955年，山东第一条黄河客运航线，济南泺口至惠民北镇航线开辟。

1956年，历城县7乡划归济南市，设立郊区，泺口改为济南市郊区人民委员会领导。

1956年，建立泺口镇信用合作社。

1956年，由泺口19家制醋酱园合并成公私合营玉兴酱园。

1956年，撤销西郊区政府后，泺口隶属于历城县北园区泺口公社。

1958年，郊区建置取消，泺口镇、北园乡划入历城县。

1958年，成立北园人民公社，下辖泺口镇、北园乡和药山乡一部分。

1958年，建北园人民公社卫生院，设泺口门诊部。

1958年，刘少奇心系济南黄河水情，在相关人员陪同下视察了黄河泺口渡口。

1958年，泺口站洪峰流量达到11900立方米/秒，相应水位32.09米，周恩来总理亲临泺口黄河铁路大桥视察险情。

1959年，毛泽东在邓小平的陪同下视察了泺口段黄河。

1959年，毛泽东主席在中共山东省委书记谭启龙的陪同下，到济南泺口视察了黄河。

1960年，由苏联专家设计的泺口水利枢纽工程破土动工，于当年停工。

1961年，北园人民公社被分为泺口公社、鹊山公社等4社，泺口公社下辖泺口大队。

1961年，设立泺口公社负责泺口行政管理，由西郊区政府领导。

1965年，济南市泺口港新建的高水位码头竣工，保证了汛期南北交通畅通和过渡安全。

1965年，泺口开始使用电灯照明。

1965年，北园人民公社卫生院迁往泺口。

1965年，泺口段黄河的临黄大堤低洼地段进行水力充填沉沙固堤实验，并取得成功。

1966年，公私合营玉兴酱园改称历城县泺口酿造厂。

1967年，守卫泺口黄河铁路大桥的解放军战士王士栋，为保护大桥及列车的安全英勇牺牲。

1968年，泺口公社改为联防营。

1970年，自来水管铺设到户，泺口使用上了自来水。

1971年，泺口改为泺口管理区，镇制取消，仍由北园人民公社管辖。

1976年，泺口站洪峰流量达8000立方米/秒，相应水位32.14米。

1976年，北泺口村民迁入黄河各村，北泺口从此消失。

1977年，泺口黄河铁路大桥被列为省级重点文物保护单位。

1977年，周总理视察泺口黄河铁桥纪念地该地被列为省级文物保护单位。

1979年，王世栋烈士纪念地被列为济南市重点文物保护单位。

1980年，济南市重建郊区人民政府，北园属郊区政府领导。

1980年，历城县泺口酿造厂改称济南市泺口酿造厂，隶属济南市供销合作社。

1982年，《山东省济南市地名志》规定，将"洛口"规范为"泺口"。

1983年，撤销北园人民政府，成立泺口镇。

1983年，洛口牌一级醋获得省级优质奖。

1983年，成立泺口工商管理所，负责泺口地区的企业管理。

1984年，成立济南市郊区北园办事处，下设北园镇、泺口镇、药山乡政府。

1984年，洛口牌一级醋获得部级优质奖。

1985年，北园镇政府成立，泺口镇建制被取消。

1985年，洛口牌一级醋获国家银质奖。

1986年，泺口办事处成立，下辖4个村庄和4个社区。

1987年，郊区撤销，北园镇划归天桥区，泺口仍设办事处。

1987年，泺口办事处改成泺口街道办事处，下辖23个社区。

1987年，在泺口成立济南黄河河务局天桥区河务局，负责天桥区辖区内的黄河事务的管理。

1987年，泺口税务所改属天桥区税务分局。

1987年，黄河淤背，泺口南移130米。

1990年，济南泺口黄河浮桥建成通车。

1990年，泺口码头因没有货源停用。

1990年，环城北路修建，泺口古镇原圩子墙内的面积约缩小1/2。

1992年，因济青高速修建、黄河淤积，泺口北半部废弃，居民搬迁。

1993年，新泺口清真寺在泺口南村泺安路进行重建。

1996年，江泽民与温家宝在泺口险工处视察黄河河道。

1997年，黄河泺口段断流，河道干涸。

1998年，在泺口设立山东省心理卫生协会。

1998年，在泺口的济泺路东侧建成济南长途汽车总站泺口分站。

2000年，泺口兴隆寺再办佛事活动。

2001年，北园镇区划调整，原泺口古镇归由新成立的泺口街道办事处管理，隶属于济南市天桥区政府。

2001年，对泺口的大寺集和二七集两大片区进行改造，并新建了泺口旭升家园小区。

2001年，市佛教协会重建兴隆寺寺庙大殿，并于当年竣工。

2002年，泺口北部的济南黄河标准化堤防工程启动建设，全长66.55km。

2002年，朱镕基亲临黄河泺口大堤，考察了济南黄河泺口险工等地。

2003年，泺口北部"百里黄河"风景区被水利部命名为"国家水利风景区"。

2004年，泺口北部的济南黄河标准化堤防工程竣工完成。

2007年，泺口北部的济南黄河标准化堤防工程获得水利部大禹奖。

2008年，泺口北部的济南黄河标准化堤防工程获得了中国建设工程鲁班奖（国家优质工程）。

2009年，泺口北部的"百里黄河"风景区被评定为国家AAA级旅游景区。

2012年，洛口醋酿造技术入选山东省第三批非物质文化遗产。

2013年，泺口黄河铁路大桥被列为第七批"全国重点文物保护单位"。

2017年，位于泺口浮桥下游100米处的"万里黄河第一隧"济南黄河隧道开工建设。

2018年，泺口北部的济南黄河百里公园景区被评为"中国黄河50景"。

2018年，泺口黄河铁路大桥入选第一批中国工业遗产保护名录。

2018年，国务院正式批复《山东新旧动能转换综合试验区建设总体方案》，同年3月《济南新旧动能转换先行区总体规划（2018—2035）》草案编制完成并公示。

图片来源

图号	图名	图片来源
图1-1	泺口古镇在济南市区的空间位置示意图	笔者根据百度地图绘制
图1-2	济南市新旧动能转换先行区范围示意图	笔者根据济南网公示的新旧动能转换先行区规划图改绘
图1-3	不同历史时期泺口古镇空间位置示意图	a图根据（明）宋祖法. 历城县志［M］. 明崇祯十三年刻本绘制；b图来源于胡德林. 乾隆历城县志［M］. 清乾隆三十八年刻本；c图来源于济南市史志编纂委员会编. 济南市志（第1辑）［M］. 北京：中华书局，1997.
图1-4	泺口古镇演变阶段划分图	笔者自绘
图1-5	第一阶段泺口古镇典型平面示意图	笔者自绘
图1-6	第一阶段泺口古镇"铁路+水运"运输网络空间分布	笔者自绘
图1-7	第二阶段泺口古镇典型平面示意图	笔者自绘
图1-8	第二阶段泺口古镇"铁路+水运+公路"运输网络空间分布	笔者自绘
图1-9	第三阶段泺口古镇典型平面示意图	笔者自绘
图1-10	泺口古镇现场调研图片	笔者实地调研拍摄
图1-11	第四阶段泺口古镇典型平面示意图	笔者自绘

图号	图名	图片来源
图1-12	百里黄河风景区新闻报道	唐园园. 黄河游，除了吃烧烤就是看河水［N］. 齐鲁晚报，2016-05-03.
图1-13	泺口古镇在"泉城特色风貌轴"中的位置关系示意图	笔者根据《济南新旧动能转换先行区总体规划（2018—2035）》草案绘制
图1-14	泺口古镇在"齐鲁文化轴"中的位置关系示意图	笔者根据《济南新旧动能转换先行区总体规划（2018—2035）》草案绘制
图2-1	明崇祯13年《历城县志》历城县境南图	笔者根据（清）宋祖法修，叶承宗纂. 历城县志［M］. 明崇祯十三年刻本绘制
图2-2	明崇祯13年《历城县志》历城县境北图	笔者根据（清）宋祖法修，叶承宗纂. 历城县志［M］. 明崇祯十三年刻本绘制
图2-3	清乾隆《历城县志》县境图	笔者根据胡德琳修，李文藻等纂. 乾隆历城县志［M］. 清乾隆三十八年刻本绘制
图2-4	《民国续修历城县志》县境图	笔者根据毛承霖修，赵文运等纂. 续修历城县志［M］. 济南：山东续修历城县志局，1926. 绘制
图2-5	《山东通志》乾隆年间济南府图	笔者根据（清）岳睿法敏修，杜诏等纂. 山东通志［M］. 清乾隆元年刻本绘制
图2-6	《济南府志》道光年间历城县舆图	笔者根据（清）王赠芳 王镇主修. 成瓘冷烜编纂. 济南府志［M］. 清道光二十年刻本绘制
图2-7	牛国栋所著《济水之南》	牛国栋. 济水之南［M］. 济南：山东画报出版社，2013.
图2-8	（民国）倪锡英所著《济南》	倪锡英. 济南［M］. 上海：中华书局，1936.
图2-9	（清）刘鹗所著《老残游记》	（清）刘鹗. 老残游记［M］. 北京：中华书局，2013.
图2-10	清末民初泺口兴盛的航运场景	亚细亚写真大观社编. 亚细亚大观［M］. 长春：亚细亚写真大观社. 1929.

图号	图名	图片来源
图2-11	民国时济南黄河泺口铁桥	严强等. 济南旧影［M］. 北京：人民美术出版社，2001.
图2-12	民国泺口的建筑及老房子外观	左图来源：亚细亚写真大观社编. 亚细亚大观［M］. 长春：亚细亚写真大观社，1929. 右图来源：牛国栋. 济水之南［M］. 济南：山东画报出版社，2013. 369.
图2-13	1960年左右泺口渡口运输抢险料物及防汛部队	济南河务局徐兴涛提供
图2-14	1932年济南市行政区划图	笔者根据安作璋主编. 党明德本卷主编. 济南通史·现代卷［M］. 济南：齐鲁书社，2008. 绘制
图2-15	1948年济南特别市行政区划图	笔者根据安作璋主编. 党明德本卷主编. 济南通史·现代卷［M］. 济南：齐鲁书社，2008. 绘制
图2-16	新兴济南市图绘（1920—1940年）	钟翀. 旧城胜景：日绘近代中国都市鸟瞰地图［M］. 上海：上海书画出版社，2018.
图3-1	解放前济南市主要规划空间范围分布图	笔者根据济南市志编纂委员会. 济南市志［M］. 北京：中华书局. 1997中相关内容绘制
图3-2	济南商埠全界图	张华松等点校. 历城县志正续合编［M］. 济南：济南出版社，2007.
图3-3	北商埠规划期间济南市街道图（1935年）	笔者根据济南市规划展览馆所示图纸改绘
图3-4	民国时期济泺路的修路景象	严强等. 济南旧影［M］. 北京：人民美术出版社，2001. 第71页
图3-5	1931年历城与济南市划界后勘略图	笔者根据曹洪涛，刘金生. 中国近现代城市的发展［M］. 北京：中国城市出版社. 1998. 改绘

图号	图名	图片来源
图3-6	1932年济南市商埠及模范市村计划略图	笔者根据曹洪涛，刘金生. 中国近现代城市的发展［M］. 北京：中国城市出版社. 1998. 改绘
图3-7	1940年最新大济南新区划明细图（日）	笔者根据济南市规划展览馆所示地图改绘
图3-8	济南市城市建设初步规划图	笔者摄于济南市规划展览馆
图3-9	1959年济南市城市总体规划图	笔者摄于济南市规划展览馆
图3-10	1980年济南市城市总体规划图	济南市人民政府. 济南市城市总体规划（1980—2000）［Z］. 1980.
图3-11	1996年济南市城市总体规划中心城区规划总图	济南市人民政府. 济南市城市总体规划（1996—2000）［Z］. 1997.
图3-12	2006年济南市城市总体规划中心城区规划总图	笔者根据济南市人民政府. 济南市城市总体规划（2006—2020）［Z］. 2003中相关图片改绘
图3-13	济泺路片区空间区位示意图	济南市人民政府. 济南市城市总体规划（2006—2020）［Z］. 2003.
图3-14	2007年原泺口古镇的土地使用规划图	笔者根据济南市规划局. 济南市济泺路片区控制性规划［Z］. 2007改绘
图3-15	济南市泺口片区总平面图	笔者根据宋敏等. 新兴城市中心区的城市设计方法探讨［J］. 华中建筑，2009中相关图片改绘
图3-16	济南市泺口片区整体鸟瞰效果	宋敏等. 新兴城市中心区的城市设计方法探讨［J］. 华中建筑，2009.
图3-17	2016年济南市城市总体规划中心城用地规划图	笔者根据济南市人民政府. 济南市城市总体规划（2011—2020）［Z］. 2016. 改绘
图3-18	济泺路片区空间区位示意图	济南市规划局. 济南市济泺路片区控制性详细规划［Z］. 2016.
图3-19	2016年原泺口古镇的土地使用规划图	笔者根据济南市规划局. 济南市济泺路片区控制性详细规划［Z］. 2016中的相关图片改绘

图号	图名	图片来源
图3-20	泺口在济南新旧动能转换先行区上的空间位置图	笔者根据济南新旧动能转换先行区管理委. 济南新旧动能转换先行区总体规划草案［Z］. 2018中相关图片改绘
图3-21	"泉城特色风貌轴"与泺口空间位置图	笔者根据济南新旧动能转换先行区管理委. 济南新旧动能转换先行区总体规划草案［Z］. 2018中相关图片改绘
图4-1	西周至战国时期的济南地图	笔者根据安作璋主编，张华松本卷主编. 济南通史：先秦秦汉卷［M］. 济南：齐鲁书社. 2008改绘
图4-2	秦代至东汉时期的济南地图	笔者根据安作璋主编，张华松本卷主编. 济南通史：先秦秦汉卷［M］. 济南：齐鲁书社. 2008改绘
图4-3	西晋至北魏时期的济南地图	笔者根据安作璋主编，秦永州本卷主编. 济南通史：魏晋南北朝隋唐五代卷［M］. 济南：齐鲁书社. 2008改绘
图4-4	隋代至宋代时期的济南地图	笔者根据安作璋主编，秦永州本卷主编. 济南通史：魏晋南北朝隋唐五代卷［M］. 济南：齐鲁书社. 2008改绘
图4-5	金代至明代时期的济南地图	笔者根据安作璋主编，张熙淮本卷主编. 济南通史：宋金元卷［M］. 济南：齐鲁书社. 2008和安作璋主编，朱亚非本卷主编. 济南通史·明清卷［M］. 济南：齐鲁书社. 2008改绘
图4-6	清朝末年济南府行政区划图	济南市情网公示
图4-7	韩复榘督鲁时期的济南市行政区划示意图	笔者根据安作璋主编，党明德本卷主编. 济南通史：现代卷［M］. 济南：齐鲁书社. 2008改绘
图4-8	日伪政府统治时期的济南市行政区划图示意图	笔者根据安作璋主编、党明德本卷主编. 济南通史：现代卷［M］. 济南：齐鲁书社. 2008改绘

图号	图名	图片来源
图4-9	济南解放初期的济南市行政区划示意图	笔者根据安作璋主编，党明德本卷主编. 济南通史·近代卷［M］. 济南：齐鲁书社. 2008自绘
图4-10	1955年泺口镇所辖村庄空间示意图	笔者自绘
图4-11	1959年末济南市行政区划图	济南市情网公示
图4-12	1978年济南市行政区划图	济南市情网公示
图4-13	1983年泺口镇所辖村庄示意图	笔者自绘
图4-14	1986年泺口办事处所辖村庄示意图	北园镇志编纂委员会办公室. 北园镇志［M］. 济南：山东科学技术出版社，1991.
图4-15	2016年泺口办事处所辖社区示意图	笔者自绘
图4-16	2019济南市行政区划图	笔者自绘
图5-1	民国济南市空间形态示意	笔者自绘
图5-2	明清以前济南城区及泺口古镇空间演变示意	笔者自绘
图5-3	1906—1949年若干年份济南城区及近郊土地面积变化情况	笔者根据济南市史志编纂委员会编. 济南市志（第1辑）［M］. 1997. 第482-483页绘制
图5-4	1950—1960年济南城区及近郊人口变化示意图	笔者根据济南市史志编纂委员会编. 济南市志（第1辑）［M］. 1997. 第486页绘制
图5-5	1952—1960年泺口港货物吞吐量	笔者根据济南市史志编纂委员会编. 济南市志（第二册）［M］. 1997. 第342页绘制
图6-1	先秦时期黄河北移后的济水入海示意图	笔者根据尹强. 明清山东大、小清河水路运输考论（1368-1911）［D］. 暨南大学. 2013中相关图片改绘
图6-2	先秦时期济南北郊水文环境示意图	笔者自绘

图号	图名	图片来源
图6-3	商王武丁时期甲骨文中的"泺"	罗振玉编．殷虚书契前编［M］．民国二年影印本．编号4137
图6-4	魏晋时期从黄河分流后的济水入海示意图	笔者根据尹强．明清山东大、小清河水路运输考论（1368—1911）［D］．暨南大学．2013中相关图片改绘
图6-5	魏晋南北朝时期济南北郊水文环境示意图	笔者自绘
图6-6	唐代济南北郊水文环境示意图	笔者自绘
图6-7	宋代济南北郊水文环境示意图	笔者自绘
图6-8	金元时期济南北郊水文环境示意图	笔者自绘
图6-9	明清时期济南北郊水文环境示意图	笔者自绘
图6-10	小清河淤塞时期济南境内水系空间分布图	笔者根据安作璋主编．党明德本卷主编．济南通史：现代卷［M］．济南：齐鲁书社，2008中的相关图片改绘
图6-11	清末民国时期济南北郊水文环境示意图	笔者自绘
图6-12	如今的鹊山水库景色	笔者实地调研拍摄
图7-1	近代泺口南岸码头的繁荣景象	严强等．济南旧影［M］．北京：人民美术出版社．2001．第43页右图来源：亚细亚写真大观社编．亚细亚大观［M］．长春：亚细亚写真大观社．1929
图7-2	清代泺口段黄河渡口的景象	佚名．泉边·历史没大桥的年代，古代济南人是怎样过黄河的［EB/OL］．http://news.iqilu.com/shandong/shandonggedi/20170424/3514445.shtml，2017-04-24

图号	图名	图片来源
图7-3	20世纪60年代末泺口码头工人装卸货物景象	佚名. 济南老照片征集活动评选结果揭晓 一等奖照片精选［EB/OL］. 齐鲁网http://www.sohu.com/a/11260941711551 2. 2016-08-29
图7-4	"清泺小铁路"示意图	陶孝武, 刘敏主编. 济南盐业史话［M］. 济南: 济南出版社. 2013. 第45页
图7-5	民国时黄台桥码头附近的盐场及铁路线	雍坚, 刘昌华主编. 民国济南［M］. 济南: 明府城老物件老照片征集工作室. 2016. 第118页
图8-1	黄河神兽石雕	笔者实地调研拍摄
图8-2	地上悬河示意图	笔者自绘
图8-3	泺口水文站	笔者实地调研拍摄
图8-4	泺口水文站历年（1948—1985）最高水位、流量统计图	笔者根据济南市黄河河务局编. 济南市黄河志（1855—1985）［M］. 1993中的相关内容绘制
图8-5	济南人民加高堤坝战胜1958年洪水	济南市黄河河务局编. 济南市黄河志（1855—1985）［M］. 1993
图8-6	泺口段黄河水工设施示意图	笔者根据相关参考文献自绘
图8-7	清光绪年间山东黄河图历城县段	笔者根据光绪年间山东巡抚丁宝桢督办黄河河务时命人手绘的《山东黄河图》改绘
图8-8	黄河大堤	笔者实地调研拍摄
图8-9	泺口险工	济南市黄河河务局编. 济南市黄河志（1855—1985）［M］. 1993
图8-10	黄河凌汛	济南市黄河河务局编. 济南市黄河志（1855—1985）［M］. 1993
图8-11	泺口水利工程枢纽旧址空间位置图	笔者根据卫星图片改绘

图号	图名	图片来源
图8-12	黄河大桥西侧的水利工程建设遗留航拍	王彦斌. 黄河边这片废墟不是残桥是拦河闸 [N]. 山东商报，2017-04-17（P02）
图8-13	1960年泺口水利枢纽工程建设者工地合影	王彦斌. 黄河边这片废墟不是残桥是拦河闸 [N]. 山东商报，2017-04-17（P02）
图8-14	济南黄河百里公园区位示意图	笔者自绘
图8-15	泺口段黄河百里公园平面图	笔者根据相关参考文献自绘
图9-1	1904年启用的胶济铁路济南站	济南铁路分局史志编审委员会. 济南铁路分局志（1899—1985）[M]. 北京：中国铁道出版社，1994.
图9-2	1912年启用的津浦铁路济南站	济南铁路分局史志编审委员会. 济南铁路分局志（1899—1985）[M]. 北京：中国铁道出版社，1994.
图9-3	民国时期泺口相关铁路线示意图	笔者根据济南铁路分局史志编审委员会. 济南铁路分局志（1899—1985）[M]. 北京：中国铁道出版社. 1994中的相关图片绘制
图9-4	如今的泺口站	笔者实地调研拍摄
图9-5	1912年泺口黄河铁路大桥建成留影	佚名·铁路之殇！济南泺口黄河铁路大桥104年的沧桑与荣辱 [EB/OL] 搜狐网. http://www.sohu.com/a/120496444_395939，2016-12-02
图9-6	1928年张宗昌炸毁黄河铁路大桥	严强等. 济南旧影 [M]. 北京：人民美术出版社，2001.
图9-7	1937年日军侵犯济南韩复榘炸毁大桥	严强等. 济南旧影 [M]. 北京：人民美术出版社，2001.
图9-8	泺口黄河铁路大桥的近景	笔者实地调研拍摄
图9-9	周恩来总理视察泺口黄河铁路大桥纪念地	济南市天桥区文史委编. 党和国家领导人在天桥 [M]. 2013.

图号	图名	图片来源
图9-10	王士栋烈士纪念地	笔者实地调研拍摄
图10-1	魏晋南北朝时期的房屋示意图	笔者自绘
图10-2	鹊华秋色图	《华不注历史文化变迁研究》编委会. 华不注历史文化变迁研究［M］. 济南：山东教育出版社，2017.
图10-3	泺口黄河大堤要看鹊华二山	笔者实地调研拍摄
图10-4	鹊华秋色图中的茅屋示意图	笔者自绘
图10-5	明清时期的亭子与房屋建筑示意图	笔者自绘
图10-6	泺口兴隆寺现状	笔者实地调研拍摄
图10-7	民国时自北向南眺望泺口古镇	亚细亚写真大观社编. 亚细亚大观［M］. 长春：亚细亚写真大观社. 1929.
图10-8	二七集9号院	牛国栋. 济水之南［M］. 济南：山东画报出版社，2013. 第369页
图10-9	奎文街10号院内泺口仅存的青砖建筑	笔者实地调研拍摄
图10-10	航运局的宿舍和河务局礼堂	笔者实地调研拍摄
图10-11	泺口永祥街东红砖小院	笔者实地调研拍摄
图11-1	泺口行栈分布图	笔者自绘
图11-2	张采丞与他父亲	于明效·张采丞：济南老商埠与羊口老码头剪不断的渊源［EB/OL］. 大众网http://sd.dzwww.com/sdnews/201907/t20190708_18919872.htm.2019-07-08
图11-3	张采丞济南商号企业开办时空分布图	笔者自绘

图号	图名	图片来源
图11-4	张采丞故居	笔者实地调研拍摄
图11-5	穆伯仁	朱晔. 草根实业家曾叱咤济南 且看穆伯仁的商海生涯 [N]. 生活日报, 2012-12-24 (A21)
图11-6	仁丰纱厂"蜘蛛美人"品牌商标	苗尔澜, 管萍. 老济南商埠琐忆 [M]. 济南: 济南出版社, 2009.
图11-7	穆伯仁济南商号企业开办时空分布图	图片来源: 笔者自绘
图11-8	成丰面粉公司"梅蝠双鹿牌"面粉商标图案	山东省政协文史资料委员会等编. 苗氏民族资本的兴起 [M]. 济南: 山东人民出版社, 1988.
图11-9	大苗家族济南商号企业开办时空分布图	笔者自绘
图11-10	苗星垣全家合影（前排中间老人为苗星垣）	山东省政协文史资料委员会等编. 苗氏民族资本的兴起 [M]. 济南: 山东人民出版社, 1988.
图11-11	1950年6月苗海南赴上海参加华东军政委员会第二次全体委员会会议合影（后排左数第三人为苗海南）	山东省政协文史资料委员会等编. 苗氏民族资本的兴起 [M]. 济南: 山东人民出版社, 1988.
图11-12	苗海南	李耀曦. 品读济南 [M]. 济南: 济南出版社, 2014.
图11-13	小苗家族济南商号企业开办时空分布图	笔者自绘
图11-14	泺口民族企业家家乡所在地	笔者自绘
图11-15	苗氏家族人物关系	笔者自绘
图12-1	海源酒店（宾馆）	笔者实地调研拍摄
图12-2	济南海源包子铺	笔者实地调研拍摄

图号	图名	图片来源
图12-3	糖醋黄河鲤鱼	笔者摄于济南城南往事饭店
图12-4	普利街上的草包包子铺与草包包子	笔者摄于济南市普利街草包包子铺
图12-5	洛口醋商标	济南市志编纂委员会. 济南市志［M］. 北京：中华书局. 1997
图12-6	洛口醋所获称号及奖项证书	笔者实地调研拍摄
图12-7	泺口酿造有限责任公司	笔者实地调研拍摄
图12-8	泺口酿造有限责任公司所产洛口醋及该厂所获奖杯	笔者实地调研拍摄
图12-9	洛口醋的制作酿造工艺流程	张秀利. 谈传统洛口醋的酿造技术［J］. 中国调味品，1998.
图12-10	桂花枣果	笔者实地调研拍摄

表格来源

表号	表名	表格来源
表1-1	第一阶段泺口古镇管理机构设置一览表	笔者根据北园镇志编纂委员会办公室. 北园镇志[M]. 济南：山东科学技术出版社，1991中的相关内容整理
表1-2	第一阶段泺口古镇文化资源发展一览表	笔者根据相关参考文献自制
表1-3	第二阶段泺口古镇相关机构设置一览表	罗腾霄著，济南市图书馆整理. 济南大观[M]. 济南：齐鲁书社，2011；孙宝生. 历城县乡土调查录[M]. 济南：济南出版社，2016；北园镇志编纂委员会办公室. 北园镇志[M]. 济南：山东科学技术出版社，1991.
表1-4	第二阶段泺口古镇文化资源发展一览表	笔者根据相关参考文献自制
表1-5	第三阶段泺口古镇管理机构设置一览表	笔者根据北园镇志编纂委员会办公室. 北园镇志[M]. 济南：山东科学技术出版社，1991. 第299页绘制
表1-6	第三阶段泺口古镇文化资源发展一览表	笔者根据相关参考文献自制
表1-7	第四阶段泺口古镇管理机构设置一览表	笔者根据北园镇志编纂委员会办公室. 北园镇志[M]. 济南：山东科学技术出版社，1991. 第299页整理
表1-8	第四阶段泺口古镇文化资源发展一览表	笔者根据相关参考文献自制
表2-1	与泺口古镇相关的专项方志类文献一览表	笔者根据相关参考文献自制

表号	表名	表格来源
表3-1	自济南开埠（1904年）以来的泺口相关城市规划一览表	笔者自制
表3-2	《济南市济泺路片区控制性规划》（2007年）中泺口古镇的规划用地统计表	笔者根据济南市规划局. 济南市济泺路片区控制性规划［Z］. 2007中的相关数据计算绘制
表3-3	《济南市济泺路片区控制性详细规划》（2016年）中泺口古镇的规划用地统计表	笔者根据济南市规划局. 济南市济泺路片区控制性详细规划［Z］. 2016中的相关数据计算
表4-1	金代至清末泺口古镇行政隶属一览表	笔者根据相关参考文献自制
表4-2	民国时期泺口古镇行政隶属一览表	笔者根据相关参考文献自制
表4-3	新中国成立初期泺口镇行政隶属一览表	笔者根据北园镇志编纂委员会办公室. 北园镇志［M］. 济南：山东科学技术出版社，1991相关内容整理
表4-4	新中国成立初期泺口镇辖治范围一览表	笔者根据北园镇志编纂委员会办公室. 北园镇志［M］. 济南：山东科学技术出版社，1991中的相关内容整理
表4-5	人民公社时期泺口古镇行政隶属一览表	笔者根据北园镇志编纂委员会办公室. 北园镇志［M］. 济南：山东科学技术出版社，1991相关内容整理
表4-6	人民公社时期泺口镇辖治范围一览表	笔者根据北园镇志编纂委员会办公室. 北园镇志［M］. 济南：山东科学技术出版社，1991中的相关内容整理
表4-7	现代化建设时期泺口古镇行政隶属一览表	笔者根据北园镇志编纂委员会办公室. 北园镇志［M］. 济南：山东科学技术出版社，1991相关内容整理

表号	表名	表格来源
表4-8	现代化建设时期泺口古镇辖治范围一览表	笔者根据北园镇志编纂委员会办公室. 北园镇志 [M]. 济南：山东科学技术出版社，1991中的相关内容整理
表5-1	1904年以前泺口古镇职能发展演变一览表	笔者自制
表5-2	1914、1919、1933、1942年济南的人口（单位：人）	笔者根据张汉，金桥，孙淑霞译. 中国的城市变迁：1890—1949年山东济南的政治与发展 [M]. 北京：北京大学出版社. 2010. 第224-226页改编
表7-1	明清时期泺口古镇主要航运中转货物统计表	笔者根据实业部国际贸易局. 中国实业志·山东省 [M]. 上海：实业部国际贸易局，1934和（日）冈伊太郎等. 山东经济事情 [M]. 济南：济南经济报社. 1919中相关内容整理
表7-2	民国时期泺口古镇主要航运中转货物统计表	笔者根据实业部国际贸易局. 中国实业志·山东省 [M]. 上海：实业部国际贸易局. 1934和（日）冈伊太郎等. 山东经济事情 [M]. 济南：济南经济报社. 1919中相关内容整理
表7-3	新中国成立后泺口古镇主要航运中转货物统计表	笔者根据实业部国际贸易局. 中国实业志·山东省 [M]. 上海：实业部国际贸易局，1934和（日）冈伊太郎等. 山东经济事情 [M]. 济南：济南经济报社. 1919中相关内容整理
表7-4	明代以前山东食盐的行销范围	笔者根据相关文献整理
表7-5	清代山东食盐行销区域一览表	笔者根据纪丽真. 明清山东盐业研究 [M]. 济南：齐鲁书社，2009. 第167-168页整理
表8-1	1855—1976年济南段黄河河道主要治理情况一览表	笔者根据济南市黄河河务局编. 济南市黄河志（1855—1985）[M]. 1993中相关内容整理
表8-2	第一次大修堤—泺口站黄河堤防修堤标准	笔者根据济南市黄河河务局编. 济南市黄河志（1855—1985）[M]. 1993中相关内容整理

表号	表名	表格来源
表8-3	第二次大修堤—泺口站黄河堤防修堤标准	笔者根据济南市黄河河务局编. 济南市黄河志（1855—1985）[M]. 1993中相关内容整理
表8-4	第三次大修堤—泺口站黄河堤防修堤标准	笔者根据济南市黄河河务局编. 济南市黄河志（1855—1985）[M]. 1993中相关内容整理
表8-5	截至1985年泺口险工坝岸修建情况统计表	笔者根据济南市黄河河务局编. 济南市黄河志（1855—1985）[M]. 1993中相关内容整理
表8-6	1984年山东省防汛指挥部规定的四级水位标准	笔者根据济南市黄河河务局编. 济南市黄河志（1855—1985）[M]. 1993中相关内容整理
表9-1	津浦铁路泺口站及其前后站三、四次通车行车时间及各站点距离表	周传铭. 1927济南快览[M]. 济南：齐南书社，2011
表9 2	清末民初以泺口为中转站转运货物一览表	笔者根据庄维民. 近代山东市场经济的变迁[M]. 北京：中国社会科学出版社. 2015中相关内容整理
表10-1	泺口古镇历史人物及街巷位置统计表	笔者根据北园镇志编纂委员会办公室. 北园镇志[M]. 济南：山东科学技术出版社，1991. 第29-33页的相关内容整理
表11-1	《济南大观》中泺口古镇机构及公司商号一览表	笔者根据罗腾霄著，济南市图书馆整理. 济南大观[M]. 济南：齐鲁书社，2011中相关内容整理
表11-2	1931—1950年济南粮业公会相关信息表	笔者根据相关参考文献整理
表11-3	泺口民族企业家产业信息	笔者根据相关参考文献绘制
表11-4	泺口民族企业家家乡所在地	笔者根据相关参考文献绘制

后记

子在川上曰："逝者如斯夫！不舍昼夜。"

正如前言所记，本书的撰写工作是我们团队为济南本地城镇发展史挖掘延续而承担的一份责任。特别是，当了解到泺口古镇近年来一次次面对拆迁改造的"倒计时"后，我们的工作又增添了几分紧迫感和使命感。空间环境的沧桑巨变，使得泺口古镇作为济南港口的历史记忆，好像是奔流不息的黄河中的一朵朵浪花，逐水而逝，快速而毫不留恋地消逝在远方，连一串涟漪都不曾留下，令人异常感伤！历史文化记忆的缺失，导致泺口古镇在多版规划设计方案中都难以体现其历史文化底蕴和地方文脉精髓。究其根本原因，可能就是缺少一套系统而完整地介绍泺口古镇发展历史的资料。我们团队的这项工作也许能弥补这一缺憾，为未来泺口古镇及济南新旧动能转换先行区的发展与规划提供一些有益的参考。

本书的完成不仅有赖于团队成员的通力合作，还有诸多团队外的专家学者提供了便利与帮助，在此一并致谢。首先本书作为在有关城镇发展史及地方志、文学作品以及社科项目成果等资料基础上汇集撰写的学术成果，在此对相关学术资料的著作者和提供者予以致谢。并且，本书在写作过程中，得到东南大学建筑学院李百浩和王兴平两位教授的指导和支持，特致谢意。最后需要说明的是，作者虽然对泺口古镇的研究已有几年积累，但由于水平所限和信息不全等因素，书中势必存在诸多不足之处，有待于进一步完善，敬请学界同仁予以批评指正或提出意见，再版时将尽力完善和弥补这些缺憾。

赵虎

2019年8月30日于济南